U0540807

国家社科基金青年项目"我国家庭异质性消费行为研究"（18CJL045）

中国家庭异质性消费行为研究

宋明月 著

中国社会科学出版社

图书在版编目（CIP）数据

中国家庭异质性消费行为研究/宋明月著.—北京：中国社会科学出版社，2022.6
ISBN 978-7-5227-0699-3

Ⅰ.①中… Ⅱ.①宋… Ⅲ.①家庭消费—消费者行为论—研究—中国 Ⅳ.①F126.1

中国版本图书馆 CIP 数据核字（2022）第 144827 号

出 版 人	赵剑英
责任编辑	车文娇
责任校对	周晓东
责任印制	王 超
出 版	中国社会科学出版社
社 址	北京鼓楼西大街甲 158 号
邮 编	100720
网 址	http://www.csspw.cn
发 行 部	010-84083685
门 市 部	010-84029450
经 销	新华书店及其他书店
印 刷	北京明恒达印务有限公司
装 订	廊坊市广阳区广增装订厂
版 次	2022 年 6 月第 1 版
印 次	2022 年 6 月第 1 次印刷
开 本	710×1000 1/16
印 张	15.75
插 页	2
字 数	258 千字
定 价	85.00 元

凡购买中国社会科学出版社图书，如有质量问题请与本社营销中心联系调换
电话：010-84083683
版权所有 侵权必究

前　言

　　长期以来,居民消费需求不足是我国经济发展中存在的突出性问题。中国居民40%左右的消费率不但远远低于经济发达国家的水平,而且还低于亚洲50%左右的平均水平,甚至低于一些经济发展水平低于中国的国家。习近平总书记指出:"要建立起扩大内需的有效制度,释放内需潜力,加快培育完整内需体系,加强需求侧管理,扩大居民消费,提升消费层次,使建设超大规模国内市场成为一个可持续的历史过程。"① 着力扩大国内需求,也是对冲世界经济下行风险的必然选择。在此背景下,笔者所主持的"我国家庭异质性消费行为研究"(18CJL045)于2018年6月获得国家社科基金批准立项。之后,按照申报书中的研究进度,我们按部就班地正式开展研究工作,本书是课题的最终研究成果。

　　在研究过程中,我们尝试跳出传统的同质性分析框架,基于近年兴起的异质性消费行为理论,探究我国居民家庭的异质性消费行为特征,并通过家庭资产、负债、流动性约束等切入点探索异质性消费行为形成的深层次原因,构建理论模型。然后,借助微观家庭调查数据,重点研究债务家庭的异质性消费行为、数字经济背景下的家庭异质性网络消费行为、流动人口家庭的异质性消费行为,进而从减少流动性约束、增加家庭财富流动性程度、发挥普惠金融作用、正确引导农村人口流动方向等角度,分析相关体制机制改革的作用点,以改善居民家庭的整体消费路径,完善扩大内需的路径。现在,我们将这个最终研究成果出版,以期进一步引起学术界对异质性消费行为分析框架及扩大内需的重视与讨论。

　　本人负责了本书的总体构思及研究撰写工作。山东师范大学经济学

---

① 《习近平在省部级主要领导干部学习贯彻党的十九届五中全会精神专题研讨班开班式上发表重要讲话》,https://www.ccps.gov.cn/xtt/202101/t20210111_147076.shtml,2021年1月11日。

院 2019 级硕士研究生周博文、2020 级硕士研究生刘政也在本人的指导下参与了本书的研究。两位同学在这个过程中提升了自己的研究能力和专业素养，为硕士学位论文的写作打下了良好的基础。

最后，感谢国家社科基金的资助，感谢山东师范大学经济学院对研究工作提供的良好支持。书稿在撰写过程中得到了山东师范大学经济学院、山东大学经济学院臧旭恒教授的悉心指导，也吸收和参考了诸多专家学者的研究成果，并尽可能在参考文献中列出。中国社会科学出版社的工作人员也为该书的出版付出了辛勤的劳动。值此出版之际，谨向他们表示衷心的感谢。

本书的观点和论述可能还不甚成熟，我们期待读者与学术界同人的关注与批评指正。

宋明月
2021 年 7 月

目　录

第一章　引言 … 1
- 第一节　研究背景及意义 … 1
- 第二节　研究内容及框架 … 3
- 第三节　研究方法 … 5
- 第四节　研究创新与有待拓展之处 … 6

第二章　文献综述 … 8
- 第一节　同质性消费者框架下的消费经济学发展脉络 … 8
- 第二节　异质性消费者框架下的消费理论发展 … 15
- 第三节　国内异质性消费行为的相关研究 … 17
- 第四节　特殊群体家庭的异质性消费行为研究 … 36

第三章　微观家庭异质性消费行为特征分析 … 45
- 第一节　家庭消费行为的总体状况及异质性特征 … 46
- 第二节　家庭资产、债务异质性下的家庭消费行为特征 … 65
- 第三节　数字经济背景下家庭异质性消费行为特征 … 82
- 第四节　农村流动人口家庭消费现状 … 89
- 第五节　本章小结 … 107

第四章　家庭异质性消费行为的理论框架 … 109
- 第一节　同质性消费行为理论模型 … 109
- 第二节　家庭异质性消费行为理论模型的构建 … 111

第五章　债务家庭的异质性消费行为研究 … 115
- 第一节　理论分析与计量模型设定 … 117

第二节　数据及变量选取 …………………………………… 118
第三节　是否负债对家庭消费支出的处理效应检验 ………… 121
第四节　家庭债务的规模、流动性约束与消费支出异质性的
　　　　实证分析 …………………………………………… 130
第五节　本章小结 …………………………………………… 138

第六章　数字经济背景下的家庭异质性消费行为
　　　　——基于网络消费的视角 ………………………… 140

第一节　理论分析与模型设定 ……………………………… 142
第二节　数据及变量选取 …………………………………… 145
第三节　网络消费行为对家庭异质性消费支出额及
　　　　结构的净影响 ……………………………………… 149
第四节　普惠金融发展影响家庭网络消费行为的 Probit
　　　　分析及异质性分析 ………………………………… 153
第五节　普惠金融发展对家庭网络消费支出额的总体影响与
　　　　异质性检验 ………………………………………… 157
第六节　本章小结 …………………………………………… 164

第七章　农村流动人口家庭的异质性消费行为研究
　　　　——基于流动范围与流动距离的视角 …………… 167

第一节　流动范围差异对农村流动人口家庭消费的
　　　　异质性影响 ………………………………………… 168
第二节　流动距离对农村流动人口家庭消费的
　　　　异质性影响 ………………………………………… 196
第三节　本章小结 …………………………………………… 215

第八章　结论及政策建议 …………………………………… 217

第一节　结论 ………………………………………………… 217
第二节　政策建议 …………………………………………… 221

参考文献 ……………………………………………………… 226

第一章 引言

第一节 研究背景及意义

改革开放以来，我国经济迅速发展，取得了令人瞩目的进步，世界经济地位由改革开放之初的第12位逐步上升为2020年的第2位，占世界经济的比重从1.8%提高到2020年的17%，成为疫情发生后推动全球经济复苏的主要力量。然而不可否认的是，长期以来，居民消费需求不足是我国经济发展中存在的突出性问题。臧旭恒（2017）的测算表明，21世纪以来，中国最终消费率和居民消费率持续大幅度下降，近几年一直处于一个较低的水平。居民消费率2010年最低时为35.56%，近几年虽然略有回升，但仍然处于较低的水平，2015年仅略微回升到38.01%，仍然低于40%，直至2019年，居民消费率也仅有39%，低于世界同期水平近20个百分点。中国居民消费率不但远远低于经济发达国家的水平，而且还低于亚洲50%左右的平均水平，甚至低于一些经济发展水平低于中国的国家。

中国长期处于消费低迷的状态几乎是学界的共识，但也有许多学者提出质疑，认为由于居民消费率统计口径不一致，以及数据遗漏和不真实，中国消费率和居民消费率被低估了（王秋石和王一新，2013；朱天和张军，2014；何昀等，2017）。但是，何昀等（2017）的研究表明，即便中国的消费率被低估了，但仍然是偏低的，中国居民消费率偏低的问题仍旧亟待解决。也有学者对中国消费率被低估这一说法进行了抨击。例如，方福前（2020）质疑朱天等（2014）和何军等（2017）的研究，认为即使是存在数据统计遗漏和不准确，也很难认定其被低估了10个百分点以上，而更为直观的事实表明中国居民消费率不可能和发达国家一样。

那么，中国消费率低迷的原因究竟是什么呢？方福前（2020）认为，中国消费率低的宏观因素主要包括水平因素（人均GDP或者人均GNI、人均可支配收入等）、结构因素（最终消费中政府消费与居民消费的比重、中产阶层人口在总人口中的占比和人口老龄化率等）以及制度因素（二元经济体制、城乡与区域发展不平衡等）。而在微观上，方福前（2009）解释了1997—1998年以来中国居民消费需求持续低迷的原因：在国民收入分配和再分配过程中，政府在总收入和可支配收入中占有的份额越来越大，而居民占有的份额却不断下降。毛中根等（2014）认为，居民消费率偏低主要是由城镇居民消费率偏低引起的，且城镇居民消费率偏低对居民消费率偏低的贡献率越来越大。贺洋和臧旭恒（2016）则认为，由于我国产业结构升级滞后以及金融垄断势力的存在，居民所面临的二元资产供给导致家庭消费支出以及消费率"双降"的产生。陈斌开（2017）认为，中国的消费不足属于结构性不足，而非整体性不足，究其根本，在于中国的要素市场和产品市场发生扭曲，因而供给侧层面的改革才是中国扩大内需的重要一环。汪伟（2017）同样认为供给侧改革是破除内需低迷的重要途径，而阻碍消费扩大的现有体制、制约消费需求的城乡与区域差距和不完善的人口政策等也是其中极其重要的影响因素。

在突发疫情及消费需求长期不足的双重背景下，"十四五"规划和2035年远景目标纲要强调要以扩大内需为战略基点，要把实施扩大内需战略同深化供给侧结构性改革有机结合起来。同时，要鼓励消费新业态的发展，通过多种渠道增加居民收入水平，借助居民收入水平提升以实现居民消费增长。在经历新冠肺炎疫情的冲击之后，如何扩大内需是"十四五"规划纲要和中国未来经济发展的重要一环。构建中国双循环经济的关键也在于通过收入分配制度改革来提高居民收入水平和消费水平，着力提升中等收入群体的收入和消费水平（陈彦斌，2020）。提振消费不仅仅要体现在消费的总量和比率上，还要解决消费不平等和收入不平等问题、保障消费的质量和升级消费结构等。陈彦斌和王兆瑞（2020）认为，需要做好以下六个方面的工作：转变增长方式，增强消费对经济增长的基础性作用；提高居民收入，尤其是提高中等收入人群的可支配收入，释放居民消费活力；改善居民资产负债表，尤其是减轻居民房贷负担对消费产生的挤出效应；健全社会保障体系，降低居民预防性储蓄；改善消费环境，提高居民消费意愿；深化供给侧结构性改革，提升产品质量，从供给端促进居民消费。

综上所述，对于家庭消费的剖析与研究是十分必要的。而目前学界对于家庭消费行为的研究多在同质性框架下展开，鲜有在异质性消费者框架下进行的研究。对于家庭异质性消费行为研究的意义在于：理论上，促进了异质性消费者框架下家庭消费行为的研究，使消费经济理论的发展更加贴近现实；实践上，尝试探索如何通过异质性消费者的识别和有针对性的政策来提高国家宏微观政策提振消费的有效性，从而有助于践行扩大内需的相关战略，以及增加消费在新发展格局中的基础性作用。

第二节　研究内容及框架

一　研究内容

基于近年兴起的异质性消费行为理论，本书探究了我国居民家庭的异质性消费行为特征，并以家庭资产、负债、流动性约束等为切入点探索了异质性消费行为形成的深层次原因，构建理论模型。然后，借助微观调查数据，重点研究了债务家庭的异质性消费行为、数字经济背景下家庭异质性网络消费行为、流动人口家庭的异质性消费行为，进而从减少流动性约束、增加家庭财富流动性程度、发挥普惠金融作用、正确引导农村人口流动方向等角度，分析相关体制机制改革的作用点，以改善居民家庭的整体消费路径，增强消费对经济增长的基础性作用。具体内容有以下五个方面。

第一，分析微观家庭异质性消费行为的特征。本书从家庭消费的总体状况及异质性状况、家庭资产债务持有情况与家庭消费、数字经济下的家庭消费、流动人口的消费四个方面对微观家庭消费行为的异质性特征进行了统计性分析，考察居民消费总量与结构升级的大趋势之下不同群体之间、不同生命周期阶段、不同家庭禀赋情况下消费行为的异质性。

第二，构建家庭异质性消费行为的理论模型。基于同质性消费行为理论，从偏好异质性的视角切入，建立了异质性消费行为的基本模型，同时通过引入流动性约束再度拓展，将消费者主观的折现因子与客观的流动性约束状况相结合，进一步界定了异质性消费者，从而可以将异质性消费者分为耐心且不受流动性约束、耐心且受流动性约束、缺乏耐心且不受流动性约束、缺乏耐心且受流动性约束四种类别。

第三，研究债务家庭的异质性消费行为。在异质性消费行为的框架下，从静态、动态角度分析了四类异质性类别中债务家庭的消费行为，并研究了家庭债务规模与总消费支出及消费结构的线性与非线性关系。研究发现，负债可以通过缓解流动性约束和补充家庭流动性改善入不敷出的状况，带来消费支出的增加。同时，合理负有多种类型的债务组合能在很大程度上刺激消费。

第四，研究数字经济背景下的家庭消费行为。基于网络消费的视角，将家庭区分为传统消费家庭和网络消费家庭，并关注了网络消费家庭的消费支出额和结构，以及普惠金融在提高网络消费支出中的作用，发现将传统消费家庭转变为网络消费家庭，能有效释放消费潜力。而传统金融参与、数字普惠金融的发展能提升家庭网络消费的概率和家庭网络消费支出额。当然，数字鸿沟的存在削弱了部分人群享受数字经济所带来的便利。

第五，关于农村流动人口家庭异质性消费行为的研究。当前，农村流动人口的规模日趋庞大，因此本部分基于相对的流动范围及绝对的流动距离，考察了农村流动人口家庭的消费行为。研究发现，省内流动的家庭消费支出总体上要高于跨省流动；流动距离越远，消费支出下降越明显。这为正确引导农村流动人口流向、响应乡村振兴号召提供了依据。

二　研究框架

本书一共分为八个部分：第一章为引言；第二章为文献综述；第三章为关于微观家庭异质性消费行为特征的梳理分析；第四章为异质性消费行为模型的构建；第五章关注债务家庭的异质性消费行为；第六章基于数字经济的背景，在网络消费视角下探究了异质性消费行为；第七章聚焦农村流动人口群体的异质性消费行为；第八章在总结全书的基础上，就如何实现扩大内需提出政策建议。八个部分有机联系在一起，主要研究思路与框架详见图1-1。

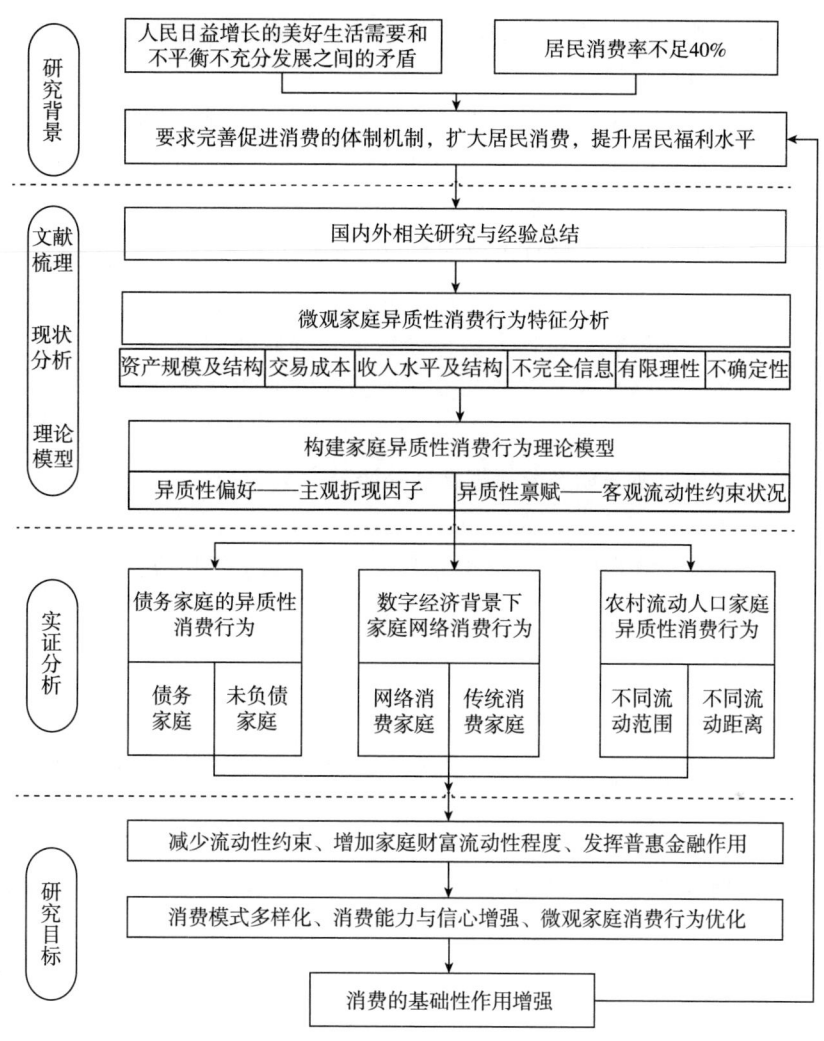

图 1-1 研究思路与框架

第三节 研究方法

一 理论与实证相结合的研究方法

本书基于绝对收入假说、相对收入假说、生命周期—持久收入假说、预防性储蓄理论等消费经济领域的经典模型，构建了流动性约束下的家庭异质性消费行为模型。同时，在上述理论模型的框架下，基于中国家庭追踪调查、中国家庭金融调查、流动人口动态监测等微观数据，运用倾向得分匹配、Probit、双重差分倾向得分匹配、门槛回归、工具变量等计量经济学方法展开了丰富的实证研究。

二 定性分析与定量分析相结合的研究方法

本书基于禀赋异质性和异质性时间偏好的特征，界定了两类消费者，并使用定性与定量相结合的方法，分析了各群体间的消费行为特征，并对家庭债务、网络消费、流动范围等因素对家庭总体消费支出的影响做了定量研究。

三 静态分析与动态分析相结合的研究方法

本书不仅注重家庭消费行为的静态综合特征，更加注重家庭消费行为的动态变动。在研究家庭债务对消费支出的影响、研究网络消费家庭的消费支出时，均结合使用了静态数据与动态数据，将静态分析与动态分析相结合。

第四节 研究创新与有待拓展之处

一 研究创新

本书在理论模型、研究视角、衡量指标上均具有一定的创新性，为相关问题的研究提供了参考和借鉴。

第一，理论模型方面，从偏好异质性与禀赋异质性的角度拓展了家庭异质性消费行为的理论模型。本书在经典消费行为理论的基础上，首先考虑了时间偏好的异质性，从而建立了时间偏好异质性的消费行为基本模型；其次，进一步考虑了家庭禀赋的异质性，引入流动性约束状况再度进行了拓展。

第二，研究视角方面，其一，从家庭债务这一表象切入，深入剖析内在的家庭异质性消费行为特征；其二，从网络消费行为切入，研究传统与新兴两种消费模式下家庭消费行为的差异；其三，把握农村流动人口这一特殊群体，从相对流动范围和绝对流动距离两个视角切入，研究农村流动人口的异质性消费行为。

第三，衡量指标方面，其一，在研究债务家庭消费行为时，围绕家庭负债的相对量，从浅度与深度两个层面，分别使用包含每年房贷偿还额的家庭浅度债务与高流动性财富之比、家庭债务财富比指标作为门槛变量，探讨了家庭债务规模与消费支出的非线性关系。其二，在研究普惠金融对家庭网络消费行为的影响时，考虑到普惠金融发展大大提高了居民金融参与的便捷性，降低了相应的门槛，本书尝试使用能够代表传统金融需求端受益情况的家庭金融参与程度与能够代表数字金融供给端发展情况的地区数字普惠金融指数来共同衡量普惠金融的发展。这两个指标是传统金融与数字金融方面的代表，也是需求端与供给端的体现、微观与宏观视角的衡量。

二 有待拓展之处

后续的研究可以在以下三个方面进行拓展与深入。

第一，构建应用于更多情形的异质性消费行为模型。将禀赋异质性和偏好异质性进一步细化，如根据耐心程度（有高度耐心、中度耐心、耐心、不耐心、非常不耐心五种时间偏好类型），根据流动性资产及家庭资产结构等进一步划分流动性约束的程度，可以探索更细致、更接近现实的异质性分类。

第二，进一步丰富当前的数据资料，使用 Python 等工具抓取大数据，发挥大数据优势，克服国内微观数据库样本期的"短板"，以期更全面地研究家庭异质性消费行为。

第三，沿当前的内容继续开展后续研究。比如，在研究流动范围与距离对农村流动人口家庭消费支出的异质性影响时，可以进一步使用动态研究方法，不要局限于流动的绝对距离，也可考察不同群体流动距离或流动范围变化前后家庭消费支出的变化。

第二章 文献综述

消费是人类生存及发展的基本经济活动，对消费经济理论及实践的研究也是由来已久。从15世纪重商主义倡导节俭，到古典经济学家关于生产和消费的争论，再到边际学派使用边际效用价值论解决了"钻石与水的悖论"，消费在西方经济学界的地位逐渐受到重视。后来，以马歇尔为代表的新古典主义提出了需求弹性、消费者剩余等一系列重要概念，奠定了消费者行为研究的重要基础。下面我们从同质性消费理论的演变开始，逐步梳理异质性消费者行为的理论基础和国内外相关的实证检验以及政策效果，为更好地在"十四五"规划期间提振消费、促进经济增长提供理论基础和现实依据。

第一节 同质性消费者框架下的消费经济学发展脉络

一 早期代表性消费理论

（一）绝对收入假说

西方经济学代表性的消费理论主要是从萨伊的"生产创造需求"理论开始的。凯恩斯以前的经济学家几乎都奉行"供给会创造自己的需求"的萨伊定律，认为"鼓励生产是贤明的政策，鼓励消费是拙劣的政策"，认为消费和储蓄主要取决于利率。在20世纪30年代的资本主义世界大萧条的冲击之下，人们开始重视消费在经济发展运行中的作用。以凯恩斯为代表的现代消费理论兴起，出现了绝对收入假说、相对收入假说、生命周期假说和持久收入假说。凯恩斯在《就业、利息和货币通论》一书中提出了消费和储蓄理论，创造性地将可支配收入引入对消费的分析，从宏观经济学视角将两者联系起来。其认为消费和收入之间有相对稳定的函数关系，居民的当期消费水平取决于当期的绝对收入水平，并通过边际消费倾向递减规律解释了大萧条是如何产生的。但囿于当时的研究条件，并没有展开实证检验。而在大萧条后，凯恩斯理论不足以解释储蓄率的长期稳定的现象。绝对收入假说提倡政府采取鼓励消费的政策来干预经济，这在经济萧条期确实起到了一定的作用。然而，绝对收入假说只能用于分析短期消费与收入之间的关系，且对大萧条之后经济状况的预测也出现了偏差。凯恩斯同时指出，作为一个原则，收入中被储蓄起来的部分倾向于随着收入的增加而增加。如果给定收入水平和影响消费倾向的客观因素不变，影响储蓄量的就只是一些主观的、社会的心理动机，这些动机在短期内又是不变的。所以，凯恩斯的结论是，短期内储蓄量的改变主要是因为收入水平的改变，而不是给定收入水平下储蓄倾向的改变。凯恩斯的理论在很大程度上指引了后来消费和储蓄函数研究的发展方向。

（二）相对收入假说

为了解释长期中储蓄率稳定的现象和大萧条后凯恩斯理论的种种预测偏差，相对收入假说（Duesenberry，1949；Modigliani，1949）应运而生。杜森贝里在其著作《收入、储蓄和消费者行为理论》中，试图把社会心理引入消费理论来修正凯恩斯的绝对收入假说。其认为决定消费水平的不是当期的绝对收入，消费会受到以往消费水平的影响，消费过程中存在示范效应和棘轮效应。示范效应是指居民消费受到相关群体消费和收入的影响；棘轮效应是指当收入增加时，消费会随之增加，但收入减少时，消费却不可能出现明显减少，即消费者的消费受到自己过去消费和收入水平的影响，或者说消费的下降存在一个棘轮式的阻滞。杜森贝里的相对收入假说较绝对收入假说有一定的进步，虽然没有脱离凯恩斯的理论框架，但他提供了一种重要的考虑问题的新角度，即收入在消费和储蓄之间的分配依赖于个体的相对收入而非绝对收入。

（三）生命周期—持久收入假说

莫迪利安尼（Modigliani，1949）在新古典经济学消费者效用最大化的理论基础上，创造性地引入了储蓄行为的生命周期动机，以跨时最优化消费模型作为基本的分析框架，重建了宏观经济学的微观基础，提出基于消费和储蓄的生命周期理论。他认为经济人都是理性的，不是"后顾"的，而是"前瞻"的，会根据效用最大化的原则安排自己一生中的储蓄和消费。生命周期假说假设工作期间的收入保持不变，没有不确定性因素，个人开始时没有财富且最后也没有遗产，在这种情况下，人们为了按照其所愿意的方式消费终身收入而进行储蓄和负储蓄，他们通常在工作期间储蓄，然后将这些储蓄用于退休期的支出。该理论认为消费既不是绝对收入的函数，也不单单是由相对收入决定的，每个消费者都是根据整个生命周期内的全部预期收入来安排自己的当期消费支出，平滑一生的消费，进而实现一生消费效用最大化。若暂时性的收入不足以应付支出，那么这时消费信贷可以将后续各期的收入前移；反之，则可以通过储蓄将多余的收入后移，即人们在其收入高于终身平均收入时储蓄较多，而在其收入低于终身平均收入时进行负储蓄，这样就能够将生命周期各阶段的消费平均化，实现消费的平滑。莫迪利安尼的生命周期假说强调了收入、财富和年龄分布在消费中的重要性，解释了短期消费波动、长期消费稳定的原因；财富的引入也解释了不同阶层家庭消费行为的差异，并侧重分析了储蓄动机，对于宏观领域的影响也是深远的。但由于没有引入不确定性的问题，减弱了该理论的解释效果。

1957年，弗里德曼（Friedman）的持久收入假说（Permanent Income Hypothesis，PIH）将人一生中的收入分为持久收入和暂时性收入，认为居民消费支出不是取决于当期收入，而是主要取决于其持久收入（也称为永久收入或恒久收入）。持久收入可以理解为消费者能够预计的比较固定的长期收入。生命周期假说和持久收入假说有很大的相似性，如二者都假设消费者是"前瞻"的，即消费不只是同当期收入相关，而是以一生的或持久的收入作为消费决策的依据；再如二者均认为暂时性的收入变化不会引起太大的消费支出变动等。因此，学者往往将两者结合进行分析，称为生命周期—持久收入假说（LC-PIH）。该假说综合了两者的部分观点，认为影响消费的主要是消费者拥有的财富和持久收入，而理性的消费者会根据跨期选择的原则，将一生中的收入及消费合理分配，以达到生命周期中消费效用的最大化。

在此之后的一段时间内，生命周期—持久收入假说（LC-PIH）作为确定性等价下的经典模型，逐步形成了以跨期平滑、预防性储蓄和流动性约束为基础的动态随机一般均衡理论，成为居民消费及储蓄领域的主要研究框架。虽然生命周期和持久收入两种理论本质上是一致的，但它们强调的问题仍然有所区别。持久收入假说把消费同持久收入流联系起来，消费者通常被认为是寿命无限长的个体，家庭中两代人之间通过有效转让财富而联系起来，储蓄是为了让现在与未来消费的边际效用等于隐含在市场上的利率的边际转换率。从这方面来看，储蓄是出于遗赠的动机。相反，严格的生命周期假说让个人把他们的所有禀赋在一生中全部消费掉，储蓄的出现被认为是年轻工作者多且富有的结果，而年老动用储蓄者少且收入也少。在莫迪利安尼的模型中，储蓄的生命周期动机得到了充分的体现。然而，这些均限于确定性的假设，没有真正考虑到不确定性预期。后来的实证研究表明，消费者生命周期的财富呈现明显的驼峰状，随着年龄的增加，财富的下降要比莫迪利安尼预测的慢。这表明对消费者遗产动机和不确定性的忽略，减弱了该理论的解释效果。与莫迪利安尼不同的是，弗里德曼（1957）曾明确表示消费者积累财富的目的之一便是预防未来收入难以预料的下降，即考虑到了消费者的预防性动机，且更为强调个人的遗产动机。但是，由于他把研究重点放在区分持久收入和暂时性收入以及持久收入的估算问题上，而非消费者的储蓄动机和行为特征上，所以不确定性因素并未真正纳入其理论模型。

直至后来"理性预期革命"的到来和不完全市场模型的出现以及动态规划方法的提出，不确定性在消费研究中的重要性才日益提高，不确定性因素被引入模型并逐步应用。1975年以后，西方消费函数理论将不确定性、收入风险等纳入进来，结合理性预期学派的研究成果，逐渐形成了不确定性条件下的消费函数理论群，代表性的有随机游走假说、预防性储蓄假说、流动性约束假说等。

二　不确定性条件下消费经济理论的发展

（一）随机游走假说

1978年，霍尔（Hall）在《生命周期—持久收入假说的随机解释：理论和证据》一文中，以LC-PIH和理性预期为基础，通过将不确定性引入消费函数，提出了随机游走假说，消费理论进入新的发展阶段。霍尔认为，过去的消费与收入的信息，对当期消费的变化不会有任何影响。也就是说，最优消费者行为的人群，已经将当期所有可能得到的有价值信息都反映在当期消费中。而当期的消费只与前一期消费有关，从而推翻了生命周期假说中消费与收入、财富等其他因素的相关性。因此，由随机游走模型的性质可知，服从随机游走模型的消费变化是不可预测的。

然而，由于霍尔的随机游走假说与关于消费和储蓄的传统观点严重背离，后来许多经验研究结论明显不符合随机游走假说，同时也由于效用函数依然被假设为二次型，所以在这个模型中，不确定性并没有对储蓄行为产生实际影响，也无法解释继而出现的"过度敏感性"和"过度平滑性"现象，从而引发了后续大量相关经验假说，其中以预防性储蓄假说和流动性约束假说为代表。

(二) 预防性储蓄假说

预防性储蓄（Precautionary Savings）是指风险厌恶型消费者在面临未来不确定性时，为了保持未来消费的平滑性而进行的储蓄。利兰德于1968年首次对预防性动机的储蓄模型进行分析，他定义预防性储蓄为未来不确定的劳动收入引起的额外储蓄。利兰德量化了消费者的谨慎性动机，引入了效用函数的三阶导数，即当效用函数的三阶导数大于零时，确定性等价理论将不再成立。当消费者感知未来收入不确定性程度会上升时，未来消费的预期边际效用也会相应提高，比较确定性的情况，面临不确定性的消费者会进行预防性储蓄用于未来消费，以求获得最大效用。因此，消费者进行储蓄的动机有两个：一是预防未来不确定性的谨慎动机；二是平滑跨期消费的动机，以防低收入时期受到流动性约束。然而，在数学模型中加入谨慎动机后，模型很难得到解析解。

1989年，扎德斯研究了在收入随机波动的情况下，不确定性对消费最优行为的影响，验证了不确定性对于消费决策的影响力度。他发现，在常相对风险厌恶效用函数（CRRA）下，如果没有收入的不确定性，人们会消费更多，即消费者有明显的预防性储蓄动机，特别是金融资产少、劳动收入不稳定的群体。这些消费者明显对预测到的收入变化呈现出过度敏感性，收入的暂时性变化的边际消费倾向要更高一些，而对未预测到收入的反应则迟钝许多。卡贝里罗（Caballero）1991年采用CARA效用函数求解了跨期最优模型，得到整个生命周期的消费、储蓄和财富积累函数，并进一步测算了预防性财富在总财富中所占的比重。他认为，不确定性主要体现为劳动收入的变化，如果消费者不在乎不确定性，那么他会根据持久收入的变化决定消费的变化，这时消费行为不存在过度平滑性。但如果将不确定性考虑进来，消费者必须同时进行预防性储蓄以规避风险，此时表现出过度平滑性。根据跨期预算约束，消费行为同样也会表现出过度敏感性。

迪顿于 1991 年发现，缓冲存货的出现是高折现率、预防性储蓄动机和消费者不愿意过度负债等原因综合作用的结果。卡罗尔将消费者的谨慎和缺乏耐心同时纳入了模型，谨慎意味着多储蓄，而缺乏耐心则意味着多消费，同时具备两种特性的理性消费者倾向于维持一个固定的、与其收入及收入风险相适应的目标储蓄—财富比，两种心理状态转换的条件是目标财富水平与实际财富积累的关系，即当财富积累超过目标财富水平时，消费者缺乏耐心的程度比谨慎程度更强烈，将倾向于消费；反之则倾向于储蓄，以使财富积累达到目标财富的水平。预防性储蓄动机会激励那些面对流动性约束的行为人进行储蓄，从而学者提出加入流动性约束的缓冲存货模型基本形式。后来，卡罗尔在 2001 年验证了流动性约束的存在与否并不改变消费者的最优路径，即使流动性约束完全不存在，居民也不会进行借贷。

戴南（Dynan）于 1993 年提出了一种测度预防性储蓄动机强度的模型，他使用二阶泰勒展开的研究方法，并采用消费增长率的平方项来衡量不确定性。虽然戴南最终的研究结果是消费者基本不存在预防性储蓄动机，但是他提供了一个测量预防性动机强度的方法，为该领域的分析提供了一种普遍的分析范式。并且，预防性储蓄动机使用谨慎系数来刻画，可以直接获取各参数的值，从而可以在很大程度上决定政策的取向问题。

（三）*流动性约束假说*

西方经济学界进行实证研究时发现了消费的过度敏感性，即消费对于预期收入呈明显正相关。流动性约束理论是在解释消费的过度敏感性的背景下提出来的，认为信贷市场的不完善致使年轻的消费者及那些受到暂时性收入影响的消费者不能通过信贷来平滑整个生命周期的消费，即流动性约束理论放弃了传统模型中消费者可以以相同利率进行自由借贷的假设条件，认为消费者的借款利率通常要高于储蓄利率，并且许多人往往不能以任意利率借入较多的款项。流动性约束也被称为流动性限制，也有文献直接称为信贷约束，是指消费者从金融机构以及非金融机构和个人取得贷款时所受到的限制，其认为金融信贷市场的不完善影响了消费的跨期最优配置，使消费者无法跨期配置与一生总收入等价的消费水平，从而表现出实际消费比消费需求要少、出现消费的过度敏感性等现象。

在流动性约束理论提出后,学者便对其含义界定、表现形式、作用机制、影响程度等进行了广泛研究。其中,扎德斯(1989)将流动性约束定义为某一较低的资产水平(相当于其两个月的收入),如消费者所拥有的财产低于其两个月的收入,则该消费者便是受流动性约束的。

生命周期—持久收入假说假定消费者能随心所欲地贷款消费,这显然是以完全信息和充分发达的信贷市场为前提的,即假设不存在流动性约束或信贷约束。但实际上,即使是在发达的金融市场上,由于信贷市场的信息不对称等原因,流动性约束是必然存在的。在发展中国家,除了信贷市场信息不对称的基本原因,信贷市场的不完善使流动性约束的情况更为严重。流动性约束通过两个途径降低消费:第一,当前面临的流动性约束使消费者的消费相对于其想要的消费要少,如消费者受到严重的流动性约束,那么消费者就不能够容易地平滑其一生的消费;当消费者处于低收入阶段时,即便其有较高的收入预期,也借不到款项,因此只能进行较低的消费;这时,消费者提高消费水平的唯一方法就是积累财富或者延迟消费,直到高收入时期的到来。第二,未来可能发生流动性约束的预期也会降低消费者现期的消费,假设消费者在 $t-1$ 期存在收入下降的可能,如果消费者不面临流动性约束,那么其会通过借贷等方式来避免消费在下一期的下降;如果消费者面临着流动性的约束,那么收入在下一期的下降将会导致消费的下降,除非消费者拥有一定的储蓄。

纵观消费函数理论的发展过程,其实质就是对影响人们消费行为的内在和外在因素的认知逐渐深入并引入分析的过程。从内在人性及消费心理上看,以下三个阶段对应着不同的人性假设:第一阶段,短视的、非理性的消费者;第二阶段,眼光长远的完全理性消费者;第三阶段,眼光长远的有限理性(接近理性)消费者。在考量消费的关键外在影响因素时,也经历了收入由确定到不确定的认知过程。在研究方法上,凯恩斯基于他的"心理定律"进行推理,而弗里德曼等在提出假说的同时,也进行了一定的实证分析。大量数据也被用来进行计量经济分析,力求假说能与实际消费相吻合,以提高理论的解释力。但也正因为过度追求模型的精巧,运用繁杂的数学运算反而削弱了假说的实际意义。同时,应该认识到,每一种消费函数理论只具有有限的解释力。消费函数是对收入与消费关系的抽象和概括,而在实际中,在不同时代、不同国家地区、不同经济发展水平、不同历史制度下,人们的消费心理及其他影响消费的外在因素是随时在变化的，因而消费函数也必然没有统一的形式。当然，上述模型和假说为我们分析消费问题提供了一种思路与框架，具体的研究仍然要从不同的角度出发，具体问题具体分析。

第二节 异质性消费者框架下的消费理论发展

一 对同质性消费者假定的质疑

大量的经验研究表明，在生命周期—持久收入假说及其他消费理论基础上的研究发现，居民消费出现了过度敏感性及过度平滑性的现象（Flavin，1981；Evans，1988；Campbell and Deaton，1989），消费者并没有按照经典消费理论规划的路径那样，理性跨期安排消费进而实现效用最大化。因为经验研究发现暂时性收入变动所带来的边际消费倾向不为零，家庭资产组合与规模的差异也使财富在消费者之间越发不均等，该种差异同样影响了消费者的行为（Mankiw，2000）。而上述在不确定性条件下的预防性储蓄理论、流动性约束理论等，虽然可以在一定程度上对过度敏感性和过度平滑性现象进行解释，但解释的力度却仍然有限（Kaplan and Violante，2014；Carroll et al.，2017）。Krueger 和 Perri（2006）利用 1997—2000 年美国消费支出调查数据发现，家庭工资性收入组间差异的扩大使家庭消费的不平等程度显著上升。为了更好地诠释现实经济，增强理论模型对现实经济的解释力，从 20 世纪 80 年代开始，学者便不断尝试着寻找另外一种框架，将研究焦点从同质性消费者框架转往异质性消费者框架，以寻求理论上的突破。

二 异质性消费者理论的提出

为了寻找与经验数据更为相符的理论，缩小理论预测与实证结果之间的差距，学者基于对同质性消费者的理论分析框架，逐渐摸索出异质性消费者框架。异质性消费者的概念最早由 Campbell 和 Mankiw（1989）提出，他们不再认为消费者是同质的，而是将消费者外生设定为两类：第一类遵循生命周期模型所设定的跨期最优决策原则，即仍以跨期效用最大化为主要目标，消费主要由持久收入决定；第二类遵循"拇指法则"（Rule of Thumb），即消费取决于甚至等于当期的全部收入，消费决策不再依赖于跨期效用。在上述异质性消费者的设定中，第二类消费者的存在严重削弱了持久收入假说的解释力,也直接打破了"李嘉图等价",因而习惯上,可以把第一类消费者称为"李嘉图式"消费者,把第二类消费者称为"非李嘉图式"消费者,或者异质性消费者。依据传统的同质性消费行为理论,居民对暂时性收入的边际消费倾向应当接近于零,而一系列实证研究发现并支持了"非李嘉图式"消费者的存在。如 Misra 和 Surico(2014)发现居民对美国政府 2001 年退税政策临时所得的边际消费倾向为 0.2—0.4。

除了上述影响较大的基于生命周期模型的划分,其他视角下关于异质性消费者的划分及理论也逐渐兴起。如在行为经济学领域,学者发现受到"羊群效应"的影响,一些基于理性动机的消费者的最终行为却是非理性的,其原因包括人的信念、认知能力、舆论信息等均存在异质性(Shiller and Akerlof,2009),从而出现了行为上的分化。

三 异质性消费者的形成机理及识别

20 世纪 80 年代前后,Bewley 模型(1977,1983)通过引入个体的异质性和市场的不完全性,试图克服传统经济中代表性个体和完全竞争市场的假设(陈彦斌等,2010)。这是较早的异质性模型,学者通过 Bewley 模型,可以研究政策影响下的异质性消费者行为,考察收入差距对消费的异质性影响。

至于异质性消费行为的形成机理,主要是在禀赋异质性的角度下阐述的,沿着两个方向展开:其一,受流动性约束的消费者仅拥有少量的资产或者没有资产,缺乏信贷渠道,进而无法实现消费的跨期动态最优(Ganong and Noel,2019);其二,现实中消费者在进行最优决策获取最大化效用时,会受到信息不完全的约束,或者需要支付信息收集成本,从而出现黏性消费等有限理性和短视行为,收益与成本的权衡致使消费者选择的消费路径偏离理论上的最优消费路径(Mankiw and Reis,2006;Love,2013;Carroll et al.,2020)。Carroll 等(2011)实证分析了 13 个发达国家的黏性消费特征,发现上述异质性消费者所占比例平均高达 70%。

除流动性约束理论、预防性储蓄理论等关于异质性消费者的研究以外(Forni and Monteforte,2009;Cho and Rhee,2017;Guerrieri and Lorenzoni,2017),资产交易成本的存在对家庭消费的影响也引起了研究者的关注(Jappelli and Terlizzese,1996;Heaton and Lucas,1997)。Kaplan 和 Violante(2014)、Huntley 和 Michelangeli(2014)从家庭资产角度

所做的开创性研究表明，资产结构和变现成本会对居民的消费行为产生显著影响，这种较容易甄别异质性消费者的方法也逐渐引起学界的更多关注（Carroll et al., 2014；Jappelli and Pistaferri, 2014；Bitler and Hilary, 2015；Wang and Zeng, 2016；Kaplan et al., 2018）。不难预料，关于异质性消费行为的分析将在未来改写经济学的分析框架。

第三节　国内异质性消费行为的相关研究

国内异质性消费行为的相关研究则更多是在前瞻性理性消费者假定下，或基于宏观数据检验我国居民的消费行为特征，如是否受到流动性约束，以及受流动性约束时的消费行为特征（臧旭恒、裴春霞，2007；封福育，2014；李力行、周广肃，2015）、城乡及地区间的差异（王小鲁、樊纲，2004；韩立岩、杜春越，2012；孟好，2016）、兼具短视性等（徐润、陈斌开，2015）；或借助微观数据定量探讨家庭资产与居民消费（李涛、陈斌开，2014）、社会保障与居民消费之间的关系（贾男等，2013；何兴强、史卫，2014；杨宜勇、关博，2017），以及有关人口老龄化和退休群体消费行为的研究（Li et al., 2015；汪伟，2017）。这些研究虽然围绕消费者的禀赋异质性的问题，但基本上都是基于理性消费者跨期最优选择的同质性假定而开展的。

近几年，有学者开始使用异质性消费行为框架尝试分析中国现实经济问题，诸如个税改革、房地产市场调控、家庭金融等政策措施对异质性消费者产生的不同影响（徐润、陈斌开，2015；石明明，2016；赵昕东、王勇，2016；贺洋、臧旭恒，2016；宋明月、臧旭恒，2018，2020；杨继生、邹建文，2020），他们从流动性约束、短视行为、消费黏性、家庭持有资产的流动性等角度识别异质性消费行为。其中，贺洋、臧旭恒（2016）将异质性消费行为理论引入经典 RCK 模型，估计发现，我国约有 33.57% 的居民消费行为不同于传统消费理论，该类异质性消费行为的存在也会显著影响政府内需调控政策的效果。臧旭恒、张欣（2018）根据资产结构识别异质性消费者，综合了流动性约束和预防性储蓄理论，通过估计暂时性收入冲击下的边际消费倾向以及不确定性引致的财富积累，探讨了不同资产结构下异质性消费者行为的差异。

一　收入及家庭流动性约束的异质性与家庭消费

（一）持久收入与暂时收入对消费影响的差异

现代消费经济理论认为，在影响消费的众多因素中，收入是影响消费的核心解释变量。臧旭恒（1994）认为弗里德曼在持久收入假定中的消费函数并不能直接应用于中国消费与收入之间关系的分析，但是在划分持久收入和暂时性收入后，消费者能较为理性地识别暂时性冲击和持久性冲击，从而在面对暂时性冲击所带来的收入增加时，不会提高其消费。所以，对于持久性收入冲击和暂时性收入冲击的划分，能够揭示收入的变化是通过何种方式来影响消费和储蓄的，更能够通过不同收入来源理解异质性消费者行为。徐舒（2010）研究表明我国劳动者收入波动受暂时性冲击的影响较大，永久性冲击对我国的劳动者收入波动的影响程度相对较大，受教育程度越高的劳动者受到冲击的影响越少。

在这一问题上，短期收入和长期收入更容易识别，从而有时会替代持久性与暂时性收入的划分。如张继海和臧旭恒（2005）的研究表明，1978—2002年中国城镇居民家庭实际收入和实际消费之间存在协整关系，因此长期收入的持续稳定增长，能带动消费增长的持续稳定，还能降低居民的不确定性感受，并且预防性储蓄的居民收入分配制度保障措施的完善能够进一步促进收入的增长，从而形成消费和长期收入相互促进的良性循环。

在收入波动与消费结构的关系方面，罗永明和陈秋红（2020）的研究表明，收入波动在家庭生命周期中对食品消费、教育消费以及衣物消费的影响尤为重要。

税收直接影响居民的现期收入，并间接影响政府的税收收入，因此税制改革对收入的影响是较为强烈的，减税对消费的促进作用较为明显，然而如因短视对减税敏感性降低，则会引起异质性消费行为。如徐润和陈斌开（2015）的研究表明，从总体上讲，2011年以来所得税改革政策提升工薪阶层消费的效果显著，然而由于流动性约束、预防性储蓄和短视行为等因素，不同税种的减免对消费的增加具有不同的效果，税收冲击对不同家庭的消费刺激效果也具有明显的异质性。陈斌开和李银银（2020）认为，削减税费显著改善了农村收入分配，解释了1997—2000年与2005—2008年收入不平等下降的43%—49%。汪伟等（2013）的研究发现，2000—2009年税费改革对农村居民消费具有显著的刺激效应并且在改革的不同阶段表现出明显的差异,对分区估计结果和分消费类型的研究中对不同的消费群体具有明显的异质性,为政府通过永久性的减税来增加居民持久性收入进而提高居民消费的政策举措提供了经验证据。

(二) 收入不平等与消费不平等

居民收入差距加大是当今社会所面临的重大问题,研究收入差距对消费水平的作用机制不仅仅关乎中国能否在经济新常态背景下提振消费,更关乎社会主义分配和再分配下的公平正义。臧旭恒和张继海(2005)的实证研究表明我国收入差距和总消费是呈负相关的,即缩小收入差距的收入分配政策将提高总消费。杨汝岱和朱诗娥(2007)认为,相对于低收入阶层和高收入阶层,中等收入阶层的边际消费倾向最高,缩小收入差距并不仅仅是社会公平与公正问题,更加有利于扩大消费需求,拉动经济持续增长,同时实现"公平"与"效率"两大目标。邹红和喻开志(2011)认为,劳动收入份额和城乡收入差距是居民消费增长缓慢最根本的原因。汪伟和郭新强(2011)认为,除居民消费习惯、人口结构、城市化、政府支出规模等因素外,收入不平等的加剧几乎可以解释居民储蓄倾向上升的近80%。陈斌开(2012)的数字模拟结果表明,城乡收入差距扩大导致居民消费率在2000—2008年下降了3.42个百分点,解释了这一期间居民消费率下降的30.8%。朱诗娥和杨汝岱(2012)的研究表明改革开放30年我国总体城乡居民消费差距经历了先下降、再上升、后维持高位震荡的变化过程,而省际城乡居民消费差距却存在这样的现象,即经济发展越落后的地区城乡居民消费差距越大。

直接研究消费不平等的文献较少,大多数文献都是基于以上所述的收入不平等来间接衡量消费不平等程度。事实上消费的不平等在理论上更能反映居民福利水平的差距。邹红等(2013a)的研究表明,消费不平等是未保险冲击和未预期冲击的方差之和,个人预期和风险分担机制平均减少了20%的消费差距。进一步,邹红等(2013b)区分消费品结构,发现自20世纪90年代以来,耐用品消费不平等一直大于收入不平等,但从趋势上看,耐用品消费不平等不断下降,而收入不平等却日益上升,收入不平等和耐用品消费不平等的出生组规律存在显著区别,同时,耐用品和非耐用品不平等的出生组规律存在显著区别。

用收入不平等来衡量消费不平等以及社会福利的差异程度,也是大多数文献所使用的方式。从理论上讲,由于收入与消费联系的紧密性,研究收入不平等的影响因素并加以解决就能够在一定程度上缓解消费不平等。陈彦斌和陈军（2009）认为财产分布不平等是中国消费总水平不足的重要原因。徐舒（2010）用 Mincer 收入回归方程的残差表征残差收入，用于反映相同个体特征的劳动者间的收入差异，认为劳动者平均受教育程度的提高降低了收入不平等，但技能偏向型技术进步却在更大程度上提高了教育的边际收益率，最终的结果仍然是收入不平等上升，且对劳动者实际收入不平等的贡献在 60% 以上。通过对残差收入的研究，徐舒和朱南苗（2011）认为我国劳动者残差收入不平等的主要决定因素是暂时性收入冲击，其能解释 60% 以上的残差收入不平等，劳动者异质性潜在能力价格效应的不断上升是中国残差收入不平等上升的主要原因。易行健和肖琪（2019）研究表明收入不平等与居民消费率整体呈"倒 U 形"关系，但这一关系只在发展中国家成立，在发达国家这一关系并不显著。发达国家金融发展水平的提高有利于促进居民消费，而在发展中国家金融发展所带来的这一效应则不显著。另外，消费文化、经济发展水平、民生性财政支出和国家的系统不确定性也在一定程度上影响了居民消费。罗楚亮（2019）使用基尼系数进行的研究表明，无论是按照哪种方式，甚至是否补充高收入人群，所得到的收入基尼系数从跨国比较来看都是非常高的，且如果考虑社会保障和公共福利引起的实际福利差距，中国的收入差距将会更加扩大化。罗楚亮和颜迪（2020）通过比较低收入人群和高收入人群在相对必需品和相对奢侈品支出结构上的差异性，修正了潜在的测量误差，并估计了 2002—2018 年中国城镇居民消费不平等及其演变趋势。研究表明，2002—2013 年 25% 的收入不平等的扩大是由住房、交通通信和文化娱乐消费差距的扩大导致的，而在 2013—2018 年，消费不平等缩小了 19%，主要源于教育、交通通信和文化娱乐消费差距的缩小。同样，收入差距也会对居民负债产生影响，从而影响居民现期消费行为。尹志超等（2021）的研究中，在控制户主特征、家庭特征以及地区特征之后，收入不平等对家庭杠杆和家庭杠杆率均具有正向的显著影响。基尼系数每提高 10%，家庭选择使用杠杆的概率显著提升 9.84%，家庭的杠杆率水平显著提高 4.64%。收入不平等会显著提升低财富群体住房资产在家庭总资产中的比例并提高低财富家庭的住房债务。

总之，现有文献几乎一致认为稳定消费增长和改善消费不平等就必须改善收入不平等的问题,在提高人均收入水平的基础上,增加低收入人群收入,从而提振消费(陈彦斌和邱哲圣,2011;巩师恩和范从来,2012;邹红等,2013)。同时,机会不平等也是收入不平等的重要影响因素,关注机会不平等也是提振内需需要考量的问题。居住地、性别、出生时户籍共同构成机会不均等的重要影响要素,其中农村地区年龄与性别因素导致的收入不均等过大也会影响这些要素,进一步造成收入不平等(汪晨等,2020)。

也有学者通过研究影响收入差距的区位、行业、政策以及教育水平的差异,进而研究收入差距对居民消费的影响。陈钊等(2010)认为,在收入差距扩大的所有因素中,行业不平等是重要性增长最快的因素。一方面,城乡收入差距或许是居民消费差距和消费率低迷的最重要因素(杨汝岱,2005)。臧旭恒和孙文祥(2003)认为,收入的巨大差距造成了城镇和农村居民消费结构的差异,而社会福利中城镇住房制度改革、医疗制度改革也是造成城乡居民消费结构差异的重要因素。从早期城乡收入差距的来源来看,林毅夫和陈斌开(2009)认为市场化和经济开放等经济转型因素导致城乡消费差距扩大,同时政府的干预也导致中国城乡消费差距扩大。陈斌开和许伟(2009)认为,所有制变迁能够解释中国城镇劳动收入差距扩大的90%。另一方面,方福前(2009)认为政府与居民之间的收入分配差距不均是导致中国居民消费需求不足的主要原因,而居民之间的收入分配不均是居民消费需求不足的一个重要原因。陈斌开和曹文举(2013)对机会不平等对于收入分配的影响展开了研究,研究表明政府"越位"和"缺位"并存是中国机会不均等的根本原因,政府政策在初次分配和再分配中都扮演着重要角色,是机会均等化的核心力量。切实转变政府的职能是促进机会平等、改善收入分配的根本途径。陈斌开等(2010)认为,教育水平差异是中国城乡收入差距最重要的影响因素,其贡献程度达到34.69%。徐亚东等(2021)持有相反的观点,在假定农村居民和城镇居民具有不同的微观消费决策模型的基础上,讨论了城乡收入差距和城镇化对居民总消费的影响和影响居民总消费的机制,结果表明城乡收入差距的扩大并不必然降低居民总消费,而城镇化率能够促进居民总消费且降低农村居民消费占比。在关于我国城乡居民消费影响因素的比较分析中,储德银和经庭如(2010)指出可支配收入差距对城乡居民消费的影响最大,而收入分配差距和政府支出对城乡居民消费影响的绝对幅度基本相同,但二者对城乡居民消费的影响效应却有显著差异,缩小收入分配差距对扩大农村居民消费的效果更好,而政府支出和收入分配差距对农村居民消费短期变动没有显著影响。邹红等(2012)认为在城市化发展的初期,由于城市化率与消费率之间存在微弱的"倒U形"关系,城乡收入差距的扩大一定程度上促进了居民消费增长,而在城市化快速发展的时期,城市化率与消费率之间存在"U形"关系,城乡收入差距的扩大对居民消费需求增长具有显著的抑制作用。

伴随城市化和工业化进程的户籍制度改革是促进消费、增强内需的有效手段,关系到中国经济增长方式的转变,也关系到公平实现问题(陈斌开等,2010)。服务业发展通过提高居民收入和改善居民收入分配来拉动消费,服务业与居民消费具有内在一致性(毛中根、洪涛,2012)。旨在鼓励资本密集型部门优先发展的政府战略,造成城市部门就业需求的相对下降,进而延缓城市化进程,农村居民不能有效地向城市转移,城乡收入差距扩大,城镇化是解决城乡收入分配差距的关键手段(陈斌开、林毅夫,2013)。万广华(2013)认为,我国整体的收入分配状况在1982—2006年逐渐恶化,在没有城镇化的情况下,1995年以来我国的贫富差距会更大。

地区间收入差距和消费差距问题也逐渐显现出来,无论是从东部、中部、西部来看,还是从农村和城镇,抑或是沿海、内陆来看,地区之间的差距已成为亟待解决的问题。万广华(1998)认为,1984—1996年中国农村区域间收入差异呈现上升趋势,还发现这个趋势与农村经济结构的变化密切相关,同时认为从贷款、税收、科技甚至财政上大力支持较贫困地区发展家庭经营,能够有效地达到缩小地区间收入差异的目标。同时,随着全球一体化的深入,全球化对于缩小地区间收入差距的贡献显著为正,以非国有化为特征的经济改革对缩小地区间收入差距也有显著作用,资本在收入差距扩大中越来越起到主导作用,其他诸如教育、地理位置、城市化和人口负担率的贡献率在下降(万广华等,2005)。从全球化的角度来看,除了少数国家,发展中国家和发达国家的差距在一定程度上逐步拉大,地区间的不平衡极为严重,发达国家关于关税壁垒等的贸易保护主义举措进一步拉开差距。万广华等(2008)的研究表明,用贸易和外商直接投资代表的全球化带来了不均等的上升,而贸易对缩小不均等的贡献大于外商直接投资，而且全球化指标的绝对和相对贡献一直在持续增加。宋泽（2020）的研究表明收入水平和价格水平的非均衡上涨是拉大地区实际生活成本差距的主要原因，中国实际消费不平等程度高于名义值，生活成本上涨加剧了消费不平等。

（三）流动性约束与家庭消费

流动性约束（Liquidity Constraint）是消费者因其自有货币量不足，难以从外部获得，从而导致其不能实现自身消费最优进而造成社会总需求不足的现象。通常情况下，只要经济社会存在体制所带来的消费和资本等的障碍，流动性约束就会产生（Stiglitz and Weiss，1981）。Hayashi（1982）发现大约20%的美国家庭面临着流动性约束。在中国社会主义市场经济体制下，也存在这样的流动性约束。

学者大都认为流动性约束会对居民消费产生抑制作用。Filer 和 Jonathan（2007）通过对破产消费者的研究，指出破产影响了个人的信用评分，从而影响了个人获得信贷的机会，这可能会使破产后的消费者受到流动性约束，这是破产后的消费者表现出过度敏感性的来源。Nishiyama 和 Ryo（2012）认为在无限时间范围内，即使消费者不够谨慎，流动性约束的存在也会引起消费函数的凹性。Holm（2018）对流动性约束如何影响家庭进行了研究，通过构造一个具有流动性约束的消费函数的封闭表达式证明了当存在相应的流动性约束时，消费函数是严格凹的，面对流动性约束的收紧，家庭的反应是减少消费，对财富变化变得更加敏感。叶海云（2000）根据我国实际国情建立了一个"短视"消费模型，在此基础上讨论了边际消费倾向与短期储蓄目标的关系，对造成我国消费疲软的根本原因是短视行为与流动性约束太强进行了论证。万广华等（2001）运用中国1961—1998年数据，分析了流动性约束与不确定性在中国居民消费行为演变中所起的作用。研究发现，经济改革导致中国居民消费行为发生了本质变化，改革以后流动性约束对居民消费行为的影响增加了一倍以上，而不确定性因素则成为决定消费变化的另一因素，且消费者的异质性以及流动性约束与不确定性因素之间的相互作用进一步加剧了流动性约束与不确定性对居民消费的影响。汪红驹和张慧莲（2002）通过回顾以往消费理论，对我国居民20世纪90年代的消费行为进行了分析，指出流动性约束的增强是我国居民消费倾向下降的主要原因。李霜霜（2021）基于CHARLS数据库，实证分析了我国城乡老年人口消费特征及其影响因素,发现流动性约束会降低我国老年人口医疗保健及娱乐性支出的规模,并且对城市老年人口的边际影响更大。

金融市场及信贷体系是否完善,会直接影响居民的流动性约束,从而对消费产生影响。因此,一部分学者从消费信贷的视角进行了研究。Jappelli 和 Pagano(1989)以消费信贷额占居民消费的比重来表示消费信贷的发展水平,发现"过度敏感性"系数与消费信贷发展呈负相关的关系,因此认为消费信贷限制造成的流动性约束是导致消费对收入变动敏感的原因之一。Carroll(2001)也同样认为消费信贷的变化会通过流动性约束对居民消费产生影响。Smith(2005)考察了在澳大利亚消费对收入、信贷和利率变动的反应,发现贷款对居民消费支出有显著影响。Beaton(2009)考察了美国总消费支出与信贷可获得性之间的关系,指出信贷供应量的巨大变化对于消费者的消费决策尤为重要,消费者支出随着信贷可获得性的增加而增加。还有学者认为消费信贷不利于消费的增长,Ekici(2010)利用家庭层面数据,研究信用卡负债与消费之间的关系,结果表明消费信贷会抑制消费增长,信用卡债务每增加 1000 美元,每季度的消费增长率就会下降近 2%。宋振学和臧旭恒(2007)分析了在中国居民消费行为特征基础上的边际效用分段递增的效用函数假说,认为发展和完善金融市场、减少流动性约束,可以有效地减弱导致预防性储蓄的内因。臧旭恒和李燕桥(2012)利用我国 2004—2009 年的省际面板数据,研究了消费信贷与城镇居民消费行为之间的关系,结果表明,消费信贷会通过缓解居民当期流动性约束促进耐用品消费的增长,而对非耐用品与服务消费并无显著影响。李江一和李涵(2017)利用 2011 年和 2013 年中国家庭金融调查面板数据,采用倾向匹配和固定效应模型相结合的方法考察了信用卡消费信贷对家庭消费的影响,研究发现信用卡消费信贷可通过缓解流动性约束而促进消费。杭斌和余峰(2018)构建了一个关于社会地位偏好和流动性约束的理论框架,指出住房通常被作为社会地位高低的体现,在收入差距扩大时,人们为了维持地位而改善居住条件。在信贷约束环境中,购房标准和房价的提升意味着家庭遭遇流动性约束风险加大,从而抑制日常消费支出。谢朝晖和李橙(2021)通过检验消费信贷对消费结构及消费习惯的影响来判断消费信贷是否促进了我国消费升级,结果表明消费信贷会通过放宽流动性约束影响居民消费习惯,使消费者消费更加平滑,更好地释放消费潜力。

还有一部分学者分析了流动性约束对家庭消费的异质性影响。Hayashi（1985）依据储蓄的高低判断样本家庭是否受流动性约束，假设高储蓄家庭不受流动性约束而低储蓄家庭受流动性约束，检验两组家庭收入对消费的影响系数之差别，结果发现低储蓄家庭可能会受到信贷约束而减少消费。Habibullah（2006）采用误差修正模型估算了10个亚洲发展中国家和地区流动性受限消费者的比例，估计出数值为0.25—0.98；进一步调查金融自由化是否减少了这些国家和地区的流动性约束后发现，只有韩国、斯里兰卡和中国台湾的金融自由化会带来流动性约束的降低。Johnson和Li（2010）在流动性约束文献中引入了家庭偿债与个人可支配收入的比率，即偿债比率，研究发现与其他家庭相比，偿债比率高的家庭更有可能拒绝贷款，受流动性约束的家庭的消费增长对过去收入的敏感度明显高于其他家庭。臧旭恒和裴春霞（2007）运用预防性储蓄和流动性约束假说以及动态建模方法，对转轨时期中国城乡居民的消费行为特征进行了比较研究，研究表明相较于城镇居民，农村居民受到流动性约束的比重要少，并且对于不确定性以及实际利率变动的反应要比城镇居民更加敏感。唐邵祥（2010）等通过构建状态空间模型和跨省面板数据模型，比较分析了不确定性和流动性约束等对我国居民消费行为的影响，发现我国居民消费面临的流动约束整体不严重，但存在异质性：城镇居民面临的流动性约束相对小于农村居民，中部地区居民相对而言面临更强的流动性约束。宋明月和臧旭恒（2020）的研究指出，负债家庭的消费支出从总体上来看比未负债家庭高得多，而从异质性家庭来看，受流动性约束的家庭可以通过负债来改善入不敷出的状况，不受流动性约束的家庭可以通过负债来补充流动性，带来消费支出的增加。郑莉莉和范文轩（2020）利用中国家庭金融调查数据对流动性约束下商业健康保险对消费的影响机制进行了实证研究，结果发现流动性约束降低会显著促进家庭消费，稳健性检验发现非流动性约束组较流动性约束组的消费有增长，流动性约束降低对非必需品消费的影响高于对必需品消费的影响。

二 家庭资产的异质性与家庭消费

（一）家庭住房资产与消费

根据《中国家庭财富调查报告2019》，我国居民家庭财产结构中，房产占了七成。其中，城镇居民家庭房产净值占家庭人均财富的71.35%，农村居民家庭房产净值占比为 52.28%。与此同时，中国家庭杠杆率在 2018 年就已经达到 110.9%，住房的双重属性是提升还是制约中国居民消费能力的提高，备受学界关注。

2008 年国际金融危机后，国家政策措施以政府购买为主，通过政府购买和投资的拉动作用来促进中国经济的恢复和增长。基础设施建设和房地产市场的发展，使中国的经济在短期内获得了极快的增长，从理论上由于政府购买和投资挤出了消费，这在一定程度上也可以解释近几年中国消费率的低迷。同时，高房价也带来了中国家庭消费和储蓄行为的扭曲。陈彦斌和邱哲圣（2011）的研究表明我国城镇居民的储蓄行为和财产积累行为都被高房价所扭曲，年轻人为了追赶房价而增加储蓄，使其生命周期中的消费更加不平滑。财富水平较高家庭的投资性住房需求挤占了普通家庭的消费性住房需求，从而放大了住房不平等。高房价的扭曲作用引起了较大的福利损失，中低收入家庭受损程度最大。颜色和朱国钟（2013）发现，如果房价能够永久增长，那么家庭资产增值会促进国民消费的增长，即"财富效应"。但是由于房价上涨无法永久持续，家庭为了购房和偿还贷款压缩消费，造成"房奴效应"。他们认为房价上涨对国民消费具有明显的抑制作用，"房价效应"明显大于"财富效应"。在现实中，房价的迅速上涨具有不可持续性，国民消费因而受到明显抑制。柴国俊和尹志超（2013）利用中国家庭金融调查数据实证考察当前城市住房增值对异质性家庭消费支出的影响和渠道，研究表明城市住房增值的家庭易消费更多，享受住房增值较小的家庭消费较少。就作用渠道总体而言，实证结果验证了纯财富效应和预防性储蓄假说，否定了信贷约束解释在房产市场上的适用性。杨碧云等（2014）认为，城镇居民购房消费支出对平均消费倾向产生显著的负效应，居民购房支出对消费支出存在显著的"支出替代效应"，城市化进程、住房体制改革及住宅销售价格增加了居民购房与消费支出比，不同地区居民购房与消费支出比对平均消费倾向的影响存在明显差异，西部地区影响最大，中部地区次之，东部地区最小。姜正和和张典（2015）认为，住房负债增加会削弱风险厌恶家庭的消费水平，但是会刺激风险偏好家庭的消费水平，"奇异性消费"现象在风险偏好家庭中得到体现。李剑和臧旭恒（2015）研究了 2004—2011 年房价波动对城镇居民消费行为的影响，研究表明虽然总量上房价上升对于居民消费表现为财富效应，但无论是从不同收入阶层还是不同消费类别来看，这种影响具有明显的结构性差异，而且研究表明房价上升在加快中高收入阶层消费结构升级的同时会进一步加剧已有的消费不平等甚至收入不平等现象，因此要在强调住房的消费属性、保护住房的资产属性的同时坚决抑制住房的过度资产化。周利和易行健（2020）认为，住房价格将显著促进有房家庭的消费，而抑制无房家庭的消费。家庭债务对居民消费均表现出显著的杠杆效应。

并且，土地政策和住房信贷、租赁政策也会在一定程度上影响居民的消费能力。柴国俊（2014）的研究认为，房屋拆迁能够给普通家庭带来重要的消费冲击，从总体上来看拆迁户总体上要比未拆迁户消费更多，但拆迁户家庭消费具有显著的异质性。拆迁后仍有两套及以上住房的家庭的各类消费由于拆迁补偿而大幅增加，租房的家庭其平均消费支出则显著下降。究其原因是寻求社会地位的强度不同，不同类型的拆迁户面对的不确定性并不相同，而日后消费问题就表现出迥异的行为特征。邓翔和何瑞宏（2020）的研究表明，住房的信贷抵押属性确实能够引起金融加速器效应，而在房地产作为信贷抵押资产的情景下，需求冲击、投资冲击以及房价冲击均能够引起房地产市场的大幅波动，引起借贷型家庭投资"炒房"收入的快速增长，收入差距扩大；他们认为，政策性调控是平抑房价、平衡收入差距的有力工具和手段。

（二）家庭金融资产、资产结构与消费

金融行业的发展程度直接影响异质性家庭的资产结构，即影响消费者如何配置资产以及消费者的跨期选择。中国金融市场的发展程度与西方国家相比具有较大差距，消费者的信贷选择相对稀缺和单一，且2020年以来较高的家庭杠杆率也在制约中国家庭消费能力的增长，给整个社会带来隐患。如何通过完善金融市场来提升居民消费能力，在降低家庭杠杆的同时又不会造成居民消费率的大幅度下滑，是摆在中国面前的重大难题。

关于金融市场的发展对消费影响的研究也比较多。毛中根和洪涛（2010）认为，金融发展对于居民消费具有促进作用，在省级层面上，各地区金融发展的系数均大于零，但地区间金融发展对居民消费的促进存在显著差异。邹红和喻开志（2010）认为，股价收益率波动会对城镇居民不同消费行为产生不同抑制作用，家庭资产合理性和金融资产的内部优化以及证券市场有效性和完善的资本市场是减缓股价收益率波动所造

成的不确定性对消费抑制作用的基础。陈斌开和林毅夫（2012）认为，金融抑制导致穷人面对更高的贷款利率和更低的存款利率，造成金融市场的"机会不平等"，使穷人财富更慢地向富人收敛，甚至陷入"贫困陷阱"，造成中国社会收入不平等加剧。宋全云等（2019）认为，金融知识缺乏是导致我国家庭消费不足和储蓄率高的重要原因。任曦和葛晶（2019）的研究发现，金融发展程度增加了工资性收入对耐用品的消费支出，抑制了经营性收入的消费弹性以及金融效率，对财产性收入的文娱教育设备以及服务消费弹性具有抑制作用，对于其余大部分消费品具有促进作用。这充分表明影响收入结构的金融业的发展能够促进消费、优化消费结构。臧旭恒和张欣（2020）从资产流动性与住房资产需求角度，探究了不同资产结构下异质性消费者的行为，验证了高流动性资产对消费平滑以及流动性约束的影响，并且反映出住房资产引起了流动性约束程度的差异。有房和无房消费者预防性储蓄和流动性约束水平的差异对比，为异质性消费者面临的流动性约束程度差异提供了家庭资产结构的解释。文章强调金融机构在对家庭资产结构的了解中进行机构转型和优化资产结构供给，强调房地产市场中房屋租赁的相关政策措施的完善有助于进一步减少租房者所面临的不确定性，从而促进其消费能力。易行健等（2020）认为，金融资产占比越高的家庭消费越高，且可以通过流动性约束效应及实际收入效应来增加家庭的总消费。异质性分析发现，金融资产占比对拥有负债、负债水平较高家庭以及城市家庭的消费具有更强的促进作用。从资产配置的角度来看，与住房资产相比，金融资产对消费始终有较大的积极影响。

消费信贷能够在一定程度上缓解流动性约束在理论上是公认的。臧旭恒和李燕桥（2012）在一个扩展的C-M消费函数框架内，研究2004—2009年的消费信贷与我国城镇居民消费行为的关系，结果表明消费信贷对消费的影响要小于收入变动，传导途径主要是通过缓解居民当期流动性约束的方式促进居民消费耐用品的增长，且对于不同的消费群体具有异质性。李燕桥和臧旭恒（2013）认为，消费信贷在一定程度上通过缓解流动性约束促进了我国城镇居民的当期消费，并促进了相关耐用品的增长，但是并没有降低城镇居民的储蓄压力，也没有发挥其消费保险的功能，消费信贷拉动居民消费的效果在中国没有得到充分实现。熊伟（2014）基于信用卡余额代偿分析了新加坡最大商业银行2010年4月到

2012年3月短期消费性贷款与居民消费之间的关系，验证了短期消费性贷款能在一定程度上缓解消费者的流动性约束，从而促进了消费对于经济增长的影响。陈东和刘金东（2013）认为，农村信贷尤其是消费信贷的供给与需求存在严重的结构失衡，国家政策应该倾向于缓解农村的消费性信贷约束和调整农村信贷结构。罗娟和刘子兰（2015）认为，中长期消费信贷的增量和利率都对消费信贷安全有显著的影响，消费信贷安全与中长期消费信贷增量及利率之间存在稳定的协整关系，短期消费信贷的增量对消费信贷安全的作用并不显著。王正位等（2020）的研究表明，金融科技创新对传统征信方式以外的新信息的利用有助于降低消费信贷市场的信息不对称，为传统金融服务的边缘人群获得优质信贷服务并建立个人信用记录提供重要渠道，对信息的开放有助于减小消费信贷市场的信息不对称问题的影响。南永清和孙煜（2020）的研究表明，消费信贷对于非经常性和经常性消费都有提升作用，从总体上来看，更有利于非经常性消费潜力的释放。异质性研究方面，消费信贷刺激效应主要表现在农村家庭和金融知识较少的家庭。从影响居民消费的渠道来看，流动性约束是影响消费信贷传导至消费需求的重要渠道。

三 互联网信息环境异质性与家庭消费

从新时代的大环境来看，新兴事物对于中国消费能力增长的促进作用是有目共睹的。互联网消费、互联网金融和大数据改变了以往单一的消费结构和收入结构，改变着消费与收入之间的联系路径方式。钟春平等（2017）以中美比较视角来研究中国数字经济发展，通过比较发现我国数字经济发展在总量、创新能力、产业发展和监管方面存在较大差距。当前，中国的数字经济还存在诸多问题。

（一）数字普惠金融发展与家庭消费

数字普惠金融的发展无论是对于消费本身还是缓解消费不平等和收入不平等的作用都是有目共睹的。易行健和周利（2018）就数字普惠金融的发展对居民消费的影响进行了理论探讨和实证检验，结果表明，中国数字普惠金融的发展主要通过缓解流动性约束与便利支付显著促进了居民消费，从对异质性的分析中可知数字普惠金融的消费促进作用在农村居民家庭、中低收入阶层家庭和欠发达地区居民家庭中更强或更加显著，同时这一促进作用受户主的受教育程度和认知能力的影响。此外，数字普惠金融也会加重家庭债务负担，从而对消费产生一定的抑制作用。

孙根紧等（2020）的研究表明，互联网使用对中国居民旅游消费的正向效应十分显著，且相对于其他居民群体，城镇居民、中等偏下收入水平居民、中等教育水平居民能获得更高的正向效应，互联网使用对中国居民旅游消费提升作用具有异质性。马香品（2020）认为，数字经济能够深度挖掘农村居民消费潜力，缩小城乡居民消费差距，促进消费的多元化和消费结构的持续优化，同时数字经济不仅促进了居民消费机理的改变，而且这种机理变革重塑了居民消费的信息传递模式、心理情景模式、需求动能模式，优化了消费循环升级的实现路径。张勋等（2020）的研究首先肯定数字金融发展对提升居民消费具有重要作用，因此需要持续推进数字金融的发展；其次，在推进数字金融发展的过程中，要重点研究如何提升支付便利性的问题，以增加居民消费提升的效率；最后，加快城镇化市民化进程、无条件消除城乡分割不仅可以在长期改善收入分配，还是提升消费的前提条件。只有在彻底打破城乡分割后，数字金融发展才能促进农村居民的消费增长，才有助于更好地提振内需。周利等（2020）认为，数字普惠金融能够带来"数字红利"，显著缩小城乡收入差距，改善消费不平等。黄凯南和郝祥如（2021）通过对数字金融发展是否促进了消费升级这一问题的研究，发现数字金融不仅能够促进中国居民消费水平的提高，而且能够通过降低流动性约束、优化支付环境、增加财产性收入和提升居民风险管理能力四个渠道来促进居民消费升级。

（二）互联网与大数据

王茜（2016）的研究表明，"互联网+"通过对传统产业消费主体、消费客体与消费载体的整合改造，使传统产业通过互联网实现产业间互联互通，重塑消费环境、重建消费逻辑与重整消费层次。"互联网+"通过打造多点支撑的消费增长格局，培育和发展消费新热点和新兴消费，从而实现从需求侧推动消费升级。"互联网+"通过驱动制造业转型升级，推进生产组织模式变革，推动个性化定制生产方式，从而实现从供给端发力促进消费升级。从金融资产配置的角度出发，王智茂等（2020）的研究表明，互联网信息依赖程度对于家庭非必需品消费的影响存在明显的家庭异质性，对小康家庭的消费具有正向作用，对富裕家庭具有反向抑制作用，对低收入家庭没有显著的影响。金融资产配置的不同能够解释非必需品消费在互联网信息依存度的影响下会对不同家庭造成异质性影响，互联网信息依赖度的提高会加深家庭的这种资产选择偏好，形成对非必需品消费的不同影响结果（易行健、张家为、张凌霜等，2015）。林晨等（2020）认为，人工智能可以优化资本结构，通过提高实体经济的吸引力和减弱地方政府依靠基建投资"稳增长"的动机，来实现扩大居民消费和促进经济增长的双重目标。

四 社会保障异质性与家庭消费

在生命周期理论中，理性人会根据其一生的收入来安排当期消费。消费在中国是否平滑已经有诸多研究，其在推行社会保障的理论支持方面起到了关键作用。养老保险是关系到人一生中消费的重要影响因素，养老保险体系的建设是当前中国社会保障体系建设中的重要一环和风向标。

张继海和臧旭恒（2008）的研究表明，居民在寿命不确定和流动性约束的情况下会增加储蓄而降低当期消费，而养老社会保障体系的建设有助于降低居民的不确定性和预防性储蓄，增加居民当期消费能力。刘子兰和周熠（2010）的研究表明，工资水平高的群体比工资水平低的群体寿命长，其领取养老金给付的期限也相应较长，制度运行会导致相对贫穷群体向富裕群体的逆向再分配。刘子兰和陈梦真（2010）梳理了主要西方国家对于养老保险和居民消费关系的早期文献贡献，以及消费理论在解释养老保险对于居民消费促进作用方面的贡献，为中国实施养老保险制度改革提供了经验证据。徐舒和赵绍阳（2013）考察了当期养老金"双轨制"对公务员和城镇企业职工生命周期消费差距的影响，研究结果表明，在控制了其他变量的前提下，养老金"双轨制"引起的替代率差异能解释公务员与企业职工生命周期中24.3%的消费差距，并且对于财富水平越低的企业职工，其促进作用越明显。王小龙和唐龙（2013）认为，抑制养老金"双轨制"对依赖于企业职工基本养老保险模式家庭的人均教育支出和人均消费支出存在显著的抑制效应，进而也抑制了城镇居民总需求。臧旭恒和李晓飞（2020）的研究表明，人口老龄化对居民消费倾向的影响具有显著的双门槛特征，随着养老保险发展水平的提高，人口老龄化的消费效应由负转正，并且正向效应逐渐加强；在异质性门槛效应分析方面，东部地区的门槛值大于中部、西部地区，享受型消费的门槛值大于发展型消费。他们认为提高养老保险支出水平和覆盖率能够使人口老龄化对于居民消费倾向的影响由负向转为正向。臧旭恒和李晓飞（2021）的研究发现，养老保险"多轨制"通过收入效应和预期效应显著引起了不同参保家庭之间的消费差距，并且异质性分析表明，在消费支出水平较低、食品消费、低收入阶层、不确定性大、农村和中西部地区等分样本中，"多轨制"引起的不同参保家庭消费差距更大。

五 其他方面的异质性与消费

（一）教育

有学者从宏观层面探讨了财政教育支出对居民消费的影响，Fiorito 和 Kollintzas（2004）通过构建12个欧洲国家的一般性政府支出数据集，探讨了公共消费和私人消费之间的关系，研究结果表明政府的教育支出可以促进私人消费。Baldacc（2010）等把研究从政府教育支出对消费的影响转向对储蓄率的影响，对经合组织成员和中国的储蓄率与社会支出之间的关系进行了实证研究，发现政府教育支出的缩减使中国消费率降低，增加政府社会支出对我国居民消费增长具有实质性贡献。刘志忠和吴飞（2014）基于消费总量和消费分类支出的视角，利用1998—2011年中国大陆31个省份的面板数据实证分析了地方政府民生财政支出对农村居民消费的影响，结果表明，财政教育支出的增加会通过减轻农村居民在子女教育支出上的负担而对农村居民消费产生显著的挤入效应。成峰和席鹏辉（2017）利用中国家庭追踪调查数据库（CFPS）56个地市2010—2014年微观层面的家庭面板数据，研究了财政支出对居民消费的区域效应。结果表明，教育支出对居民消费具有显著促进作用，对西部地区的居民消费尤其是发展型消费影响最大。但还有学者认为教育支出会抑制居民消费（张治觉和吴定玉，2007；杨汝岱和陈斌开，2009；李广泳和邸玉娜，2012）。丁颖和司言武（2019）采用1996—2014年的省级面板数据对我国财政教育支出与城乡居民储蓄率进行研究，研究发现，我国财政教育支出会使居民储蓄率尤其是农村居民储蓄率提升，抑制了居民消费。

还有一些学者从微观层面探讨了个人的受教育程度对居民消费特别是文化消费的影响。Gerro（1999）探讨了当代美国社会中不同的文化偏好与职业阶级和其他分层维度的关系，研究表明文化偏好的主要决定因素是种族、性别、教育和年龄。Seaman（2006）指出，教育是比收入更能影响表演艺术活动需求的因素。Machado 等（2017）结合两个不同的数据库对巴西文化活动的时间分配和消费进行了研究。结果表明，受教育程度和劳动力市场参与是文化支出的决定性因素。邓可斌和易行健（2010）认为，教育是影响预防性储蓄动机的重要影响因素，而年龄不是，且消费过度敏感和过度平滑在中国消费者中典型并存，教育不能减弱消费者过度敏感和过度平滑，甚至会加剧消费过度平滑。张苏秋和顾江（2015）实证研究了居民不同教育支出对文化消费的影响，结果表明，以年教育支出591.5元为分界点，低于591.5元，教育支出对文化消费有挤出效应，高于591.5元则有正的溢出效应。教育支出通过影响居民文化消费意愿来发挥作用。资树荣（2018）以音乐消费为例，依据线上和线下的调查数据，实证分析了教育水平对音乐教育培训支出的影响。结果表明，受教育水平越高和接受音乐教育培训都会增加音乐消费。因此，提高居民受教育水平及增加文化教育培训有利于文化消费的增长。桂河清和孙豪（2021）利用CHIP2013微观家庭数据，基于无条件分位数分解方法实证研究了城乡教育差距对城乡居民文化消费不平衡的影响。结果表明，城乡教育差距会通过禀赋效应和结构效应给城乡居民文化消费带来不同影响，扩大了城乡居民文化消费差距。异质性分析发现，城乡教育差距对中等及中下水平居民文化消费不平衡的影响程度大于对高水平居民文化消费不平衡的影响程度。

（二）宏观经济政策

政策的不确定会阻碍居民消费增长已成为共识。稳定的宏观经济政策和社会环境是促进居民消费增长的重要外部条件。臧旭恒和刘大可（1999）认为，制度变迁是阻碍当时居民消费能力增长的主要因素。臧旭恒和朱春燕（1999）的研究发现，当时城镇居民消费需求不足的主要原因是制度变迁所带来的居民理性的发展和不确定性的加大，以及收入方面的诸因素使居民在消费—储蓄选择中更偏好储蓄。陈宗胜和周云波（2001，2002）以天津市城镇居民收入差距为背景，证明体制改革对城镇居民收入差距有正向的影响，市场方法或者是提高低收入阶层收入的政策能够有效缓解这一影响。樊潇彦等（2007）认为，20世纪90年代中后期国企转制和员工下岗等就业体制方面的重大变革，使居民"收入风险"显著上升，进而明显抑制了城乡家庭的耐用品消费。汪伟（2013）等认为，金融环境变化所导致的企业微观行为变动是中国劳动收入份额和消费率同时下降的重要原因，中国金融所有制结构和不发达的金融市场，使现行的资本市场无法满足企业投资需求，特别是中小（民营）企业，面临信贷融资约束的中小企业一方面为了维持自身经营和高回报倾向于通过内部利润留成来积累资本；另一方面倾向于减少劳动力雇用成本，这两方面使家庭收入份额受到打击，从而使理性消费者选择的消费方式与宏观数据中消费在国民收入中比重的下降相一致。在强制退休制度下，由于退休原因和家庭收入来源的变动，退休在一定程度上降低了家庭消费，其影响程度取决于异质家庭特征（刘子兰、宋泽，2013）。

一些临时性政策能够在当期对消费具有促进作用，例如家电下乡、发放消费券等措施。洪涛和毛中根（2011）认为，农业支出、政策性补贴和政府消费的增长只在当期对居民消费具有较大的正向影响，而基本建设支出和科学技术支出的增长显示出较好的持续性。臧旭恒和贺洋（2014）研究发现，2008年农村居民消费政策对农村家庭消费具有显著促进作用，政策实施时间越长，对消费增长的促进作用越明显。林毅夫等（2020）对中国中央政府和地方政府在2020年新冠肺炎疫情的背景下所采用的发放消费券的政策进行评估，结果表明消费券的确在一定程度上缓解了疫情所造成的经济严重下滑的现象，但文章认为消费券发放力度和方式存在的问题使发放消费券的政策效果大打折扣，并且主张从宏观和微观两个方面采用多种政策相互配合的方式来支持发放消费券的政策实施。

邓可斌和易行健（2012）认为，预期收入受财政分权因素的影响为正，而收入不确定性系数显著性不稳定且符号不确定。就影响因素而言，分权一方面会带来居民收入增长，进而消费增加，另一方面会引起居民不确定性收入增加，进而引起消费下降。毛中根、洪涛（2013）认为，分税制改革（1994—2006年）使东部地区的政府消费支出效率明显强于中部、西部，2006年以来东部、中部差距基本消失，东部和中部地区人力资本的增加有利于提高政府消费支出效率。易行健（2013）的研究表明，在发展中国家，教育以及医疗卫生支出对于居民消费具有显著的促进作用，在财政支出中教育支出占比、医疗支出占比每增加1个百分点，能分别提高居民消费率0.31个、0.29个百分点。郭新强等（2013）认为，扩张性货币政策主要通过刚性储蓄家庭的流动性约束和预防性储蓄抑制居民消费，而居民的消费习惯则是产生消费持续性的重要原因。邹红等（2014）的研究表明，20世纪90年代以来，地方政府投资性支出比重仍然较高，与居民消费密切相关的民生性支出增长相对缓慢，而部分省份的政府消费性支出增长速度远高于民生性支出的增长速度，而政府民生性支出对居民消费的拉动效果非常明显，消费性支出对居民消费的拉动效果较小且估计系数符号不是很稳健，投资性支出对居民消费则具有显著的挤出效应，因此财政分权对居民消费具有显著的负向作用，分税制改革进一步遏制了居民消费的增长。

（三）人口年龄结构与居民消费

众多关于人口年龄结构与居民消费的关系都是基于代际交叠模型展开的。徐舒和李江（2015）的研究表明，子辈劳动者与其父辈收入的代际相关性在不同收入层次上表现出很强的异质性。当劳动者收入较低时，其与父辈收入的相关性最强；随着劳动者收入水平越高，与父辈收入的相关性逐渐下降；但是对收入最高的那部分劳动者而言，其与父辈收入的相关性又趋于上升。基于回归的分解表明，异质性代际收入相关对劳动者整体收入不平等有重要影响。毛中根等（2013）证实老年抚养比提高是导致中国居民消费降低的一个重要因素。少儿抚养比越高对居民消费增加的影响就越大，而在收入越高的地区，老年抚养比对居民消费下降的影响则越大。汪伟等（2020）研究表明，"全面二孩"政策对生育二孩的低收入和"体制外"家庭消费产生了一定的抑制效应。臧旭恒和李晓飞（2020）的研究表明，人口老龄化对居民消费倾向的影响具有显著的双门槛特征，随着养老保险发展水平的提高，人口老龄化的消费效应由负转正，并且正向效应逐渐加强；在异质性门槛效应分析方面，东部地区的门槛值大于中部、西部地区，享受型消费的门槛值大于发展型消费。他们认为，提高养老保险支出水平和覆盖率能够使人口老龄化对居民消费倾向的影响由负向转为正向。

（四）消费习惯与家庭支出

艾春荣和汪伟（2008）研究发现，在耐用品消费支出上农村居民表现出习惯性，而城镇居民没有这种习惯。同时，城镇和农村居民对于预期收入在消费变动上都表现出过度敏感，且表现出明显的非对称性，城镇样本关于消费变动的估计支持了"损失厌恶"理论，而农村样本则支持了流动性约束或短视假说。马莉莉和陈彦斌（2010）使用 GMM 估计法得到我国投资者的习惯参数，结果表明投资者对于原先消费具有强烈依赖，并且数值模拟的结果表明我国投资者消费习惯的波动也会带来股票的大幅度波动。陈浩和臧旭恒（2019）认为，习惯形成特征对居民消费结构具有显著的阶层异质性影响，通过减缓低收入居民消费结构升级速度、阻碍中等收入和高收入居民消费结构进一步升级的结构化影响，抑制了居民消费结构整体上升级的趋势。易行健和杨碧云（2015）研究发现，儒家文化国家的居民消费率比其他国家约低 5.5 个百分点，居民消费也具有较强的惯性，人均 GDP 增长率、通货膨胀率、政府消费率与经济结构变量显著影响世界各国的居民消费率。

第四节　特殊群体家庭的异质性消费行为研究

一　债务家庭消费行为相关研究

家庭债务作为消费决策时的可用资产，隐含地被生命周期模型纳入消费决策的预算方程，从而起到平滑各期消费的作用。大部分理论分析认为，适量的家庭债务是有利于消费提升和经济增长的，家庭债务相当于向将来的自己借贷，从缓解当前流动性约束的角度，存量家庭债务对于消费支出有正向促进作用。而过度负债则通常会造成不良后果（Eggertsson and Krugman，2012），如美国的次债危机引发的消费萎靡。在美国次债危机之后，国内外相关的理论分析逐渐增多。许桂华（2013）扩展了生命周期—持久收入模型，发现家庭总财富、债务、收入与消费之间存在长期变动关系，同时认为家庭债务、收入和财富的持久性变动对消费存在显著的促进效应。周利等（2020）构建了一个同时考虑家庭债务与住房价格的消费决定模型，从理论上论证了房价上涨、家庭债务规模对城镇有房家庭消费的影响机制。当然，家庭债务对消费支出存在积极效应的前提是要保证家庭债务具有可得性和存续性。Guerrieri 和 Lorenzoni（2017）认为，若上述条件不复存在，一旦出现信贷紧缩，即在消费者借贷能力意外地受到限制之后，受约束的消费者被迫偿还债务，而不受约束的消费者则增加了预防性储蓄，因此在短期内会导致支出下降。Eggertsson 和 Krugman（2012）使用了一个简单的、具有新凯恩斯主义风格的债务驱动衰退模型，也得出相似结论，认为对于债务过重的消费者来说，被迫快速去杠杆最终会抑制总需求。

经验分析方面，学者认为，家庭债务作为一种家庭资产类型，也具有财富效应与挤出效应两种形式。大部分实证结果符合生命周期假说，如田新民、夏诗园（2016）认为短期内家庭债务对于国内生产总值能起到积极促进作用。同样得出这一结论的还有周利、王聪（2018），但他们认为在生活满意度及经济社会地位较高的家庭中，家庭债务对于居民消费的促进效应较弱。另一种实证观点则认为家庭债务与净金融财富的效应正好相反，家庭债务的上升不利于居民消费的增长（潘敏、刘知琪，2018；何南，2013）。更多学者在异质性视角下展开分析。第一类考虑了债务负担的高低程度（谢绵陛、颜净，2017；谢绵陛，2018），他们认为住房状况是最关键的影响因素，将家庭分为无住房债务、低住房债务和高住房债务的家庭，前两种家庭的住房财富效应显著，而高住房债务家庭则出现相对贫困化，从而家庭债务对消费的净影响在不同群体间出现了分化。相似的研究还有周利、王聪（2018）和易行健、周利（2018），他们认为居民消费与家庭债务之间的关系较为复杂，一般情况下，家庭债务能填补支出与收入间的缺口，但当家庭债务的负担过重时，家庭仍然会通过紧缩消费来应对。上述研究隐含了家庭债务临界水平的存在，一旦超过某个临界水平，对消费支出的挤出效应就会超过财富效应。第二类将宏观经济环境、经济周期考虑进来，如宋玉华、叶绮娜（2012）通过分析美国家庭债务与家庭消费的内在关系，认为它们之间的关联性随着经济环境的变化而变化，在经济扩张阶段和收缩阶段的关联效应是不同的，具有一定的周期性。Mian等（2013）从区域角度进行了研究，使用邮政编码代表债务和财富冲击的地理分布，得出信贷限额越大、再融资的可能性和信用评分减少越多的地区，消费下降越明显的结论，从而部分地解释了2006—2009年美国消费的大幅不均衡下降。第三类以某一类型的家庭债务如住房贷款、短期消费贷款、信用卡等为切入点，研究了家庭债务与家庭消费支出的联动关系（Worthington et al.，2011；田长海、刘锐，2013；李燕桥、臧旭恒，2013；徐新扩、尹志超，2017）。这类研究认为住房贷款和短期消费贷款对家庭消费均具有正向促进作用，其中，短期消费贷款因便于形成消费热点，促进消费及助推消费升级的作用更大。不同的声音来自李江一（2018）、张雅琳等（2019），他们认为住房贷款的偿还挤出了家庭消费，信用卡作为缓解短期流动性约束的工具，在其还款期前后的消费效应是不同的，还款前会挤出消费，还款后的总消费水平显著提高（熊伟，2014），而净效应仍体现在信用卡显著提高了总消费支出，且带来了消费结构的升级（王巧巧等，2018）。

学者在家庭债务规模和消费支出关系的理论和实证上均积累了丰富的研究成果。然而，大部分文献仍是基于同质性分析框架下家庭债务规模或债务种类与居民消费总量之间的分析，缺乏异质性理论框架下较为系统的研究。理论上，尽管所有家庭都有可能面临流动性约束，但是低收入家庭受流动性约束的概率远大于高收入家庭（甘犁等，2018），这种家庭的禀赋差异会带来异质性的消费行为。从另一个维度看，不同的债务类型所缓解的家庭消费约束又是不同的，所促进的消费支出类型也应该不同。由此，建立一个异质性行为分析框架尤为重要（Rubaszek and Serwa，2014）。近几年，我国最终消费对于经济增长的贡献率均已过半，然而居民消费率却一直徘徊在40%上下。进一步激发居民消费潜力、增强消费对经济发展的基础性作用，需要更加注重消费的持续性与结构升级。因此，深入剖析家庭是否负债、债务规模与消费支出总量及消费支出结构的相应关系，对于进一步明确我国住户部门融资市场的发展方向、提升消费金融服务质效，从而助力解决我国社会的主要矛盾，有重要的意义和价值。

二　网络消费家庭消费行为的相关研究

随着网络消费迅速深入生活，学术界逐渐展开关于互联网与居民消费的研究。国内的关注始于从供给侧角度分析电子商务与需求侧居民消费之间的关系（方福前、邢炜，2015；潘姝莉，2017；刘长庚等，2017），这类研究研究了电子商务的规模和特点，认为虽然在电子商务出现初期呈现出对传统市场的替代，但由于其在降低搜寻成本和跨越交易空间方面的特性，在成长期呈现出对整个消费市场的创造效应，从而总体上显著促进了居民消费。尤其是在城镇地区，效应尤为明显。农村网络消费仍处于初期发展阶段，"偶尔购买者"还占据了大多数（李宝库等，2018），而城镇居民通过城镇化，对农村居民接受和采纳网络消费行为具有明显的直接和间接示范效应（徐志刚等，2017），从而现阶段电商市场规模的扩大有助于缩小中国城乡差距（李洁、邢炜，2020）。

网络消费离不开信息技术的发展，由此一些学者展开了互联网的普及程度或互联网技能与居民消费的相关关系研究（刘湖、张家平，2016；祝仲坤、冷晨昕，2017；杜丹清，2017；杨光等，2018；李旭洋等，2018，2019；祝仲坤，2020；彭小辉、李颖，2020），认为互联网的应用与发展不仅能显著提高城镇和农村居民的消费水平，对食品、衣着、文娱等消费种类都有显著的正向促进作用，还有助于消费结构的升级，可以提高家庭发展与享受型消费的比重。这些属于对网络消费与居民消费总支出关系的间接研究，表现为互联网信息技术的发展为网络消费的成长与扩张提供了良好条件，从而最终促进消费支出。张红伟、向玉冰（2016）的研究也证实了这一点，他们利用省级面板数据分析得出，在互联网水平较高的地区，网络消费规模能显著地促进总消费的增长，而在互联网水平较低的地区则不显著。

在生命周期假说下，居民消费跨期平滑的前提假设条件是能在各个阶段零门槛融资。因此，从理论上来讲，融资门槛越低，越容易促进消费支出，从而实现居民效用的最大化。普惠金融的推行正是化解小微企业与普通中低收入居民融资难题的契机。学术界的相关实证研究也在各个方面证实了金融发展对居民消费支出的促进作用。一方面，从互联网金融、数字金融切入（Dupas and Robinson，2013；易行健、周利，2018；尹志超、张号栋，2018；张勋等，2020；赵保国、盖念，2020；黄凯南、郝祥如，2021），认为数字普惠金融发展、金融账户的开设能够释放家庭信贷需求，同时，其便利支付的机制能显著提升消费水平，且这一效应在收入较为低下的群体、地区中更为明显。另一方面，从消费信贷切入（Kirchler et al.，2008；Worthington et al.，2011；李燕桥、臧旭恒，2013；Rubaszek and Serwa，2014；徐新扩、尹志超，2017；易行健等，2017），认为消费信贷可以在一定程度上促进居民消费支出，尤其是耐用品消费支出的增长。

上述有关互联网普及、互联网技术及应用、普惠金融发展与居民消费支出等方面的研究结果，既丰富了消费经济理论，又对社会热点及政策实践具有重大的指导意义。然而，我们也应该看到，上述研究的对象多为家庭总体消费支出，缺乏以家庭网络消费支出为对象的研究。

三 农村居民消费行为的相关研究

农村消费一直以来处于一种低迷的状态，农村消费潜力的释放对于我国经济社会发展具有极大的推动作用。龚志民和毛中根（2002）认为，中国农民消费率低的原因主要有收入增长缓慢、消费倾向过低、农民税负（在国家政策中现已取消）以及农村居民消费环境的制约。同时，李轶敏等（2002）认为，传统文化也是制约农村居民消费能力的重要社会原因。艾春荣和汪伟（2010）将农户的非农就业决策引入 Friedman 的持久收入理论，研究表明：如果农户不受流动性约束或者受到流动性约束但临时收入变化不太大时，农户当期消费由持久收入决定，同临时收入不相关。易行健等（2014）发现外出务工收入占比对农户储蓄率的影响在低收入、存在流动性冲击及无其他工资性收入的农户中作用更强、更显著。这说明，外出务工能够作为一种分担风险、缓解流动性冲击的机制而作用于农村居民消费和储蓄行为。宋明月和臧旭恒（2018）将不确定性、黏性信息引入消费者行为分析框架，以此分析在黏性信息作用下，季度间收入不确定性的叠加效应对农村居民消费储蓄行为的影响，研究表明持久收入、城镇居民消费观念对农村居民消费支出有高度显著的正效应，我国农村居民的预防性储蓄不仅取决于不确定性，也取决于黏性信息。对东部、中部、西部地区农村的分析发现，农村居民的消费增长对于不确定性的反应是有差异的，西部地区敏感性程度最高，其次为中部地区，最弱的为东部地区。易行健等（2020）的研究表明，半城镇化率对居民消费率和城镇居民消费率具有显著的负向影响，现在我国的城镇化尚以"迁移"为主，户籍城镇化进程远远落后于人口城镇化进程，市民化进程的滞后加剧了农村迁移人口的储蓄动机，进而制约着农村迁移人口消费的增长。

千方百计地提升农村居民收入，是解决中国农村居民消费能力过低的最重要途径和方式（易行健和王俊海，2007）。汪伟等（2013）的研究发现，2000—2009年税费改革对农村居民消费具有显著的刺激效应并且在改革的不同阶段表现出明显的差异，分区估计结果和分消费类型的研究发现不同的消费群体具有明显的异质性，为政府通过永久性的减税来增加居民持久性收入进而提高居民消费的政策举措提供了经验证据。

近年来，中央出台的一些政策紧紧围绕农村，为提升农民的福利水平和拉动农村消费起到了关键性作用。正确评估这些政策则为以后拉动农村消费提供理论和经验支持。许多学者从近年来实施的新农合和医疗保险入手，研究新农合在影响农村居民的不确定性和促进消费作用方面的效果。白重恩（2012）的研究表明，医疗保险使参加新农合农村家庭的非医疗类消费增加约5.6%或者149元，对更可能面临难以负担的医疗支出风险的家庭，比如收入较低或者家庭成员健康状况较差的农户的消费的刺激作用更强，并且这一保险效应并不能由事后的挤入效应或者政府补贴的收入效应等假说所解释。研究同时表明，新农合对消费的正向影响在参加新农合一年以上的农户中更强。岳爱等（2013）的研究以消费和储蓄的生命周期理论为基础，结合我国新农保实施的实际，构建了新农保政策实施对农村居民消费影响的研究框架，研究表明在控制其他因素影响的条件下，新农保政策实施后参保农户的家庭日常费用支出显著高于未参保农户，这为通过提高农村社会保障水平，降低农村家庭养老等的预防性储蓄，提振消费，进而扩大内需提供了佐证。蔡伟贤、朱峰（2015）的研究表明，新农合显著促进了农村居民的耐用品消费，农村居民家庭参保比例越高，其耐用品消费动机越强，而且上一期的参保行为对农村居民耐用品消费的促进作用更强，同时对于居住于不同医疗水平社区的农村居民而言，新农合对其耐用品消费的影响具有异质性。丁继红和徐永仲（2018）研究了新农合政策对农村家庭耐用品资产和生产性资产的影响，研究表明新农合在全面推广之后促进了农村家庭耐用品消费和生产性投资，提高了耐用品和生产性资产的配置。朱诗娥等（2019）认为，新农合对居民消费有显著的促进作用，参与新农保使居民消费支出提高了4%，2009年折合户均消费可以增加700元，折算新农保项目财政支出带来的消费支出系数为1.86，远远高于0.36的平均边际消费倾向；新农保缴费额度每增加1倍，农户消费支出提高约5.9%，从机制上看主要是通过降低不确定性来提振农村消费。杨汝岱和袁碧姝（2019）认为，新农保在一定程度上完善了社会保障体系，促进了居民消费，且从消费结构来看，新农保主要提高了农村居民在医疗保健、文化教育娱乐方面的消费，最后其对农户消费行为的影响也存在异质性，新农保缴费每增加1倍，农户总消费水平将提升2.5%左右。

农村消费中存在的流动性约束问题也是阻碍农村消费增长的重要影响因素。陈东和刘金东（2013）分析了不同类型农村信贷对农村居民消费支出的影响，发现较之生产经营性信贷消费性信贷无论是短期还是长期都更能带动消费的提升，而现实情况是近30年来我国农村信贷对农村居民消费支出的影响主要依靠农民纯收入的中介效应实现，反映了我国农村消费信贷的明显不足。

农村的地区不平等也是阻碍农村消费的重要一环。万广华等（2005）运用农户数据的回归分解框架来研究中国农村收入不平等，结果发现地理位置是影响收入不平等的突出因素，但对于解释收入不平等总量并不是很重要；资本在收入不平等中显示出很重要的作用。农业结构比劳动力和其他投入更能解释农村出现收入不平等这一现象。万广华等（2008）研究表明，1985—2002年中国农村地区收入不平等在扩大，且地带间不平等的扩大速度要大于地带内不平等的扩大速度，从20世纪90年代中期以后，地带间收入不平等的贡献率一直保持在60%左右，且资本存量对于不平等的贡献率也在不断上升。陈斌开等（2020）认为，土地流转本身并没有提高平均农业生产率，只有当土地流转促进了规模化经营时，农业生产效率才能提高；而土地流转能够提高农民收入，也提高了农村收入的不平等程度。

四 农村流动人口消费行为的相关研究

因为国外并不存在户籍制度的区分，所以国外判断劳动力是否流动是以迁移或者移民为依据的。Wilson（1971）指出，对于农村劳动力来说，向城市转移有助于提高农村家庭的收入，农村家庭会减少非生产性的预防储蓄，城乡迁移有利于增加农村地区的消费水平和自我投资。Jackson和Hewings（1984）对人口迁移所产生的区域影响进行了考察，认为家庭的迁移产生积极的消费效应，会提高流入地和流出地居民的消费水平。Brauw和Rozelle（2008）利用2000年我国六个省份有关农村居民调查的面板数据进行了实证分析，结果表明，劳动力流动的人数对农民的消费性投资具有显著的正向影响，但是，对于生产性的投资并没有显著影响。Doiron（2008）利用分位数回归探讨了移民和本地居民在财富分配方面的差异，指出在整个分布过程中移民所积累的财富较之本地居民更少，但是，这种差距会随着时间和人力资本积累而减小。Asadul Islam（2013）等通过分析澳大利亚移民和当地居民的储蓄行为探讨了两者的收入与消费结构、财富差距，在此基础上，利用分位回归和半参数分解法具体分析储蓄差异与各个影响因素对储蓄差异的贡献，认为家庭收入是储蓄模式的关键影响因素，移民相对本地居民具有较强的储蓄倾向，同时提出移民家庭规模和原籍所在国等异质性对储蓄行为产生影响。Liliya Gatina（2014）通过分析澳大利亚移民和本地居民的影响因素来判断两者的储蓄模式是否有差异，在此基础上进一步分析移民的原籍所在国的特征能否在一定程度上解释移民的储蓄行为，结论为移民相对本地居民具有较少的储蓄，原籍所在国的人均GDP和老年人口抚养比与移民家庭储蓄呈正相关。

国内学者在考察农村劳动力流动对农村居民消费的影响时，大多都是从以下三个方面进行分析的。一是从农村劳动力流动影响农村居民消费的路径来看。劳动力的流动会带来家庭收入水平的改变，蒲艳萍（2010）发现，有外出务工的家庭年收入高于无外出务工的家庭，相应地，有外出务工的家庭年支出明显高于无外出务工的家庭。尹志超等（2020）虽认可劳动力流动会带来收入的增加，但认为收入与消费并不一定是同向变化的。研究发现，劳动力流动能显著增加家庭收入，但是由于收入波动、失业、医疗、健康等不确定性因素的存在而未能对家庭消费产生显著影响。另外，农村劳动力流动会使农村家庭受到流入地城镇家庭"消费示范效应"的作用，进而影响其消费。刘程（2007）指出，家庭中进城务工的人数越多、与其家人联系越频繁，其家庭消费观念的现代化水平越高。刘莉君（2016）发现适度的城乡收入差距会促进农村劳动力转移，并将城市新的消费方式带回家，从而改善了农村相对落后的消费观念，促进了农村居民消费水平的提高和消费结构的改善。二是从农村劳动力流入地的社会保障政策来看。农村劳动力流入地针对流动人口的医疗、养老等社会保障措施，都会影响流动人口的消费（张华初、刘胜蓝，2015；宋月萍，2018；马本江等，2019；曲玥等，2019），只有提高农村劳动力流动人口社会保障参与率、加强对流动人口的保障程度，才能帮助他们尽快融入城市，促进其消费。相反的声音来自刘艺和高传胜（2019），他们基于2016年全国流动人口动态监测数据研究了基本养老保险对流动人口家庭消费的影响，指出基本养老保险对流动人口的家庭消费存在挤出效应，但很微弱。在进一步按照收入对流动人口家庭进行分类之后，得出基本养老保险对低收入家庭和中等收入家庭存在显著负影响，对高收入家庭存在显著正影响。三是从农村流动人口自身的主观心理因素及其家庭特征看。李正国等（2017）发现，流动人口居留意愿对家庭消费水平有显著影响；孙文凯等（2019）研究得出，更认同本地城市人身份的流动群体的消费更高、恩格尔系数更低。王琭琳（2015）分析了子女随迁模式对流动人口家庭务工地消费的影响，研究结果表明，子女随迁的流动人口家庭的教育支出的比例更高，耐用消费品和其他杂项方面支出的比例更低。谭苏华等（2015）利用2012年流动人口动态监测数据，对流动人口家庭在城市的消费现状进行了分析，指出户主为已婚者、女性和新生代的家庭，要比户主为单身者、男性和老生代的家庭消费能力高。杨永贵和邓江年（2017）研究发现，家庭化的流动显著提升了农民工在城市的消费水平，家庭中流动人口的规模越大，流动人口家庭在城市的总消费支出越大。

国内学者关于劳动力流动范围及流动距离尤其是流动范围及流动距离对消费影响的文章研究较少。有学者对劳动力的流动范围与市民化的意愿进行了研究。宋光杰和李瑞（2016）指出，劳动力的流动范围与其市民化的意愿是呈负相关的，农民工就近市民化的意愿和能力较强。张幸福等（2018）以东北地区的流动人口为研究对象，考察了他们在不同的流动范围下对就业身份做出的选择，研究结果表明本地流动人口更倾向于自雇就业。

上述国内外文献极大地丰富了异质性消费行为领域的理论研究，扩大和完善了研究范畴。然而，从当前研究成果来看，国内异质性消费行为的研究仍处于初步探索阶段，聚焦于家庭收入、家庭资产、家庭信息、家庭保障等方面的研究大多关注了不同的情形，对于异质性消费行为的剖析还远未充分，缺乏影响较为深远的理论模型。同时，对某一群体的关注，也未纳入异质性框架。为更准确地剖析不同消费者的行为，使消费需求刺激政策达到预期效果，充分发挥财政政策、货币政策的效力，并提高供给的效率，必须考虑消费决策行为的异质性。然而，经济总量的动态是由微观层次的行为决定的，因此对微观家庭异质性消费行为的分析，事关整个宏观经济的健康运行，有重要的研究意义。

第三章　微观家庭异质性消费行为特征分析

党的十九届五中全会提出要"形成强大国内市场,构建新发展格局。坚持扩大内需这个战略基点,加快培育完整内需体系"①,使国内市场成为最终需求的主要来源。因此,释放居民消费潜力就变得意义重大,尤其在我国进入经济发展新常态及遭遇新冠肺炎疫情之后,更应该依靠扩大内需发挥消费对国内大循环的拉动作用。但长期以来,我国一直存在着居民消费需求不足的突出问题。从世界范围看,2019 年,高收入国家人均居民最终消费支出为 25540 美元,中等收入国家为 2868 美元,世界平均水平为 6261 美元,而中国人均居民最终消费支出为 4112 美元(2015年不变价美元)。② 可见,我国与世界平均水平、高收入国家相比仍然有较大的差距。这个差距同时也体现在城乡之间。分城乡来看,《中华人民共和国 2020 年国民经济和社会发展统计公报》显示,城镇居民人均消费支出为 27007 元,比上年下降 3.8%,而农村居民人均消费支出为 13713元,比上年增长 2.9%。虽然农村居民人均消费支出增长率高于城镇,但在绝对值上仍然存在显著差距。

本章以我国经济新常态为背景,通过宏观与微观数据结合的方式,从消费总量、消费结构及不同异质性群体的视角对当前我国居民家庭消费的总体状况进行描述与统计分析,再针对不同流动性约束、资产配置、数字经济、人口流动等状况下的家庭消费状况展开剖析,进而梳理并总结当前我国家庭异质性消费行为的特征。

---

① 《中国共产党第十九届中央委员会第五次全体会议公报》,http：//www.xinhuanet.com/fortune/lhzt/n42.htm。

② 世界银行网站(https：//data.worldbank.org.cn/indicator/NE.CON.PRVT.PC.KD? locations=XD)。

第一节 家庭消费行为的总体状况及异质性特征

在2008年国际金融危机之后，作为"三驾马车"之一的消费，在我国经济增长当中的角色逐渐发生变化。由图3-1可知，近五年，最终消费支出对国内生产总值增长的贡献率均维持在57%以上的高位，即使是在受疫情影响的2020年，仍然达到了57.3%。由此可见，消费已经成为拉动我国经济增长的第一驱动力。一般来说，最终消费由居民家庭消费及政府消费组成，而居民消费的总量、增长趋势均是最终消费的决定性因素。改革开放以来，居民消费的占比一直在80%左右，居民消费增量占最终消费增量的比重也在80%左右，具体如图3-2所示，可以很清晰地认识到居民消费的重要性。发挥居民消费在经济发展中的基础性作用，对于促进供给侧结构性改革、促进新时代经济发展具有重要的战略意义。

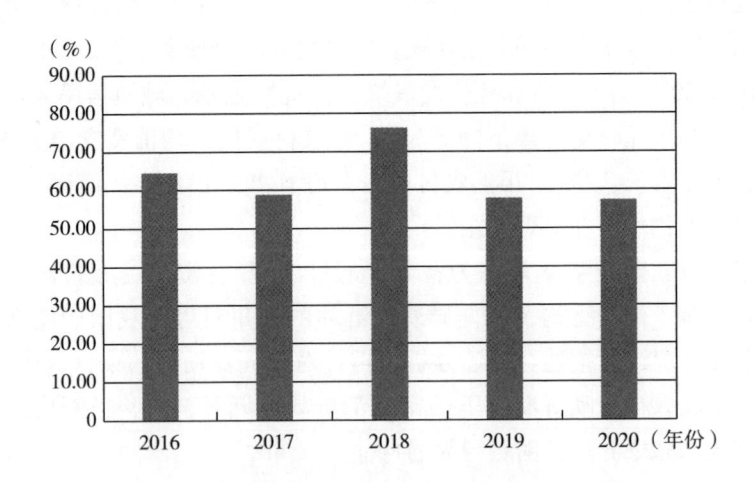

图3-1 最终消费支出对国内生产总值增长的贡献率

资料来源：2016—2020年国民经济和社会发展统计公报。

释放居民消费潜力、增加居民消费支出是扩大内需的重要途径，有利于我国培育完整的内需体系，为经济增长提供强大动力。由表3-1可

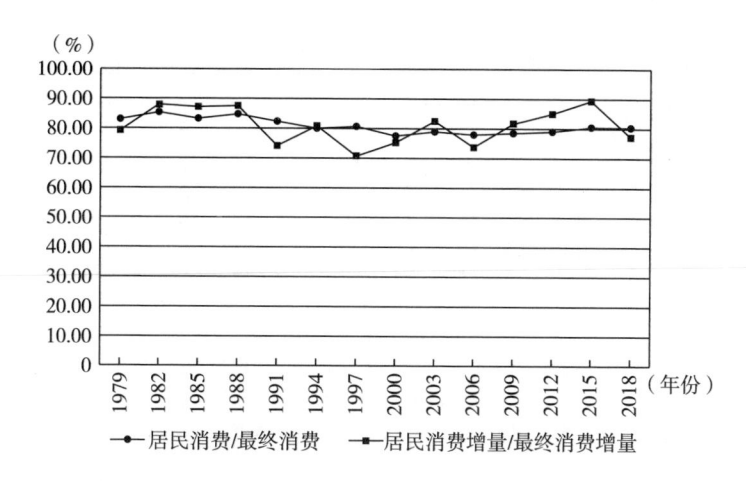

图 3-2　1978 年以来我国最终消费的部门结构及居民消费增量比重

资料来源：国家统计局。

知，总体来看，我国人均居民消费支出呈现出不断上升的趋势，农村居民人均消费支出增速要快于城镇居民人均消费支出增速，但二者在绝对值上仍然存在显著差距，农村居民的消费潜力有待进一步释放。从我国人均居民消费支出的构成来看，近五年，各类消费支出在总支出中的比重基本保持稳定。总体来看，食品烟酒支出及衣着支出占比呈现下降趋势，居住支出呈现上升趋势，教育文化娱乐支出及医疗保健支出呈现上升趋势（见图3-3）。这说明我国居民消费不仅体现在量上的增加，同时也体现在质上的提升，消费结构得以改善。

表 3-1　　　　　　我国人均居民消费支出　　　　　　单位：元

	2016 年	2017 年	2018 年	2019 年	2020 年
全体居民人均消费支出	17111	18322	19853	21559	21220
城镇居民人均消费支出	23079	24445	26112	28063	27007
农村居民人均消费支出	10130	10955	12124	13328	13713

资料来源：2016—2020 年国民经济和社会发展统计公报。

在影响居民消费的诸多因素中，收入是最为重要的因素，是消费的基础；消费个体的特征如年龄、受教育程度、婚姻状况及健康状况等方面会影响个体的消费决策，从而对消费产生影响；此外，地区的经济发

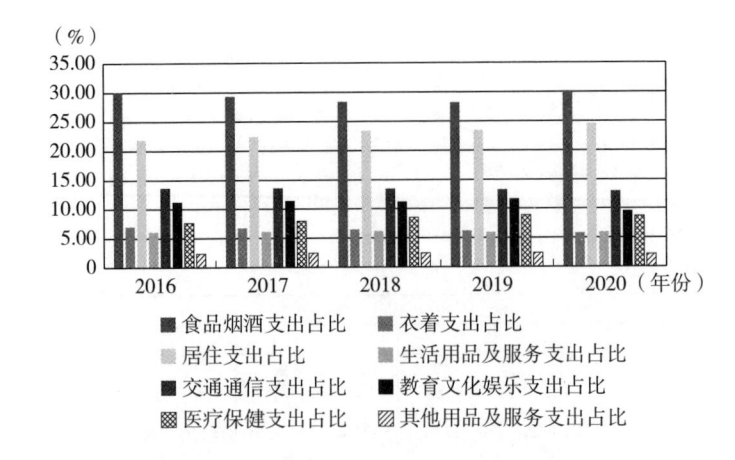

```
(%)
35.00
30.00
25.00
20.00
15.00
10.00
 5.00
    0
        2016       2017       2018       2019       2020（年份）
■ 食品烟酒支出占比          ■ 衣着支出占比
  居住支出占比              生活用品及服务支出占比
■ 交通通信支出占比          ■ 教育文化娱乐支出占比
▨ 医疗保健支出占比          ▧ 其他用品及服务支出占比
```

图 3-3　我国人均居民消费支出构成

资料来源：2016—2020 年国民经济和社会发展统计公报。

展水平、开放程度等也会对个体的消费产生重要影响。因此，分析不同组群之间的消费差异，有利于针对不同组群提出具体的促进消费的建议，从而释放全体居民的消费潜力，更好地发挥消费促进经济发展的基础性作用。

一　不同户主特征下的家庭消费支出及消费结构差异

（一）不同性别

由表 3-2 可知，若一个家庭中户主为女性，则该家庭的平均每月消费支出及家庭平均每月不同类型的消费支出均高于户主为男性的家庭，两种家庭平均每月消费支出相差 295 元。在一个家庭中，就一般的家庭分工与角色来讲，相较于男性，女性通常会负责家庭日常生活用品的购买并更为关心其他家庭成员的衣食住行等方面。户主的身份可能赋予了一位家庭成员在其家庭中更大的责任与权力，因此，女性户主家庭的消费支出更高。进一步将消费支出进行分类，衣食住行等支出归为生存型消费支出，教育培训支出、医保外医疗支出、保健支出、商业性医保支出为发展型消费支出，休闲娱乐支出、旅游支出、精神文化消费支出及服务支出等为享受型消费支出。根据图 3-4，女性户主家庭在发展型消费支出及享受型消费支出上高于男性户主家庭，在生存型消费支出上低于男性户主家庭，但二者差别不大。

表 3-2　　　　　不同性别户主家庭的消费支出情况　　　　单位：元

户主性别	家庭平均每月消费支出	家庭人均每月消费支出	家庭平均每月生存型消费支出	家庭平均每月享受型消费支出	家庭平均每月发展型消费支出
男	5326	1781	3082	1180	1021
女	5621	1922	3164	1242	1167

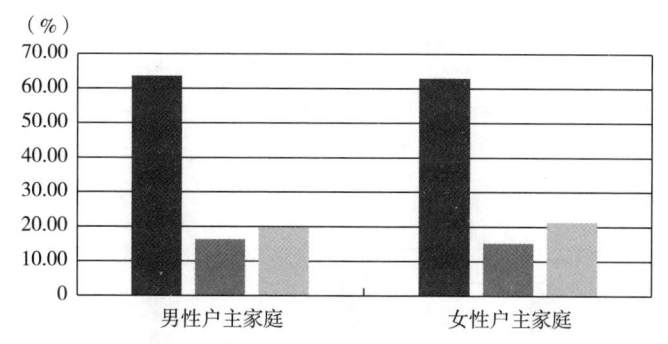

资料来源：2018 年中国家庭追踪调查（CFPS）数据。

图 3-4　不同性别户主家庭的消费支出构成情况

资料来源：2018 年中国家庭追踪调查（CFPS）数据。

（二）不同年龄

根据联合国世界卫生组织对年龄的划分标准，44 岁及以下为青年人口，45—59 岁为中年人口，60 岁及以上为老年人口。由表 3-3 可知，在三个群体中，随着户主年龄的增加，家庭平均每月消费支出及其他各类消费支出是不断减少的，家庭之间的平均每月消费支出差额随着年龄的增加而缩小。户主为青年人的家庭平均每月消费支出与户主为中年人的家庭平均每月消费支出之间相差 1133 元，户主为中年人的家庭平均每月消费支出与户主为老年人的家庭平均每月消费支出之间相差 509 元。年龄更小的户主可能更容易接受新鲜事物，消费观念更为先进，追求"即时享受"，甚至超前消费，户主的消费理念会在一定程度上影响其他家庭成员，从而家庭消费支出更高。根据图 3-5，生存型消费支出占家庭总消费支出的比重随着户主年龄的增加而增加，享受型消费支出占家庭总消费支出的比重随着户主年龄的增加而降低，发展型消费支出占家庭总消费支出的比重在三个户主年龄段群体当中相差不大。进一步可以看出,户主年龄段更小的家庭更加追求享受型消费。

表3-3　　　　　不同年龄户主家庭的消费支出情况　　　　单位:元

户主年龄	家庭平均每月消费支出	家庭人均每月消费支出	家庭平均每月生存型消费支出	家庭平均每月享受型消费支出	家庭平均每月发展型消费支出
44岁及以下	6380	1962	3504	1517	1308
45—59岁	5247	1832	3030	1166	1010
60岁及以上	4738	1644	2846	912	933

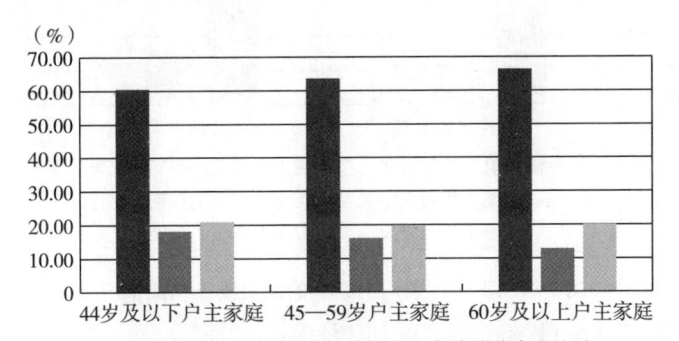

资料来源:2018年中国家庭追踪调查(CFPS)数据。

图3-5　不同年龄户主家庭的消费支出构成情况

资料来源:2018年中国家庭追踪调查(CFPS)数据。

(三)不同受教育程度

受教育程度会使个体在就业机会选择、人际交往、社会地位等方面产生差异,进而间接影响消费。由表3-4可知,随着户主受教育程度的提升,家庭平均每月消费支出及其他各类消费支出不断增加。对于户主学历为大专及以下的家庭来说,家庭平均每月消费支出之间的差额随着受教育程度的提升而增加,而对于受过高等教育的户主来说,学历为大专和大学本科及以上家庭消费支出之间的差额为1019元,户主学历为大学本科及以上的家庭平均每月消费支出是户主学历为小学及以下的家庭的两倍多。根据图3-6，随着受教育程度的提升，生存型消费支出占家庭总消费支出的比重不断减少，享受型消费支出占家庭总消费支出的比重不断增加，发展型消费支出占家庭总消费支出的比重并无显著差异。对于受教育程度越高的户主来说，工作的选择权越大，越有可能获得更高的工资收入和相对更高的社会地位，相对于受教育程度低的群体来说，在满足基本生活需求之后，有更多的可支配收入满足更高类型的消费。同时，受教育程度更高的人更加容易接触到和接受新鲜事物及先进的消费观念，进而影响其他家庭成员，增加家庭消费支出。

表3-4　　　　不同受教育程度户主家庭的消费支出情况　　　单位：元

户主受教育程度	家庭平均每月消费支出	家庭人均每月消费支出	家庭平均每月生存型消费支出	家庭平均每月享受型消费支出	家庭平均每月发展型消费支出
小学及以下	4362	1398	2596	831	906
初中	5472	1834	3240	1145	1040
高中/中专/技校/职高	6461	2247	3643	1601	1153
大专	8204	2935	4136	2188	1798
大学本科及以上	9223	3512	4239	3028	1901

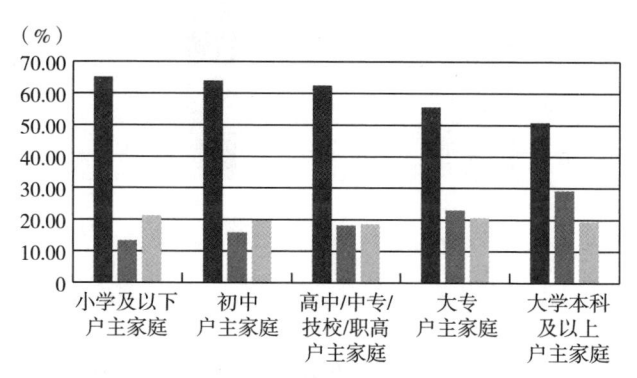

资料来源：2018年中国家庭追踪调查（CFPS）数据。

图3-6　不同受教育程度户主家庭的消费支出构成情况

资料来源：2018年中国家庭追踪调查（CFPS）数据。

（四）不同户籍

城镇家庭和农村家庭由于所处环境的不同，存在收入、消费观念以及消费便利程度等方面的差异，从而影响到消费。由表3-5可知，户主为非农户口的家庭平均每月消费支出及其他各类消费支出均高于户主为农村户口的家庭，二者的家庭平均每月消费支出相差2471元，差距明显。其他各类消费支出之间也存在显著差距，尤其是享受型消费支出，户主为非农户口的家庭是农村户口家庭的将近两倍。根据图3-7对两类家庭消费构成的比较可以发现，户主为农村户口的家庭生存型消费支出及发展型消费支出占家庭总消费支出的比重高于户主为非农户口的家庭，而享受型消费支出占家庭总消费支出的比重低于户主为非农户口的家庭。

表3-5　　　　不同户籍户主家庭的消费支出情况　　　　单位：元

户主户籍	家庭平均每月消费支出	家庭人均每月消费支出	家庭平均每月生存型消费支出	家庭平均每月享受型消费支出	家庭平均每月发展型消费支出
非农	7262	2559	4003	1811	1382
农村	4791	1576	2803	991	960

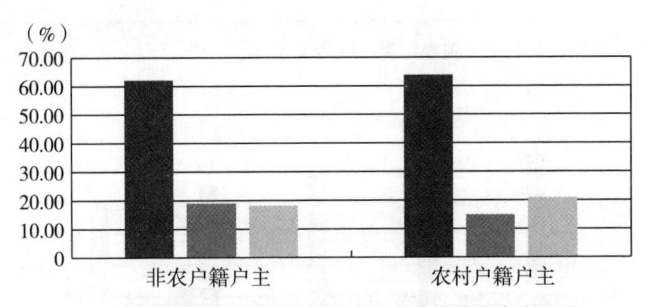

资料来源：2018年中国家庭追踪调查（CFPS）数据。

图3-7　不同户籍户主家庭的消费支出构成情况

资料来源：2018年中国家庭追踪调查（CFPS）数据。

（五）不同的婚姻状况

由表3-6可知，户主为已婚/同居的家庭平均每月消费支出及其他各类消费支出均高于户主为未婚/离婚/丧偶的家庭,但后者的家庭人均每月消费支出却高出前者243元,二者在平均每月消费支出上相差1561元。从图3-8可以看出,户主为已婚/同居的家庭享受型消费支出及发展型消费支出占家庭总消费支出的比重略高于户主为未婚/离婚/丧偶的家庭。若户主为已婚/同居,则意味着家庭规模可能更大,人际交往更为频繁,从而家庭消费支出更多。同时,为了家庭的和谐与稳定,减少家庭在未来可能面临的不确定性及风险性,相较于户主为无配偶的家庭,户主已婚/同居的家庭可能会在家庭消费中给予发展型及享受型消费更多份额。

表3-6　　　　不同婚姻状况户主家庭的消费支出情况　　　　单位:元

户主婚姻状况	家庭平均每月消费支出	家庭人均每月消费支出	家庭平均每月生存型消费支出	家庭平均每月享受型消费支出	家庭平均每月发展型消费支出
已婚/同居	5599	1797	3212	1236	1106
未婚/离婚/丧偶	4038	2040	2309	920	767

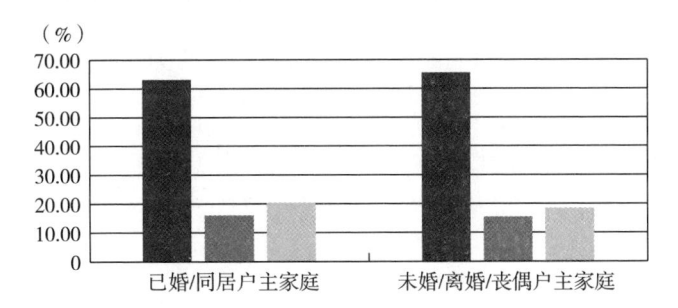

资料来源:2018年中国家庭追踪调查(CFPS)数据。

图3-8　不同婚姻状况户主家庭的消费支出构成情况

资料来源:2018年中国家庭追踪调查(CFPS)数据。

(六)不同就业状况

表3-7以及图3-9显示,户主目前未就业的家庭平均每月消费支出及其他各类消费支出均高于户主目前在就业的家庭,二者在家庭平均每

月消费支出上相差481元，在生存型消费支出上的差距最为明显。从各类消费支出占家庭总消费支出的比重来看，户主未就业的家庭在生存型及发展型消费支出占比上高于户主在就业状况的家庭，在享受型消费占比上低于户主在就业的家庭。

表 3-7　　　　　　不同就业状况户主家庭的消费支出情况　　　　　　单位：元

户主就业状况	家庭平均每月消费支出	家庭人均每月消费支出	家庭平均每月生存型消费支出	家庭平均每月享受型消费支出	家庭平均每月发展型消费支出
就业	5335	1779	3060	1187	1047
未就业	5816	2045	3337	1257	1162

资料来源：2018年中国家庭追踪调查（CFPS）数据。

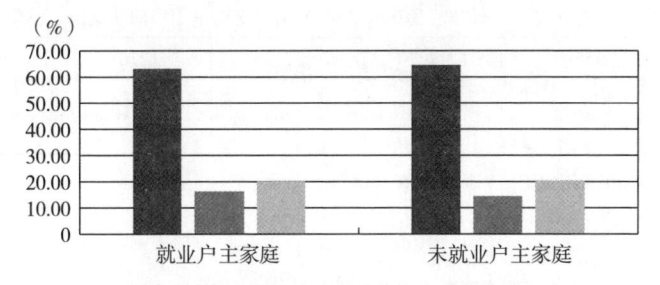

图 3-9　不同就业状况户主家庭的消费支出构成情况

资料来源：2018年中国家庭追踪调查（CFPS）数据。

（七）不同健康状况

从表3-8可以看出，总体来看，随着户主健康状况由差及好，家庭平均每月消费支出、家庭平均每月生存型消费支出及家庭平均每月享受型消费支出呈上升趋势，家庭平均每月发展型消费支出呈下降趋势。根据图3-10，各类消费支出占家庭总消费支出的比重也呈现出一致的趋势。如果户主健康状况不佳，则家庭未来面临的不确定性及风险性增加，为了应对这种不确定性，家庭可能会倾向于减少消费、增加储蓄。同时，户主健康状况不佳，会增加家庭的医疗保健支出等，带来家庭发展型消费支出的增加。

表 3-8　　　　　　不同健康状况户主家庭的消费支出情况　　　　　单位：元

户主健康状况	家庭平均每月消费支出	家庭人均每月消费支出	家庭平均每月生存型消费支出	家庭平均每月享受型消费支出	家庭平均每月发展型消费支出
非常健康	4926	1626	2864	1159	859
很健康	5817	1928	3289	1425	1055
比较健康	5723	1953	3291	1285	1104
一般	5557	1790	3268	1159	1087
不健康	4625	1615	2566	891	1122

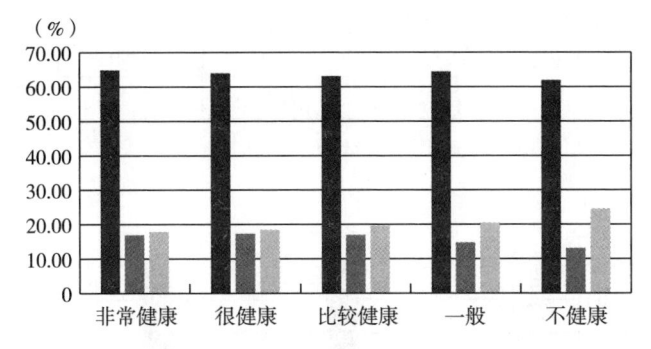

资料来源：2018 年中国家庭追踪调查（CFPS）数据。

图 3-10　不同健康状况户主家庭的消费支出构成情况

资料来源：2018 年中国家庭追踪调查（CFPS）数据。

二　不同家庭特征下的消费支出及消费结构差异

（一）不同家庭规模

通常来讲，家庭规模越大，意味着家庭消费开支尤其是维持家庭成员日常生活所需的相关消费支出越大，表 3-9 所显示的结果符合此一般规律。从表中可以看出，家庭平均每月消费支出、家庭平均每月生存型消费支出及家庭平均每月发展型消费支出随着家庭规模的扩大而增加，但增长幅度变小。同时，家庭人均每月消费支出随着家庭规模的扩大而减少，且差异明显，3 人及以下的家庭比 6 人及以上的家庭人均每月消费支出高 1423 元。因为资源是有限的，家庭规模越大，则每个家庭成员可享受到的资源就越少。家庭平均每月消费支出最高的是家庭规模为4—5人的家庭,但三组家庭之间的差距并不明显。根据图3-11,家庭平均每月享受型消费支出占家庭总消费支出的比重随着家庭规模的扩大而减小,发展型消费支出占家庭总消费支出的比重随着家庭规模的扩大而增加,生存型消费支出占家庭总消费支出的比重最大的是规模为3人及以下的家庭,后两组之间的差异并不明显。

表3-9　　　　　　　　不同规模家庭的消费支出情况　　　　　　　　单位:元

家庭规模	家庭平均每月消费支出	家庭人均每月消费支出	家庭平均每月生存型消费支出	家庭平均每月享受型消费支出	家庭平均每月发展型消费支出
3人及以下	4873	2356	2787	1174	863
4—5人	5976	1359	3396	1290	1252
6人及以上	6181	933	3638	1104	1400

资料来源:2018年中国家庭追踪调查(CFPS)数据。

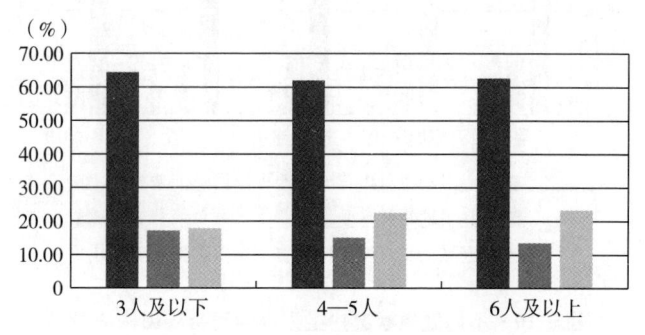

图3-11　不同规模家庭的消费支出构成情况

资料来源:2018年中国家庭追踪调查(CFPS)数据。

(二)不同社会保障程度

在一个家庭当中,家庭成员是否受到相应的社会保障及成员的健康状况是否良好都会对家庭消费产生一定的影响。一般来讲,如果家庭受社会保障程度较高,比如有更多的家庭成员参加医疗保险、养老保险等,家庭中的健康成员较多,会降低家庭在未来可能面临的风险性,更好地抵抗不确定性。如未参加医疗保险，在未来可能会发生较多的医疗开支，为了应对这种情况的出现，可能会减少当前消费。而如果家庭成员健康人数较多，且多数成员都参加了医疗、养老保险等，就会使家庭敢于消费，有利于总消费支出尤其是享受型消费支出的增加。

1. 户主是否参加医疗保险

由表3-10可以看出，户主参加医疗保险的家庭无论是家庭总消费支出还是其他各类消费支出均高于户主未参加医疗保险的家庭，二者家庭平均每月消费支出相差508元。但在人均每月消费支出上，户主未参加医疗保险的家庭却略高于户主参加医疗保险的家庭，说明总体来看，户主参加医疗保险的家庭规模低于户主未参加医疗保险的家庭规模。根据图3-12，户主参加医疗保险的家庭，其发展型消费支出及享受型消费支出占家庭总消费支出的比重高于户主未参加医疗保险的家庭。医疗保险支出属于发展型消费支出，自然会提升其在总消费支出当中的比重。

表3-10　按户主是否参加医疗保险分类家庭的消费支出情况　　单位：元

户主是否参加医疗保险	家庭平均每月消费支出	家庭人均每月消费支出	家庭平均每月生存型消费支出	家庭平均每月享受型消费支出	家庭平均每月发展型消费支出
参加医疗保险	5453	1825	3115	1216	1079
未参加医疗保险	4945	1833	3016	977	906

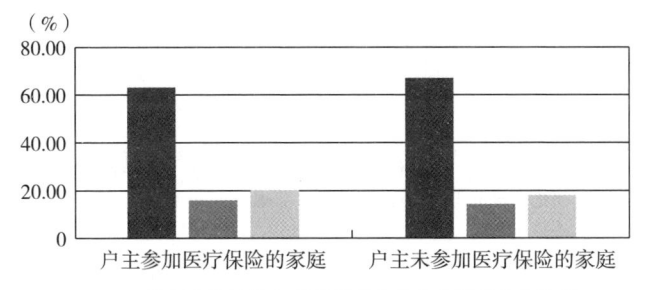

资料来源：2018年中国家庭追踪调查（CFPS）数据。

图3-12　按户主是否参加医疗保险分类家庭的消费支出构成情况

资料来源：2018年中国家庭追踪调查（CFPS）数据。

2. 户主是否参加养老保险

从表3-11可以看出,户主参加养老保险的家庭比户主未参加养老保险的家庭在平均每月消费支出上高649元,在其他各类消费支出上也高于户主未参加医疗保险的家庭,二者在享受型消费支出上的差距最大,为293元。进一步,通过图3-13的家庭消费支出的构成情况来看,户主未参加养老保险的家庭生存型消费支出占比高于户主参加养老保险的家庭,发展型消费支出及享受型消费支出占比低于户主参加养老保险的家庭。

表3-11　按户主是否参加养老保险分类家庭的消费支出情况　　单位:元

户主是否参加养老保险	家庭平均每月消费支出	家庭人均每月消费支出	家庭平均每月生存型消费支出	家庭平均每月享受型消费支出	家庭平均每月发展型消费支出
参加养老保险	5679	1864	3171	1317	1149
未参加养老保险	5030	1768	3014	1024	945

资料来源:2018年中国家庭追踪调查(CFPS)数据。

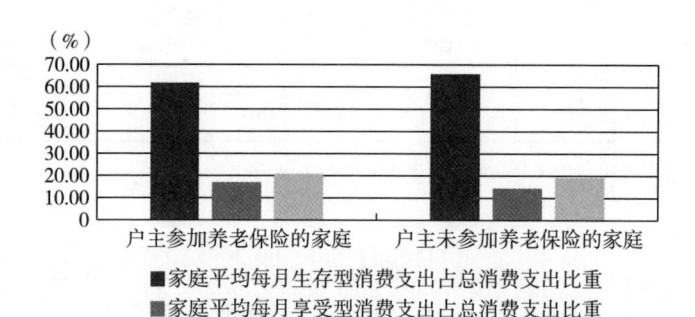

图3-13　按户主是否参加养老保险分类家庭的消费支出构成情况

资料来源:2018年中国家庭追踪调查(CFPS)数据。

3. 家庭中健康成年人数占比

根据中国家庭追踪调查2018年汇总问卷,将样本家庭分为家庭中健康成年人数占比小于等于50%与大于50%两组。通过观察表3-12与图3-14,对比两组家庭,前者家庭平均每月消费支出、平均每月生存型及发展型消费支出高于后者,人均每月消费支出与平均每月享受型消费支出低于后者。从构成情况来看,二者生存型消费支出占家庭总消费支出的比重相差不大,后者的享受型消费支出占比高于前者,发展型消费支出占比则呈现相反的情况。家庭中健康成年人数占比越小,则家庭用于医疗、保健等方面的支出可能越多,从而可能对其他消费尤其是享受型消费产生挤出效应,同时使健康成员的消费支出也减少。

表3-12　　　不同健康成年人数占比家庭的消费支出情况　　　单位:元

家庭中健康成年人数占比	家庭平均每月消费支出	家庭人均每月消费支出	家庭平均每月生存型消费支出	家庭平均每月享受型消费支出	家庭平均每月发展型消费支出
家庭中健康成年人数占比≤50%	5435	1579	3117	1145	1124
家庭中健康成年人数占比>50%	5399	2131	3097	1267	997

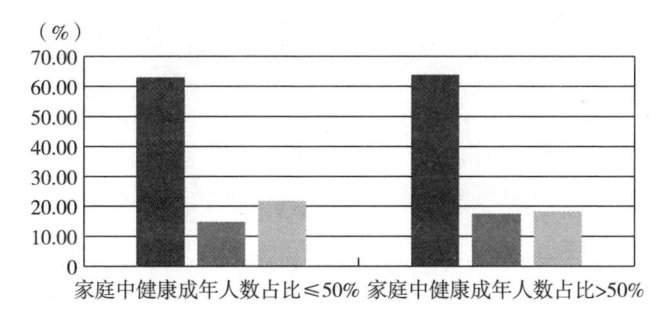

资料来源:2018年中国家庭追踪调查(CFPS)数据。

图3-14　不同健康成年人数占比家庭的各类消费支出占家庭总消费支出比重

资料来源:2018年中国家庭追踪调查(CFPS)数据。

4. 家庭中参加医疗保险人数占比

表3-13及图3-15显示,根据家庭中参加医疗保险人数占比对样本家庭进行分类后发现,参加医疗保险人数占比小于等于50%的家庭比大

于 50% 的家庭在平均每月消费支出上高 238 元,从构成情况来看,二者之间的差异并不是很大。

表 3-13　不同参加医疗保险人数占比家庭的消费支出情况　　单位:元

家庭中参加医疗保险人数占比	家庭平均每月消费支出	家庭人均每月消费支出	家庭平均每月生存型消费支出	家庭平均每月享受型消费支出	家庭平均每月发展型消费支出
家庭中参加医疗保险人数占比≤50%	5581	1837	3284	1215	1028
家庭中参加医疗保险人数占比>50%	5343	1820	3027	1192	1085

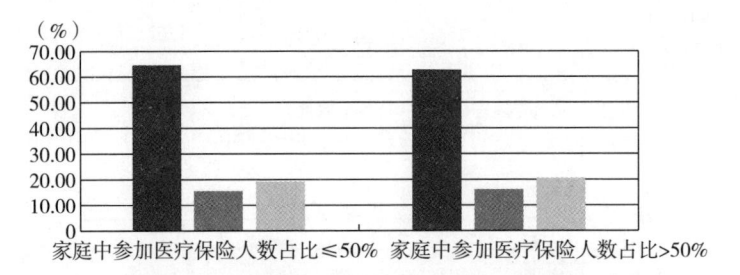

资料来源:2018 年中国家庭追踪调查(CFPS)数据。

图 3-15　不同参加医疗保险人数占比家庭的消费支出构成情况

资料来源:2018 年中国家庭追踪调查(CFPS)数据。

5. 家庭中参加养老保险人数占比

将样本家庭按照家庭中参加养老保险人数占比是否超过 50% 分为两组家庭,根据表 3-14,占比小于等于 50% 的家庭在平均每月消费支出、平均每月生存型及发展型消费支出上均高于占比大于 50% 的家庭,但二者差距并不大。在人均每月消费支出上,后者高于前者 620 元;在平均每月享受型消费支出上,后者高于前者 249 元。从图 3-16 看两种家庭的消费构成情况,也显示出同样的规律。

表 3-14   不同参加养老保险人数占比家庭的消费支出情况   单位：元

家庭中参加养老保险人数占比	家庭平均每月消费支出	家庭人均每月消费支出	家庭平均每月生存型消费支出	家庭平均每月享受型消费支出	家庭平均每月发展型消费支出
家庭中参加养老保险人数占比≤50%	5442	1692	3156	1146	1092
家庭中参加养老保险人数占比>50%	5335	2312	2933	1395	976

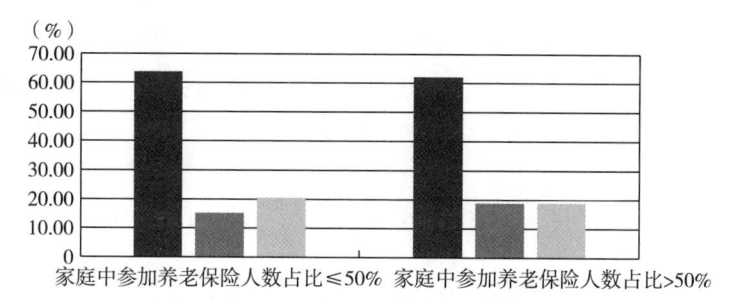

资料来源：2018 年中国家庭追踪调查（CFPS）数据。

图 3-16 不同参加养老保险人数占比家庭的消费支出构成情况

资料来源：2018 年中国家庭追踪调查（CFPS）数据。

三　不同地区家庭消费支出及消费结构差异

地区的经济发展水平、社会开放程度、文化习俗背景等都会对该地区居民的消费产生一定的影响。通常来讲，我国东部地区经济发展水平更高，居民收入水平高，对外开放程度更高，是流动人口的首选流入地区，社会保障程度及基础设施也更为完善，居民对于新鲜事物的接受程度更高，消费观念更为先进，同时，物价水平也相对更高，从而消费水平也更高。

（一）不同省份

由于海南、内蒙古、宁夏、青海、西藏及新疆六省份样本数量较少，其数据可能不具有很好的代表性。由表 3-15 可以看出，除掉样本数量较少的省份，家庭平均每月消费支出最高的五个省份分别是浙江 10196 元、上海 9394 元、江苏 9246 元、北京 8867 元、天津 7395 元，均位于东部地区；家庭平均每月消费支出最低的三个省份是甘肃 4243 元、河北 4120 元、广西 3769 元；最低与最高的两个省份之间相差 6427 元，差距巨大。家庭人均每月消费支出最高的三个省份分别是北京 4792 元、浙江 3823 元、江苏 3361 元；最低的四个省份分别是江西及河北 1328 元、甘肃 1250 元、广西 1152 元，北京与广西之间相差 3640 元。进一步看，不同省份之间家庭消费的构成情况，生存型消费支出占比最高的三个省份是福建、广东、黑龙江，最低的三个省份是河南、湖北、湖南；享受型消费支出占比最高的三个省份是北京、江苏、上海，最低的三个省份是福建、吉林、黑龙江；发展型消费支出占比最高的三个省份是河南、甘肃、河北，最低的三个省份是浙江、福建、北京。总体来看，经济发展水平更高的省份消费支出尤其是享受型消费支出更高。

表 3–15　　不同省份家庭的消费支出及构成情况　　单位：元，%

省份	家庭平均每月消费支出	家庭人均每月消费支出	家庭平均每月生存型消费支出	家庭平均每月享受型消费支出	家庭平均每月发展型消费支出	家庭平均每月生存型消费占总消费支出比重	家庭平均每月享受型消费占总消费支出比重	家庭平均每月发展型消费占总消费支出比重
安徽	6286	1996	3590	1463	1163	62.70	18.58	17.79
北京	8867	4792	4979	2512	1074	63.28	24.14	11.38
福建	6215	2014	4350	1061	793	73.69	13.05	13.11
甘肃	4243	1250	2446	848	1030	61.76	14.23	23.69
广东	6235	2184	3920	1211	1059	68.86	14.51	16.21
广西	3769	1152	2324	547	891	66.67	13.25	19.85
贵州	5213	1450	3400	1015	775	66.82	15.41	17.38
海南	5896	3810	3283	1738	867	60.58	26.18	13.06
河北	4120	1328	2279	797	1025	62.06	14.09	23.57
河南	4755	1368	2497	1055	1166	59.31	16.54	23.76
黑龙江	4612	1832	2793	858	942	68.15	12.38	19.11
湖北	7253	2265	3920	1708	1546	59.03	17.45	22.88
湖南	7369	2356	3652	1976	1618	58.21	18.19	21.67
吉林	4252	1777	2430	792	1009	64.36	12.88	22.24

续表

省份	家庭平均每月消费支出	家庭人均每月消费支出	家庭平均每月生存型消费支出	家庭平均每月享受型消费支出	家庭平均每月发展型消费支出	家庭平均每月生存型消费占总消费支出比重	家庭平均每月享受型消费占总消费支出比重	家庭平均每月发展型消费占总消费支出比重
江苏	9246	3361	5241	2674	1238	60.57	23.39	15.51
江西	4902	1328	3010	1001	824	63.57	14.28	21.32
辽宁	4555	1819	2685	913	906	65.77	15.08	18.47
内蒙古	4284	2030	2618	879	770	66.14	18.12	15.32
宁夏	2863	2370	2085	611	167	72.88	18.39	8.73
青海	7103	4000	4678	2004	338	72.33	24.28	2.72
山东	4259	1468	2329	1005	911	62.83	16.13	20.81
山西	4665	1528	2593	1051	992	62.10	16.15	21.31
陕西	5141	1769	3054	1055	983	62.52	15.36	21.02
上海	9394	3280	4989	2728	1579	60.64	21.87	16.55
四川	5010	1518	2805	1112	1076	62.88	16.25	20.44
天津	7395	3036	4184	1893	1285	59.51	21.38	18.57
西藏	2268	2268	1941	328	0	79.35	20.65	0
新疆	5157	2890	3178	1266	694	61.43	23.86	14.30
云南	5385	1548	3027	1323	979	62.37	15.47	21.59
浙江	10196	3823	6353	2417	1302	65.00	20.24	13.99
重庆	5202	1616	3361	959	864	68.02	14.72	16.93

资料来源：2018年中国家庭追踪调查（CFPS）数据。

(二) 不同地区

进一步，将所有省份分为东、中、西部三个地区，根据表3-16，西部地区无论是总消费支出还是各类消费支出均低于中部和东部地区，家庭平均每月消费支出和中部相差493元，和东部地区相差1379元；中部地区家庭平均每月消费支出低于东部地区886元，在家庭消费支出构成上，发展型消费支出占比略高于东部家庭。总体来看，地区之间的消费水平呈现出不均衡，东部和中部、西部地区之间差异明显，尤其表现在生存型消费支出及发展型消费支出上。从图3-17看三个地区的消费构成,生存型消费支出占比最高的是东部地区,享受型消费支出占比最高的是东部地区,中部地区和西部地区的发展型消费支出占比略高于东部地区。

表 3-16　　　　　不同地区家庭的消费支出情况　　　　　单位:元

地区	家庭平均每月消费支出	家庭人均每月消费支出	家庭平均每月生存型消费支出	家庭平均每月享受型消费支出	家庭平均每月发展型消费支出
东部地区	6083	2227	3555	1395	1077
中部地区	5197	1672	2847	1161	1141
西部地区	4704	1412	2731	964	984

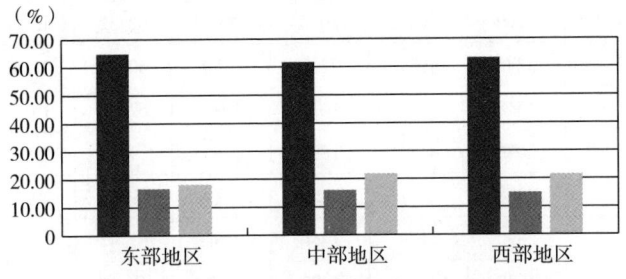

资料来源:2018年中国家庭追踪调查(CFPS)数据。

图 3-17　不同地区家庭的消费支出构成情况

资料来源:2018年中国家庭追踪调查(CFPS)数据。

四　不同收入水平家庭消费支出及消费结构差异

收入是影响消费的最重要因素,是消费的基础。将样本家庭按照收入排序后,以25%和75%为临界点,划分为低收入家庭、中收入家庭和高收入家庭三类。根据表3-17,收入水平提高,家庭消费支出随之增加。低收入家庭平均每月消费支出低于中收入家庭2115元,低于高收入家庭2539元,差距明显。可以观察到,随着收入水平的提升,呈现出边际消费递减的倾向。从图3-18看消费支出的构成情况,生存型消费支出在家庭总消费支出当中的占比随着收入水平的提升而降低，享受型消费支出占比呈现相反的情况，发展型消费支出占比最高的是低收入家庭。

表 3-17　　不同收入水平家庭的消费支出情况　　　　单位：元

收入水平	家庭平均每月消费支出	家庭人均每月消费支出	家庭平均每月生存型消费支出	家庭平均每月享受型消费支出	家庭平均每月发展型消费支出
低收入家庭	2528	923	1554	296	668
中收入家庭	4643	1624	2820	858	935
高收入家庭	5067	1872	2858	1207	977

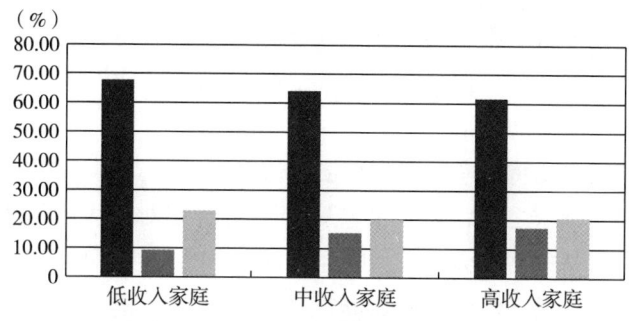

资料来源：2018 年中国家庭追踪调查（CFPS）数据。

图 3-18　不同收入水平家庭的消费支出构成情况

资料来源：2018 年中国家庭追踪调查（CFPS）数据。

第二节　家庭资产、债务异质性下的家庭消费行为特征

除了受到上述因素的影响，家庭资产及债务的持有情况也会对消费产生影响。在此，我们将家庭资产分为住房资产、实物资产、金融资产

以及债权四大类,家庭债务主要包括在银行的贷款、亲朋好友借款以及在民间的其他借款,家庭净资产则为总资产扣除家庭债务之后的规模。

一般来讲,资产与家庭消费支出之间存在正相关关系。对于住房资产来说,房价上涨时,家庭房产财富增加,一方面使人在心理上感觉更加富有,进而增加消费,另一方面可以通过房产抵押或者变现促进消费支出的增加;对于实物资产,也可以通过抵押或者变现的方式增加家庭财富,促进消费支出;金融资产会受到市场的影响而出现一定的波动,当市场运行良好时,金融资产增加,促进消费;债权是一个家庭在外未收回的款项,其对家庭消费支出的影响与规模大小及未来收回的难易程度有一定关系。家庭债务对家庭消费支出可能存在两方面相互抵消的影响,一方面,家庭债务的持有可能会在一定程度上缓解家庭的流动性约束,从而有利于消费支出的增加;另一方面,如果债务持有规模过大,则代表家庭在今后的很长时间内都会面临一定的还款压力,可能会减少当前消费以进行还款。但从总体来看,家庭消费支出与家庭资产总额及债务规模呈同向变动关系。

一 不同户主特征家庭资产、债务情况与消费支出

户主作为一家之主,在一个家庭当中有着相对更大的话语权,因此户主的行为和基本情况会对家庭的经济活动产生重要影响。户主的性别、年龄、受教育程度、婚姻及健康状况等对于其个人的风险偏好及判断力都会产生一定的影响,因此面对同一经济活动,不同特征的人会做出不同的反应,进而影响家庭的经济状况。

(一) 不同户主性别

根据表3-18及表3-19,在家庭资产方面,女性户主家庭资产总价值及净资产价值要高于男性户主家庭,平均每月消费支出也高于男性户主家庭。在家庭资产的构成当中,女性户主家庭在住房资产价值及实物资产价值上高于男性户主家庭,在金融资产价值及债权规模上低于男性户主家庭,因此与前两项资产相比,后两项资产的不确定性及风险性更大,说明相较于男性户主,女性户主对风险更加厌恶。在家庭债务方面,女性户主家庭债务总额低于男性户主的家庭,在构成上,女性户主家庭仅在待偿银行房贷本息总额这一项上高于男性户主家庭,这与女性户主家庭的住房资产价值高于男性户主家庭也相一致。

表 3-18　　　　不同性别户主家庭的资产持有情况　　　　单位：元

户主性别	家庭总资产价值	家庭净资产价值	家庭住房资产价值	家庭实物资产价值	家庭金融资产价值	家庭债权规模	家庭平均每月消费支出
男	737231	676050	609375	49384	64548	13930	5326
女	750434	689965	632129	47368	61083	9826	5621

资料来源：2018 年中国家庭追踪调查（CFPS）数据。

表 3-19　　　　不同性别户主家庭的债务持有情况　　　　单位：元

户主性别	待偿银行房贷本息总额	银行以外购房建房装修借款总额	其他待偿银行贷款（除房贷）	亲友及民间借款总额	债务总额
男	34091	9747	8875	8478	61217
女	35865	9476	7061	8084	60541

资料来源：2018 年中国家庭追踪调查（CFPS）数据。

（二）不同户主年龄

根据表 3-20 及表 3-21 对不同户主年龄家庭的资产债务持有及消费支出情况的统计，家庭资产总价值及净资产价值最高的是户主 44 岁及以下的家庭，其次是 60 岁及以上的家庭，从构成情况来看，家庭住房资产及金融资产价值也呈现同样的特点，实物资产价值及家庭债权规模随着户主年龄的增加而减少。家庭消费支出并未与总资产呈现出同样的特点，而是随着户主年龄的增加而降低。在家庭债务方面，家庭债务总额随着户主年龄的增加而减少，在构成上，各类债务总体随着年龄的增加而减少。

表 3-20　　　　不同年龄户主家庭的资产持有情况　　　　单位：元

户主年龄	家庭总资产价值	家庭净资产价值	家庭住房资产价值	家庭实物资产价值	家庭金融资产价值	家庭债权规模	家庭平均每月消费支出
44 岁及以下	823148	752615	678508	56282	73113	15286	6380
45—59 岁	690217	628033	568679	48690	59809	12978	5247
60 岁及以上	781236	734910	670959	39985	61779	8608	4738

资料来源：2018 年中国家庭追踪调查（CFPS）数据。

表 3-21　不同年龄户主家庭的债务持有情况　　　单位：元

户主年龄	待偿银行房贷本息总额	银行以外购房建房装修借款总额	其他待偿银行贷款（除房贷）	亲友及民间借款总额	债务总额
44岁及以下	40936	9425	10749	9434	70516
45—59岁	35003	10252	8280	8649	62232
60岁及以上	26245	8365	5477	6285	46445

资料来源：2018年中国家庭追踪调查（CFPS）数据。

（三）不同户主受教育程度

根据表3-22及表3-23，家庭总资产价值及其包含的各类资产价值、家庭债务规模及其包括的各类债务总体上都随着受教育程度的提高而增加，且若将大专和大学本科及以上学历的人群归类为接受过高等教育的人群，随着受教育程度的提高，家庭总资产及债务总额的增加值也随之增加，家庭消费支出也呈现出同样的规律。同时，通过表3-23可以进一步看出，受教育程度低的户主家庭与受教育程度更高的户主家庭在待偿银行房贷本息总额及其他待偿银行款项上的差距更为明显，说明受教育程度低的户主家庭受到的信贷支出较小。受教育程度越高，越有可能获得更高的收入，受到的信贷约束更小，消费观念更为先进开放，越有可能使家庭资产得到更好的配置。

表 3-22　不同受教育程度户主家庭的资产持有情况　　　单位：元

户主受教育程度	家庭总资产价值	家庭净资产价值	家庭住房资产价值	家庭实物资产价值	家庭金融资产价值	家庭债权规模	家庭平均每月消费支出
小学及以下	466016	422020	392219	33835	33197	6762	4362
初中	688985	632591	563660	51881	61712	11710	5472
高中/中专/技校/职高	1063026	981207	896765	57478	87493	21303	6461
大专	1540592	1422191	1275431	82842	145033	37261	8024
大学本科及以上	2032336	1895065	1670102	114506	227782	20023	9223

资料来源：2018年中国家庭追踪调查（CFPS）数据。

表 3-23　　　不同受教育程度户主家庭的债务持有情况　　　单位：元

户主 受教育程度	待偿银行房贷 本息总额	银行以外购房建房 装修借款总额	其他待偿银行 贷款（除房贷）	亲友及民间 借款总额	债务总额
小学及以下	18725	9954	6919	8413	44040
初中	33192	7926	7338	7939	56459
高中/中专/ 技校/职高	50980	11894	10736	8236	81899
大专	77072	12378	13346	15785	118435
大学本科及以上	109939	8628	16376	2084	137027

资料来源：2018 年中国家庭追踪调查（CFPS）数据。

（四）不同户主户籍

根据表 3-24 及表 3-25，户主为非农户口的家庭总资产价值及净资产价值、家庭债务总额及消费支出均高于户主为农村户口的家庭，且差距明显。从家庭资产持有情况来看，两组家庭在家庭住房资产价值及家庭金融资产价值上的差距尤为巨大，这可能与户主为农村户口的家庭，住房一般为农村平房，其价值及产权保障等方面可能低于户主为非农户口家庭有关。同时，城镇家庭收入一般高于农村家庭，在房价居高不下的今天，可能会将闲置资金购买房产以期增值。家庭金融资产价值的差距可能与户主为非农户口的家庭风险承受能力更高、投资理念更为先进、对金融产品的可得性更高等方面相关。从家庭债务持有情况来看，两组家庭在亲友及民间的借款金额相差不大，户主为非农户口的家庭银行贷款金额要远高于户主为农村户口的家庭。这与农村宗亲关系更为密切、缺少金融机构、受信贷约束更大有关。

表 3-24　　　不同户籍户主家庭的资产持有情况　　　单位：元

户主 户籍	家庭总资 产价值	家庭净资 产价值	家庭住房 资产价值	家庭实物 资产价值	家庭金融 资产价值	家庭债权 规模	家庭平均每 月消费支出
农村户口	501739	450844	411663	41140	39728	8852	4791
非农户口	1446242	1354673	1218177	71103	133161	23771	7262

资料来源：2018 年中国家庭追踪调查（CFPS）数据。

表 3-25　　　　　不同户籍户主家庭的债务持有情况　　　　　单位：元

户主户籍	待偿银行房贷本息总额	银行以外购房建房装修借款总额	其他待偿银行贷款（除房贷）	亲友及民间借款总额	债务总额
农村户口	25077	9381	7704	8384	50571
非农户口	62761	10486	10073	8267	91647

资料来源：2018 年中国家庭追踪调查（CFPS）数据。

（五）不同户主婚姻状况

从表 3-26 及表 3-27 可以看出，户主为已婚或同居状态的家庭无论是家庭资产总额、家庭债务总额还是消费支出均高于户主目前为未婚、离婚或丧偶的家庭，但是两组家庭之间的资产债务持有金额差距并不是很大，家庭平均每月消费支出相差 1561 元。

表 3-26　　　　　不同婚姻状况户主家庭的资产持有情况　　　　　单位：元

户主婚姻状况	家庭总资产价值	家庭净资产价值	家庭住房资产价值	家庭实物资产价值	家庭金融资产价值	家庭债权规模	家庭平均每月消费支出
未婚/离婚/丧偶	704200	653183	596637	33094	65403	9208	4038
已婚/同居	746225	683971	619113	50793	63207	13089	5599

资料来源：2018 年中国家庭追踪调查（CFPS）数据。

表 3-27　　　　　不同婚姻状况户主家庭的债务持有情况　　　　　单位：元

户主婚姻状况	待偿银行房贷本息总额	银行以外购房建房装修借款总额	其他待偿银行贷款（除房贷）	亲友及民间借款总额	债务总额
未婚/离婚/丧偶	26339	7168	10190	7371	51115
已婚/同居	35732	9987	8060	8482	62294

资料来源：2018 年中国家庭追踪调查（CFPS）数据。

（六）不同户主就业状态

把对 2018 年中国家庭追踪调查问卷中的问题"过去一周是否工作了至少一个小时（农业工作、挣工资的工作、个体/私营经济活动都算工作，但不包括在家做家务和义务的志愿劳动）"的回答作为户主目前是否就业的判断依据。从表 3-28 及表 3-29 可以看出，户主目前为就业状态的家庭在家庭总资产价值及平均每月消费支出上低于户主当前未就业的家庭，家庭债务总额反之。

表 3-28　　　　　不同就业状态户主家庭的资产持有情况　　　　　单位：元

户主就业状态	家庭总资产价值	家庭净资产价值	家庭住房资产价值	家庭实物资产价值	家庭金融资产价值	家庭债权规模	家庭平均每月消费支出
就业	703011	641002	581196	48046	60699	13055	5335
未就业	924641	868703	785253	52119	76649	10668	5816

资料来源：2018 年中国家庭追踪调查（CFPS）数据。

表 3-29　　　　　不同就业状态户主家庭的债务持有情况　　　　　单位：元

户主就业状态	待偿银行房贷本息总额	银行以外购房建房装修借款总额	其他待偿银行贷款（除房贷）	亲友及民间借款总额	债务总额
就业	34581	9979	8875	8581	62051
未就业	34974	8147	5585	7269	56005

资料来源：2018 年中国家庭追踪调查（CFPS）数据。

（七）不同户主健康状况

根据表 3-30 及表 3-31，家庭资产总额及各项资产价值、家庭平均每月消费支出随着户主健康状况的改善总体上呈现出增加的趋势，但户主非常健康的家庭的资产总额及消费支出仅高于户主不健康的家庭。在家庭债务持有上，总体上随着户主健康状况的改善而降低，家庭债务总额最高的是户主健康状况一般的家庭，最低的是户主非常健康的家庭。

表 3-30　　　　　不同健康状况户主家庭的资产持有情况　　　　　单位：元

户主健康状况	家庭总资产价值	家庭净资产价值	家庭住房资产价值	家庭实物资产价值	家庭金融资产价值	家庭债权规模	家庭平均每月消费支出
不健康	547857	495329	46475	30931	44094	8119	4625
一般	799939	726738	678447	50573	58929	11925	5557
比较健康	821872	758542	676548	54763	76236	14348	5723
很健康	824958	761105	685748	55719	70598	12875	5817
非常健康	584055	536867	481021	43834	45458	13676	4926

资料来源：2018 年中国家庭追踪调查（CFPS）数据。

表 3-31　　　　　不同健康状况户主家庭的债务持有情况　　　　单位：元

户主健康状况	待偿银行房贷本息总额	银行以外购房建房装修借款总额	其他待偿银行贷款（除房贷）	亲友及民间借款总额	债务总额
不健康	23964	8654	10440	9481	52607
一般	43393	10875	9625	9308	73343
比较健康	38955	9678	7299	7422	63358
很健康	38496	10658	6954	7727	63836
非常健康	20677	8565	8538	9420	47201

资料来源：2018年中国家庭追踪调查（CFPS）数据。

二　不同社会保障程度家庭资产、负债情况与家庭消费支出

一个家庭的社会保障程度，如家庭成员是否参加医疗保险、养老保险等，会对家庭经济决策产生一定影响，从而影响家庭资产配置状况及家庭消费行为。一般来讲，家庭受社会保障程度更高，则家庭抵御风险的能力更强，更有利于家庭资产的优化配置及消费状况的改善。

（一）户主是否参加医疗保险

根据表3-32及表3-33可以看出，户主未参加医疗保险家庭的总资产价值、净资产价值以及构成家庭资产的各类资产价值均低于户主已参加医疗保险的家庭，同时前者的家庭平均每月消费支出低于后者，资产与消费之间呈同向变动。在家庭债务方面，呈现出与家庭资产相同的情况，说明户主已参加医疗保险的家庭，家庭债务对消费的促进作用大于抵消作用，进一步观察家庭资产债务的组成，发现户主未参加医疗保险的家庭亲友及民间借贷总额大于户主已参加医疗保险的家庭，可能是因为户主未参加医疗保险的家庭面临更高的风险，从而受到的信贷约束更大。

表 3-32　　　按户主是否参加医疗保险分类家庭的资产持有情况　　　单位：元

户主是否参加医疗保险	家庭总资产价值	家庭净资产价值	家庭住房资产价值	家庭实物资产价值	家庭金融资产价值	家庭债权规模	家庭平均每月消费支出
未参加医疗保险	659809	605387	554273	40773	52385	12390	4945
已参加医疗保险	747316	685882	621052	49332	64267	12660	5453

资料来源：2018年中国家庭追踪调查（CFPS）数据。

表 3-33　按户主是否参加医疗保险分类家庭的债务持有情况　　　　单位：元

户主是否参加医疗保险	待偿银行房贷本息总额	银行以外购房建房装修借款总额	其他待偿银行贷款（除房贷）	亲友及民间借款总额	债务总额
未参加医疗保险	34061	7466	4111	8783	54579
已参加医疗保险	34692	9822	8611	8323	61472

资料来源：2018 年中国家庭追踪调查（CFPS）数据。

（二）户主是否参加养老保险

根据表 3-34 及表 3-35，户主未参加养老保险家庭的家庭总资产价值、净资产价值及其构成资产的各类资产价值均低于户主已参加养老保险的家庭，在家庭债务上也表现出同样的特点。户主已参加养老保险的家庭平均每月消费支出比户主未参加养老保险的家庭高 649 元，家庭资产总额、家庭债务总额与家庭消费支出之间呈现同向变动的关系。

表 3-34　按户主是否参加养老保险分类家庭的资产持有情况　　　　单位：元

户主是否参加养老保险	家庭总资产价值	家庭净资产价值	家庭住房资产价值	家庭实物资产价值	家庭金融资产价值	家庭债权规模	家庭平均每月消费支出
未参加养老保险	692775	640793	582556	41546	58672	10049	5030
已参加养老保险	773994	707013	639313	53586	66674	14381	5679

资料来源：2018 年中国家庭追踪调查（CFPS）数据。

表 3-35　按户主是否参加养老保险分类家庭的债务持有情况　　　　单位：元

户主是否参加养老保险	待偿银行房贷本息总额	银行以外购房建房装修借款总额	其他待偿银行贷款（除房贷）	亲友及民间借款总额	债务总额
未参加养老保险	29577	8942	5907	7580	52073
已参加养老保险	38053	10144	9915	8874	66999

资料来源：2018 年中国家庭追踪调查（CFPS）数据。

（三）不同家庭中健康成年人数

从表 3-36 及表 3-37 可以看出，家庭中健康成年人数占比小于等于 50% 的家庭在家庭资产及其各类构成资产的价值上小于家庭中健康成年人数大于 50% 的家庭，家庭债务总额前者要高于后者，家庭平均每月消费支出与家庭资产总额呈反向关系，与家庭债务总额呈正向关系，但两组家庭相差不大。家庭中健康成年人数越少，则家庭用于医疗保健等方面的支出可能越多，同时受健康状况影响，借款更多。

表 3-36　不同家庭中健康成年人数占比家庭的资产持有情况　　单位：元

家庭中健康成年人数占比	家庭总资产价值	家庭净资产价值	家庭住房资产价值	家庭实物资产价值	家庭金融资产价值	家庭债权规模	家庭平均每月消费支出
家庭中健康成年人数占比≤50%	695467	632662	580498	48219	56009	10759	5435
家庭中健康成年人数占比>50%	798354	739689	661226	49411	72708	14978	5399

资料来源：2018 年中国家庭追踪调查（CFPS）数据。

表 3-37　不同家庭中健康成年人数占比家庭的债务持有情况　　单位：元

家庭中健康成年人数占比	待偿银行房贷本息总额	银行以外购房建房装修借款总额	其他待偿银行贷款（除房贷）	亲友及民间借款总额	债务总额
家庭中健康成年人数占比≤50%	35049	9453	9433	8906	62869
家庭中健康成年人数占比>50%	34152	9921	6906	7669	58691

资料来源：2018 年中国家庭追踪调查（CFPS）数据。

（四）不同家庭中参加医疗保险人数

根据表 3-38 及表 3-39，家庭中参加医疗保险人数占比小于等于 50% 的家庭在资产总价值及债务总额上均高于家庭中参加医疗保险人数占比大于 50% 的家庭，家庭平均每月消费支出与资产及债务也呈同向变动趋势，两组家庭之间相差 238 元。

表 3-38　不同家庭中参加医疗保险人数占比家庭的资产持有情况　　单位：元

家庭中参加医疗保险人数占比	家庭总资产价值	家庭净资产价值	家庭住房资产价值	家庭实物资产价值	家庭金融资产价值	家庭债权规模	家庭平均每月消费支出
家庭中参加医疗保险人数占比≤50%	760896	696448	636757	50914	61369	11866	5581
家庭中参加医疗保险人数占比>50%	732359	673013	607170	47751	64426	13000	5343

资料来源：2018 年中国家庭追踪调查（CFPS）数据。

表 3-39 不同家庭中参加医疗保险人数占比家庭的债务持有情况　　单位：元

家庭中参加医疗保险人数占比	待偿银行房贷本息总额	银行以外购房建房装修借款总额	其他待偿银行贷款（除房贷）	亲友及民间借款总额	债务总额
家庭中参加医疗保险人数占比≤50%	38111	9706	8062	8594	64551
家庭中参加医疗保险人数占比>50%	33049	9641	8418	8243	59366

资料来源：2018年中国家庭追踪调查（CFPS）数据。

（五）不同家庭中参加养老保险人数

从表 3-40 及表 3-41 可以看出，家庭中参加养老保险人数占比小于等于 50% 的家庭，其家庭总资产及债务总额均低于家庭参加养老保险人数占比大于 50% 的家庭，在家庭债务的构成上，前者在银行以外购房建房装修借款总额、亲友及民间借款总额上高于后者。家庭平均每月消费支出与家庭资产总价值和债务总额呈反向变动关系。

表 3-40 不同家庭中参加养老保险人数占比家庭的资产持有情况　　单位：元

家庭中参加养老保险人数占比	家庭总资产价值	家庭净资产价值	家庭住房资产价值	家庭实物资产价值	家庭金融资产价值	家庭债权规模	家庭平均每月消费支出
家庭中参加养老保险人数占比≤50%	717459	657606	598067	47889	59988	11520	5442
家庭中参加养老保险人数占比>50%	828955	763951	684087	51906	76173	16748	5335

资料来源：2018年中国家庭追踪调查（CFPS）数据。

表 3-41 不同家庭中参加养老保险人数占比家庭的债务持有情况　　单位：元

家庭中参加养老保险人数占比	待偿银行房贷本息总额	银行以外购房建房装修借款总额	其他待偿银行贷款（除房贷）	亲友及民间借款总额	债务总额
家庭中参加养老保险人数占比≤50%	33723	9790	7515	8852	59904
家庭中参加养老保险人数占比>50%	38039	9194	11201	6531	65033

资料来源：2018年中国家庭追踪调查（CFPS）数据。

三 不同地区家庭资产、债务情况与家庭消费支出

家庭资产及债务的持有情况还会受到所在地区的影响,地区经济发展水平、房价、金融市场的发展程度等都会对家庭资产债务产生一定的影响,进而影响家庭消费。

(一) 不同省份

除掉样本数量过少,不具有代表性的省份,从表3-42及表3-43可以看出,家庭总资产价值及家庭净资产价值最高的五个省份分别是上海、北京、天津、江苏、浙江,同时这也是消费支出最高的五个省份;家庭住房资产价值最高的五个省份是上海、北京、天津、江苏、重庆;家庭实物资产价值最高的五个省份是江苏、上海、浙江、湖北、湖南;家庭金融资产价值最高的五个省份是上海、江苏、浙江、天津、北京;家庭债权规模最高的五个省份是湖南、湖北、天津、浙江、安徽。从家庭债务来看,家庭债务总额最高的五个省份是上海、江苏、湖北、天津、浙江;待偿银行房贷本息总额最高的五个省份是上海、江苏、天津、湖北、北京;银行以外购房建房装修借款总额最高的六个省份是福建、湖北、上海、湖南、江苏、重庆;除房贷外其他待偿银行贷款最高的五个省份是上海、云南、湖北、贵州、甘肃;亲友及民间借款总额最高的五个省份是上海、江苏、湖北、天津、浙江。总体来看,家庭消费与家庭总资产价值和家庭债务总额呈正相关,经济越发达的省份,总资产及其各类构成资产越高,债务总额尤其是待偿银行房贷本息总额也越高。

表3-42　　　　　　不同省份家庭的资产持有情况　　　　　单位:元

省份	家庭总资产价值	家庭净资产价值	家庭住房资产价值	家庭实物资产价值	家庭金融资产价值	家庭债权规模	家庭平均每月消费支出
安徽	652195	582128	513795	63049	52623	22728	6286
北京	2660418	2596793	2504887	56877	94523	4097	8867
福建	762194	687037	679299	38004	36734	8157	6215
甘肃	377800	323802	302884	34701	32209	8031	5343
广东	854975	782289	723442	52605	60155	18882	6235
广西	322453	284503	262001	27926	26396	6129	3769
贵州	441890	389928	374344	34239	25794	7513	5213
海南	1179000	1033000	1106000	23000	30000	20000	5896
河北	624598	577856	521170	40548	47676	15214	4120

续表

省份	家庭总资产价值	家庭净资产价值	家庭住房资产价值	家庭实物资产价值	家庭金融资产价值	家庭债权规模	家庭平均每月消费支出
河南	560535	507866	447613	46150	52578	14217	4755
黑龙江	249176	221662	181406	24262	34718	8790	4612
湖北	1014636	898342	847965	73880	67108	25683	7253
湖南	818583	746335	622137	70437	99606	26261	7369
吉林	296819	259121	228987	24595	34535	8701	4252
江苏	1423875	1289405	1122059	128983	151831	21003	9246
江西	543886	483138	451649	42817	41275	8145	4902
辽宁	372371	335064	285853	37124	45174	4220	4555
内蒙古	370063	331063	236250	55000	58188	20625	4284
宁夏	171440	170840	142000	2000	21440	6000	2862
青海	643000	518000	525000	51000	27000	40000	7103
山东	593832	524966	463643	55455	55043	19607	4259
山西	388900	341898	294565	38343	48371	7620	4665
陕西	480394	435338	390225	31023	49346	9660	5141
上海	3912316	3755138	3461375	116066	317547	17145	9394
四川	395490	353269	320762	36657	30852	7219	5010
天津	1939149	1830029	1722933	60872	129697	25407	7395
西藏	63800	63800	27000	3000	30000	3800	2268
新疆	722313	649574	490522	58391	162096	11304	5157
云南	414656	361498	328262	49084	28048	9179	5385
浙江	1165569	1089962	907061	96514	136960	25396	10196
重庆	1031722	976841	949683	29296	37189	15148	5202

资料来源：2018年中国家庭追踪调查（CFPS）数据。

表3-43　　　　不同省份家庭的债务持有情况　　　　单位：元

省份	待偿银行房贷本息总额	银行以外购房建房装修借款总额	其他待偿银行贷款（除房贷）	亲友及民间借款总额	债务总额
安徽	35325	12200	11193	11349	70067
北京	53295	7045	2920	477	63739
福建	26961	25892	12402	9902	75157
甘肃	21987	9150	13000	9901	54038
广东	46459	11898	8617	5733	72718

续表

省份	待偿银行房贷本息总额	银行以外购房建房装修借款总额	其他待偿银行贷款（除房贷）	亲友及民间借款总额	债务总额
广西	19510	6995	6758	4686	37950
贵州	25568	5811	13939	6644	51859
海南	146000	0	0	0	146000
河北	29165	7403	4318	5865	46715
河南	26940	12274	4276	9179	52735
黑龙江	16399	4838	1393	1884	27677
湖北	73915	19901	17681	4796	116857
湖南	35584	14187	6068	16408	72248
吉林	20461	3996	3052	10190	37698
江苏	99346	13118	6241	15765	134764
江西	33242	10238	10857	6410	60583
辽宁	23581	4411	3795	5520	37362
内蒙古	18750	13750	250	6250	39000
宁夏	0	0	600	0	600
青海	100000	25000	0	0	125000
山东	38559	7194	7582	15531	68866
山西	16052	12635	5554	12762	47002
陕西	21308	8164	6589	8995	45056
上海	114340	17615	19502	6021	157409
四川	22544	6719	4327	8633	42222
天津	89507	12400	3720	3893	109520
西藏	0	0	0	0	0
新疆	57826	8913	6000	0	72739
云南	17003	9991	19012	7152	53158
浙江	52081	6027	12294	5205	75907
重庆	23796	13118	7742	10226	54882

资料来源：2018 年中国家庭追踪调查（CFPS）数据。

(二) 不同地区

根据表 3-44 及表 3-45，从西往东，家庭总资产及债务总额呈现上升的趋势，消费支出也呈同向变动趋势。家庭资产方面，东部地区的资产总额尤其是家庭住房资产价值及家庭金融资产价值比中部和西部地区之和还多。家庭债务方面，东部地区在亲友及民间借款总额上低于中部和西部地区。这反映出东部地区房价水平更高，因而住房资产价值更高；东部地区金融市场发展更为完善，居民可以获得更多的信贷支持。

表 3-44　　　　　　　不同地区家庭的资产持有情况　　　　　　单位：元

地区	家庭总资产价值	家庭净资产价值	家庭住房资产价值	家庭实物资产价值	家庭金融资产价值	家庭债权规模	家庭平均每月消费支出
东部	1116638	1043582	949161	60244	92453	14790	6083
中部	530362	475605	417885	45425	52936	14109	5197
西部	418366	368385	341044	35920	33092	8286	4704

资料来源：2018 年中国家庭追踪调查（CFPS）数据。

表 3-45　　　　　　　不同地区家庭的债务持有情况　　　　　　单位：元

地区	待偿银行房贷本息总额	银行以外购房建房装修借款总额	其他待偿银行贷款（除房贷）	亲友及民间借款总额	债务总额
东部	48378	9500	7919	7275	73121
中部	27909	11189	5891	9767	54817
西部	21912	8457	11103	8527	49989

资料来源：2018 年中国家庭追踪调查（CFPS）数据。

四　不同收入水平家庭资产、债务情况与家庭消费支出

按照同样的方法，将样本家庭按照收入排序之后，以 25% 和 75% 为临界值划分为三组家庭。无论是家庭资产总额、家庭债务总额还是家庭消费支出，高收入家庭均高于中收入家庭和低收入家庭之和，不同收入阶层之间差距非常明显，发展不均衡的现象十分突出（见表 3-46）。

表 3-46　　　　　　　不同收入水平家庭的资产持有情况　　　　　　单位：元

家庭收入水平	家庭总资产价值	家庭净资产价值	家庭住房资产价值	家庭实物资产价值	家庭金融资产价值	家庭债权规模	家庭平均每月消费支出
低收入家庭	247723	226280	222785	11590	10621	2711	2528
中收入家庭	503855	464497	423478	33412	39272	7701	4643
高收入家庭	1771467	1621681	1446566	120535	170647	33699	10068

资料来源：2018 年中国家庭追踪调查（CFPS）数据。

表 3-47　　　　　不同收入水平家庭的债务持有情况　　　　　单位：元

家庭收入水平	待偿银行房贷本息总额	银行以外购房建房装修借款总额	其他待偿银行贷款（除房贷）	亲友及民间借款总额	债务总额
低收入家庭	5030	5925	3807	6680	21460
中收入家庭	17421	8637	5778	7528	39364
高收入家庭	103632	15829	18481	11878	149953

资料来源：2018 年中国家庭追踪调查（CFPS）数据。

五　不同流动性约束状况家庭资产、债务情况与家庭消费支出

关于流动性约束的界定，Zelds（1989）指出若家庭总资产低于家庭两个月的收入，则家庭消费就是受到了流动性约束。考虑到资产变现的成本及难易程度，进一步借鉴臧旭恒、张欣（2018）的做法，本书选取流动性较强的资产作为家庭流动性资产的考察指标：若家庭流动性资产小于等于家庭两个月的收入，则家庭就是受流动性约束的。

（一）是否受流动性约束

从表 3-48 可以看出，不受流动性约束家庭的总资产价值是受流动性约束家庭的两倍还多，在除掉家庭债务规模只看家庭净资产时，两组家庭之间的差距进一步拉大，说明受流动性约束家庭的债务规模要大于不受流动性约束家庭，表 3-49 也证实了这一点。受到流动性约束家庭尤其在家庭住房资产价值与家庭金融资产价值上远低于不受流动性约束家庭，不受流动性约束家庭可供自由支配的资金更多，家庭耐用品等不需要经常购买，则闲置资金可以用来购买房产及金融产品，进行投资以实现价值增值。受到流动性约束家庭的债务总额高于不受流动性约束家庭，前者可以通过负债缓解消费压力，后者可以通过负债进一步增加流动性、促进家庭消费支出，后者的家庭平均每月消费支出比前者高 1032 元。

表 3-48　　　　按是否受流动性约束分类家庭的资产持有情况　　　　单位：元

是否受流动性约束	家庭总资产价值	家庭净资产价值	家庭住房资产价值	家庭实物资产价值	家庭金融资产价值	家庭债权规模	家庭平均每月消费支出
受流动性约束	470984	398858	423728	35109	2134	10032	4860
不受流动性约束	970113	918603	779610	60291	115339	14849	5892

资料来源：2018 年中国家庭追踪调查（CFPS）数据。

表 3-49　按是否受流动性约束分类家庭的债务持有情况　　单位：元

是否受流动性约束	待偿银行房贷本息总额	银行以外购房建房装修借款总额	其他待偿银行贷款（除房贷）	亲友及民间借款总额	债务总额
受流动性约束	33422	14958	10704	13058	72216
不受流动性约束	35686	5181	6277	4375	51520

资料来源：2018 年中国家庭追踪调查（CFPS）数据。

（二）不同流动性约束强度

根据对 2018 年中国家庭追踪调查（CHFS）数据样本家庭的统计，共有 4294 户家庭受到流动性约束，按照每个家庭受到流动性约束程度的不同，对流动性约束强度赋值为 0—7，从 0 到 7，流动性约束从无到有，从弱至强。在分析了受流动性约束家庭和不受流动性约束家庭的差异之后，从表 3-50 及表 3-51 可以看出，在受到流动性约束的家庭当中，随着流动性约束强度的增大，家庭总资产价值、家庭债务总额、家庭平均每月消费支出均随之增加。家庭负债可以缓解当前的流动性约束，从而促进消费支出及家庭资产配置。

表 3-50　不同流动性约束强度家庭的资产持有情况　　单位：元

流动性约束强度	家庭总资产价值	家庭净资产价值	家庭住房资产价值	家庭实物资产价值	家庭金融资产价值	家庭债权规模	家庭平均每月消费支出
0	962161	910262	773830	60200	113263	14844	5872
1	236172	212540	220043	12197	1965	1970	2532
2	225301	187330	215180	15204	1667	3251	3148
3	297326	258282	272722	19887	1761	2955	3599
4	367196	306972	337967	23184	1724	4321	4051
5	414251	351221	381359	26039	1670	5182	4937
6	588346	498827	532907	43564	1463	10456	6082
7	1138258	943579	991635	102355	2740	41612	9750

资料来源：2018 年中国家庭追踪调查（CFPS）数据。

表 3-51　不同流动性约束强度家庭的债务持有情况　　单位：元

流动性约束强度	待偿银行房贷本息总额	银行以外购房建房装修借款总额	其他待偿银行贷款（除房贷）	亲友及民间借款总额	债务总额
0	35974	5264	6301	4367	51908
1	7715	5661	4024	6233	23633

续表

流动性约束强度	待偿银行房贷本息总额	银行以外购房建房装修借款总额	其他待偿银行贷款（除房贷）	亲友及民间借款总额	债务总额
2	10700	10883	6343	10045	38062
3	12903	10512	5620	10008	39044
4	22318	16161	7353	14392	60224
5	22264	15307	10393	15065	63029
6	46641	16116	12161	14636	89577
7	108254	32656	30132	23721	195205

资料来源：2018年中国家庭追踪调查（CFPS）数据。

第三节 数字经济背景下家庭异质性消费行为特征

互联网是指在网络与网络之间串联成的庞大网络，这些网络以一组通用协议相连，形成逻辑上的单一巨大国际网络。随着计算机的不断发展以及移动通信的不断进步，我国互联网逐渐成为全球第一大网，我国的互联网是全球网民人数最多、联网区域最广的。从图3-19可以看出，近五年，我国互联网上网人数逐年增加，到2020年达到9.89亿人。其中，通过手机上网的人数达到9.86亿，占总体上网人数的99.7%，在移动智能手机不断发展的今天，人们可以通过手机实现随时随地上网，具有极大的便利性。到2020年，我国互联网普及率达到70.4%，互联网的出现与普及，对人们的消费观念、消费方式及消费行为都会产生一定影响，进而影响家庭消费支出。

一 不同户主网络使用特征家庭消费支出与消费结构

（一）户主是否使用计算机

从表3-52可以看出，户主不使用计算机的家庭平均每月消费支出及各类消费支出均低于户主使用计算机的家庭，两组家庭平均每月消费支出相差3404元。根据图3-20，从家庭消费的构成情况来看，户主使用计算机的家庭比不使用计算机的家庭用于生存型消费支出的比重更小，用于享受型消费支出的比重更大。

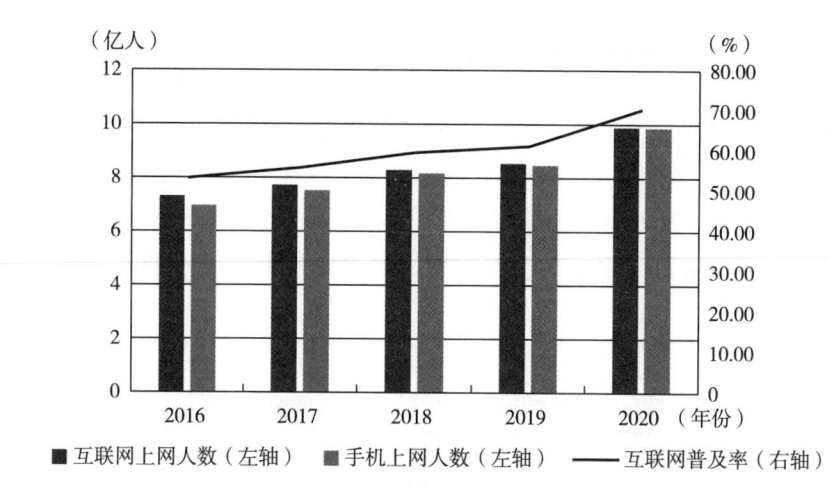

图 3-19　我国互联网使用情况

资料来源：2016—2020 年国民经济和社会发展统计公报。

表 3-52　　按户主是否使用计算机分类家庭的消费支出　　单位：元

是否使用计算机	家庭平均每月消费支出	家庭平均每月人均消费支出	家庭平均每月生存型消费支出	家庭平均每月享受型消费支出	家庭平均每月发展型消费支出
不使用计算机	4889	4550	2878	977	995
使用计算机	8293	2750	4380	2247	1590

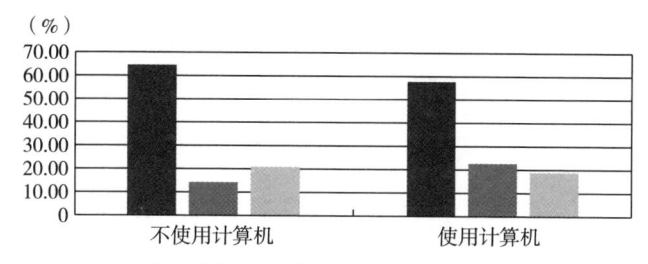

资料来源：2018 年中国家庭追踪调查（CFPS）数据。

图 3-20　按户主是否使用计算机分类家庭的消费支出构成情况

资料来源：2018 年中国家庭追踪调查（CFPS）数据。

（二）户主业余时间是否上网

从表 3-53 及图 3-21 可以看出，户主在业余时间是否上网的家庭消费支出及其构成情况与户主是否使用计算机相一致。户主作为一个家庭的主要决策者，会对家庭经济行为产生重要影响，户主使用计算机及在业余时间上网，容易接触到新鲜事物，并通过日常生活影响其他家庭成员，给整个家庭带来先进的消费观念，促进家庭消费支出的增加及消费结构的升级。

表 3-53　按户主业余时间是否上网分类家庭的消费支出　　　单位：元

户主业余时间是否上网	家庭平均每月消费支出	家庭平均每月人均消费支出	家庭平均每月生存型消费支出	家庭平均每月享受型消费支出	家庭平均每月发展型消费支出
不上网	4353	1411	2617	795	904
上网	6629	2104	3674	1606	1296

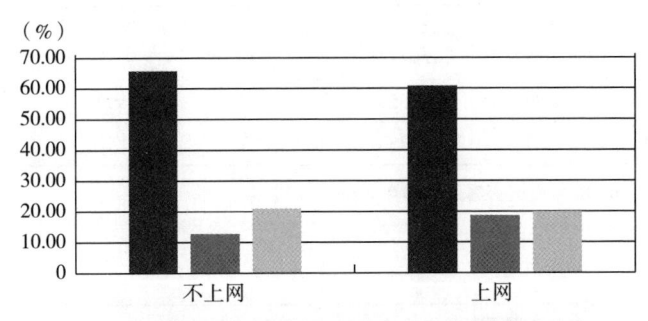

资料来源：2018 年中国家庭追踪调查（CFPS）数据。

图 3-21　按户主业余时间是否上网分类家庭的消费支出构成情况

资料来源：2018 年中国家庭追踪调查（CFPS）数据。

二　不同家庭网络使用特征家庭消费支出与消费结构

（一）互联网家庭

以家庭中是否有上网成年人将样本家庭分为互联网家庭和非互联网家庭两组。从表 3-54 可以看出，互联网家庭的平均每月消费支出比非互联网家庭高 2571 元。从图 3-22 可以看出，在消费支出的构成上，互联网家庭的生存型消费支出占比更低，享受型消费支出占比更高，两组家庭在发展型消费支出上的比重并没有显著差距。

表 3-54　　按是否是互联网家庭分类家庭的消费支出　　单位：元

是否是互联网家庭	家庭平均每月消费支出	家庭平均每月人均消费支出	家庭平均每月生存型消费支出	家庭平均每月享受型消费支出	家庭平均每月发展型消费支出
否	3490	1308	2184	537	736
是	6061	1876	3421	1386	1205

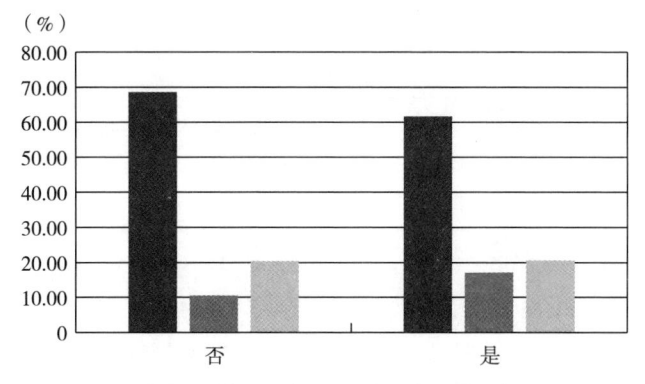

资料来源：2018年中国家庭追踪调查（CFPS）数据。

图 3-22　按是否是互联网家庭分类家庭的消费支出构成情况

资料来源：2018年中国家庭追踪调查（CFPS）数据。

（二）家庭上网成年人数占比

根据表3-55，家庭上网成年人数小于等于50%的家庭比大于50%的家庭在平均每月消费支出上低1408元。从图3-23可以看出，在家庭消费支出的构成上，家庭上网成年人数占比更大的家庭更加倾向于增加家庭的享受型消费支出，而生存型消费支出占比更小一些，两组家庭在发展型消费支出占比上差距很小。

表 3-55　　　　不同家庭上网成年人数占比家庭的消费支出　　　　单位：元

家庭中上网成年人数占比	家庭平均每月消费支出	家庭平均每月人均消费支出	家庭平均每月生存型消费支出	家庭平均每月享受型消费支出	家庭平均每月发展型消费支出
0<家庭中上网成年人数占比≤50%	5012	1452	2960	1001	1008
家庭中上网成年人数占比>50%	6420	2466	3479	1608	1284

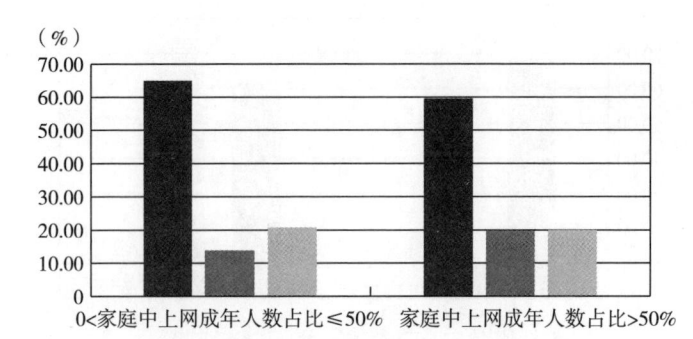

资料来源：2018 年中国家庭追踪调查（CFPS）数据。

图 3-23　不同家庭上网成年人数占比家庭的消费支出构成情况

资料来源：2018 年中国家庭追踪调查（CFPS）数据。

三　家庭网络消费情况与消费支出及消费结构

随着我国互联网技术的发展以及在我国居民当中的普及，出现了越来越多与互联网相关的新产业，网络购物便是其中一种。网购以其便捷性、多元化及价格优势得到了网民的青睐。根据图 3-24，过去几年间，我国网上零售逐年增加，到 2020 年达到了 117601 亿元的规模，相较于 2016 年增长 66045 亿元，年均增速达到 11.23%。实物商品网上零售额占社会消费品零售总额的比重也不断增加，到 2020 年达到 24.9%。互联网的出现使人们的消费方式和消费观念发生了翻天覆地的变化。

根据中国互联网络信息中心发布的第 47 次《中国互联网络发展状况统计报告》，截至 2020 年 12 月，我国网络购物的用户规模为 78241 万，占我国总体网民数的 79.1%，仅较 2020 年 3 月就增长了 10.2%。

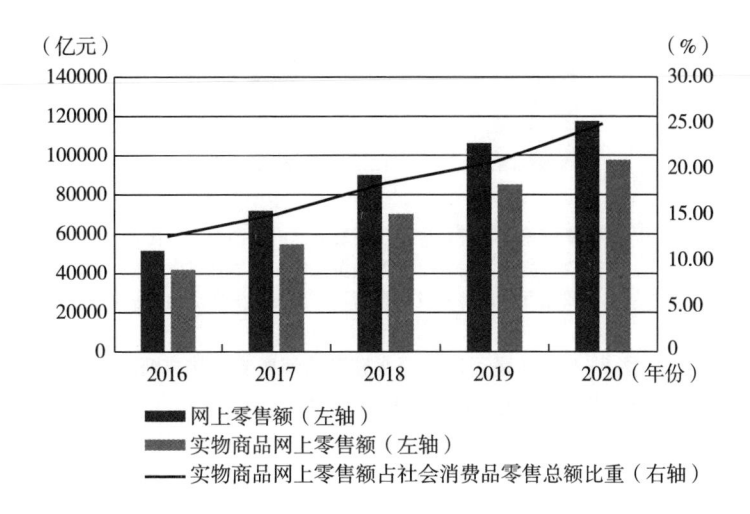

图 3-24　我国互联网零售额情况

资料来源：2016—2020 年国民经济和社会发展统计公报。

（一）家庭是否网购

根据表 3-56，网购家庭的平均每月消费支出高于非网购家庭 2837 元，其中网购家庭平均每月网购支出为 940 元，网购支出占家庭总消费支出的 33.13%。在其他不同类型的消费上网购家庭也远高于非网购家庭。从图 3-25 可知，网购家庭的生存型消费支出占比低而享受型消费支出占比更高。

表 3-56　　　　按是否网购分类家庭的消费支出　　　　单位：元

家庭是否网购	家庭平均每月消费支出	家庭平均每月人均消费支出	家庭平均每月生存型消费支出	家庭平均每月享受型消费支出	家庭平均每月发展型消费支出	家庭平均每月网购支出
否	3871	1369	2417	625	799	0
是	6708	2039	3691	1633	1328	940

资料来源：2018 年中国家庭追踪调查（CFPS）数据。

```
     （％）
     70.00
     60.00
     50.00
     40.00
     30.00
     20.00
     10.00
        0
              否              是
     ■家庭平均每月生存型消费支出占总消费支出比重
     ■家庭平均每月享受型消费支出占总消费支出比重
     ■家庭平均每月发展型消费支出占总消费支出比重
```

图 3-25　按是否网购分类家庭的消费支出构成情况

资料来源：2018 年中国家庭追踪调查（CFPS）数据。

（二）家庭是否频繁网购

在分析了是否网购家庭的消费支出及构成情况之后，进一步对网购家庭进行划分，分为网购频繁家庭及网购不频繁家庭两组。根据表 3-57，网购频繁的家庭平均每月消费支出比网购不频繁的家庭高 2364 元，其中网购支出高出 1159 元。从图 3-26 可知，在消费支出的构成上，网购更频繁的家庭生存型及发展型消费支出占比低于网购不频繁家庭，发展型消费支出占比高于网购不频繁家庭。

表 3-57　按网购是否频繁分类家庭的消费支出　　　　　　　　　　单位：元

家庭网购是否频繁	家庭平均每月消费支出	家庭平均每月人均消费支出	家庭平均每月生存型消费支出	家庭平均每月享受型消费支出	家庭平均每月发展型消费支出	家庭平均每月网购支出
否	5368	1681	3022	1165	1140	283
是	7732	2312	4202	1991	1472	1442

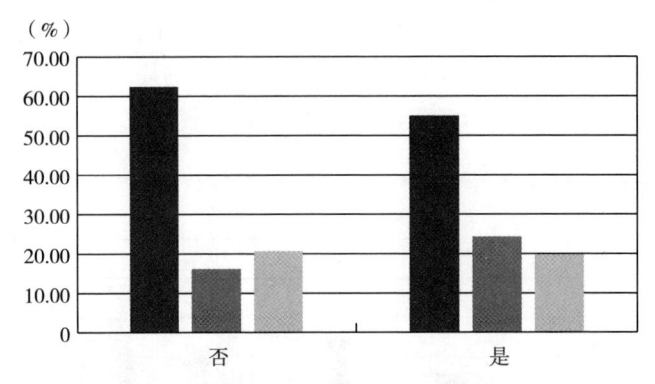

资料来源：2018 年中国家庭追踪调查（CFPS）数据。

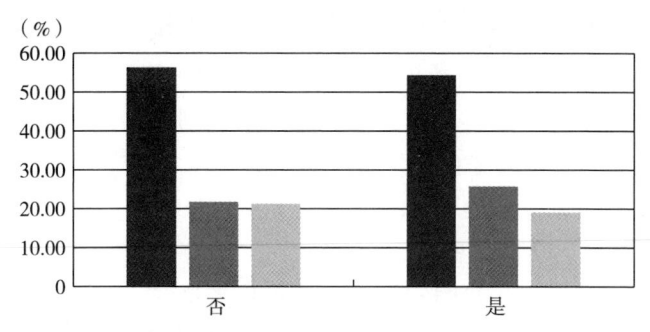

图 3-26　按网购是否频繁分类家庭的消费支出构成情况

资料来源：2018 年中国家庭追踪调查（CFPS）数据。

第四节　农村流动人口家庭消费现状

对于流动人口的定义，学者从不同的视角进行了界定。本节依据"2017 年中国流动人口卫生计生动态监测调查技术文件"，将流动人口定义为"在流入地居住一个月及以上，非本区（县、市）户口的 15 周岁及以上流入人口"；而农村流动人口则是指户籍性质为农业户口的流动人口，本节在对农村流动人口的家庭消费支出进行分析时，只保留了所有家庭成员的户口性质均为农业户口的家庭。

我国流动人口数量庞大，根据《中国流动人口发展报告 2018》，我国流动人口规模已经达到 2.45 亿，占我国人口总量的比重将近 18%。其中，农村流动人口又占据了总流动人口的一半以上，并且随着我国城镇化进程的不断推进，这一数字还会继续增加。

一直以来，消费、投资与出口都是拉动我国经济增长的"三驾马车"，但与投资和出口相比，消费的表现却相对滞后。但是，投资和出口受国际环境影响较大，尤其在当前疫情的影响下，投资和出口疲软，因此，扩大内需便成为促进我国经济增长、构建国内经济发展新格局的重要举措。农村流动人口作为我国人口当中的一支庞大队伍，对于我国构建和谐社会、巩固全面建成小康社会成果和推进城镇化进程具有重要意义。对农村流动人口的消费进行分析，了解农村流动人口的消费现状，并采取适当的举措释放其消费潜力，对扩大我国内需市场、拉动我国经济增长具有重要的现实意义。

一 农村流动人口的基本概况

（一）我国流动人口规模

自改革开放以来，我国流动人口规模快速增长，到近几年已经趋于稳定。从图3-27可以看出，第一个阶段，我国流动人口规模从1982年的670万人增长至1990年的2100多万人，年均增长率约为7%，这主要是由于国家放宽了农村人口进入中小城镇就业生活的限制，促使农村人口从农村向城镇转移；第二个阶段，流动人口规模从1990年的2100多万人增长至2010年的22100多万人，年均增长率达12%左右，增速更快；第三个阶段为2010—2014年，我国流动人口规模增长速度明显下降，总人数趋向平稳，在2014年达到顶峰；最后是2014—2019年，我国流动人口规模的增长出现了新的变化，增速由正转负，规模呈现下降趋势，但总体上仍然趋于平稳。另外，从图3-27的趋势线可以看出，1982—2019年，我国流动人口规模总体呈现上升的趋势，流动人口数量庞大。

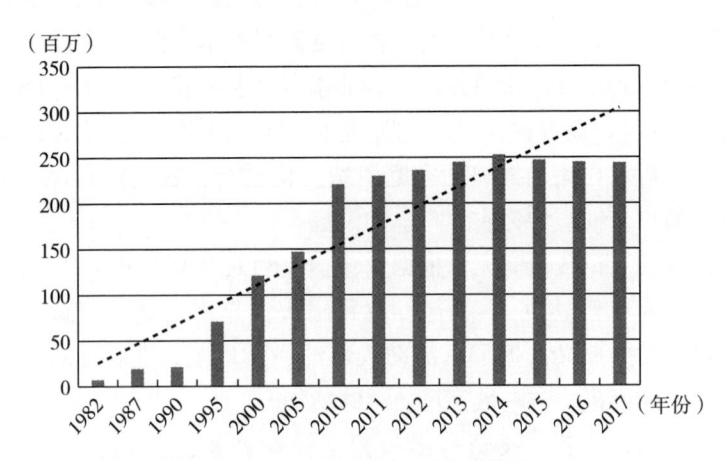

图3-27 我国流动人口规模及趋势

资料来源：1982年、1990年、2000年、2010年数据来源于《中国人口普查资料》；1987年、1995年、2005年、2015年数据来源于《全国1%人口抽样调查资料》；其他年份数据来源于国民经济和社会发展统计公报。

(二) 我国外出农民工规模总体发展趋势

根据国民经济和社会发展统计公报的定义，外出农民工是指在本乡镇以外的其他地区从业时长超过 6 个月的人员。改革开放以来，随着我国政策的放开、经济社会的不断发展、交通和通信的发展以及土地改革制度的深入实施，大量的农村剩余劳动力得以从土地中解放，城市中更多的就业机会和工作收入吸引着他们从农村流向城市。从图 3-28 可以看出，我国外出农民工的数量在 2010—2019 年总体上呈上升的趋势，近几年来增速平缓，总数趋于平稳。进一步，从图 3-29 可以看出，我国外出农民工数量占总流动人口数量的比重在 2010—2014 年呈下降趋势，在 2014—2019 年呈上升趋势，但总体上呈上升趋势，且外出农民工数量占总体流动人口数量的比重一直维持在 60% 以上，这说明农民工是外出流动人口的"主力军"。

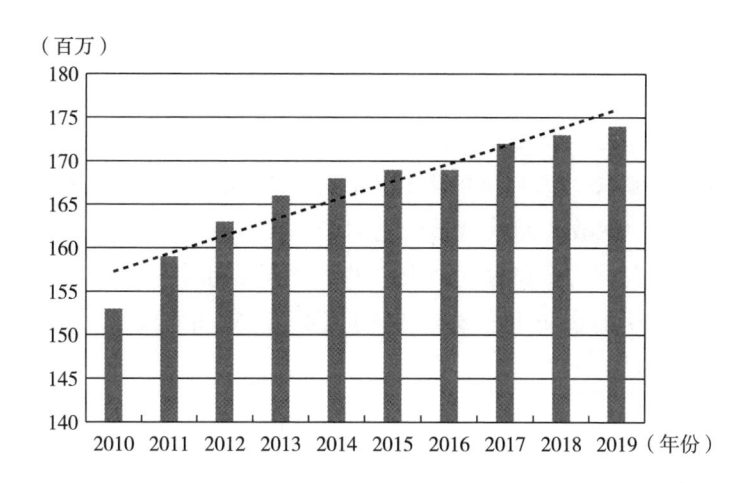

图 3-28 我国外出农民工总体规模及趋势

资料来源：2010—2019 年国民经济和社会发展统计公报。

(三) 我国农村流动人口年龄构成

农村流动人口的流动原因多以务工、工作和经商为主，因此农村流动人口的年龄便产生了高度的集中，以劳动年龄人口为主。从表 3-58 可以看到，我国农村流动人口的年龄多集中于 16—44 岁的劳动年龄。2011—2017 年，16—44 岁的农村流动人口占总体农村流动人口的比重均在 80% 左右，但总体呈现出下降的趋势。在保留一位小数之后，15 岁及

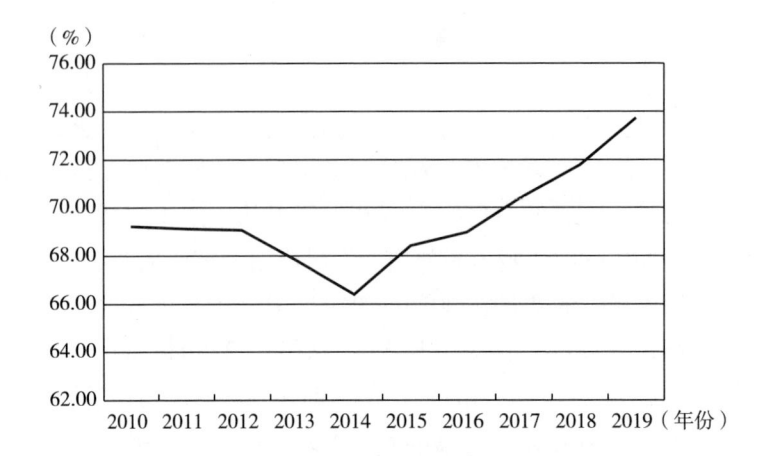

图 3-29　我国外出农民工数量占总体流动人口的比重

资料来源：2010—2019 年国民经济和社会发展统计公报。

以下农村流动人口在总体农村流动人口中的占比微不足道，该年龄阶段的人口以学生为主，这说明在农村流动人口中，子女随迁的农村流动人口占极少数，绝大多数农村流动人口的子女留守家中。45—59 岁的劳动年龄人口比重和 60 岁及以上的人口占比不断增加，这说明越来越多的农村人口从土地中解放，涌入城镇，同时也从侧面说明了我国人口老龄化程度越来越严重。我国农村流动人口的平均年龄和中位数年龄均有一定的增加，平均年龄在 2011—2017 年增长了三岁，中位数年龄在 2011—2017 年增长了两岁。

表 3-58　　　　　　　　　我国农村流动人口年龄构成

年龄分布	2011 年	2015 年	2017 年
15 岁及以下（%）	0	0.1	0
16—44 岁（%）	88.2	80.7	76.6
45—59 岁（%）	11.8	17.4	20.5
60 岁及以上（%）	0	1.8	2.9
合计（%）	100	100	100
平均年龄（岁）	33	35	36
中位数年龄（岁）	33	34	35

资料来源：2011 年、2015 年、2017 年中国流动人口动态监测调查数据。

"90后"作为新一代的农村流动人口，在农村流动人口中的占比不断增加。从表3-59可以看出，1990年后出生的农村流动人口占总体农村流动人口的比重从2011年的10.2%增加至2017年的23%，年均增长速度约为7.9%。1990年后出生的农村流动人口占16—59岁劳动年龄人口的比重从2011年的10.2%增加至2017年的23.7%，年均增长速度约为8.1%。这说明随着"90后"年龄的增长，他们已经逐步成为农村流动人口中的主力军，在未来，1990年后出生的农村流动人口的占比还将持续增加。

表3-59　　　　　1990年后出生的农村流动人口占比　　　　单位:%

	2011年	2015年	2017年
1990年后出生的农村流动人口占总体农村流动人口的比重	10.2	19.8	23.0
1990年后出生的农村流动人口占16—59岁农村流动人口的比重	10.2	20.2	23.7

资料来源：2011年、2015年、2017年中国流动人口动态监测调查数据。

（四）我国农村流动人口性别构成情况

在我国农村流动人口的年龄构成中，女性逐步打破传统的"女主内，男主外"的认知，越来越多地走出家庭，走向社会。由表3-60可知，从总体来看，2011—2017年我国农村流动人口中男性流动人口均多于女性流动人口。但是，男性农村流动人口占总体农村流动人口的比重不断减少，女性农村流动人口占总体农村流动人口的比重不断增加，二者之间的差距不断缩小。这也反映出夫妻共同流动的增加。

表3-60　　　　　　我国农村流动人口性别构成　　　　　单位：%

性别	2011年	2015年	2017年
男	53.1	53.1	52
女	46.9	46.9	48
总计	100	100	100

资料来源：2011年、2015年、2017年中国流动人口动态监测调查数据。

(五) 我国农村流动人口婚姻状况

农村流动人口的婚姻状况包括已婚、未婚、丧偶和离婚四个类别，其中，已婚群体包括初次结婚和再婚的群体，未婚群体包括从未结过婚和同居的群体。由表3-61可以看出，我国农村流动人口中，已婚农村流动人口占据绝大部分，占总体农村流动人口的比重一直维持在80%左右。相比其他农村流动人口来说，已婚农村流动人口面临着更大的家庭生活压力，尤其对于已婚已育且有双方父母需要赡养的农村流动人口来说，压力更大。因此，这类人群会更倾向于外出务工，以寻找更多的就业机会和更高的工作收入。

表3-61　　　　我国农村流动人口婚姻状况构成　　　　单位：%

婚姻状态	2011年	2015年	2017年
已婚	78.3	79.6	81.4
未婚	20.4	18.2	16.1
丧偶	0.3	0.7	0.8
离婚	1.0	1.5	1.7
总计	100	100	100

资料来源：2011年、2015年、2017年中国流动人口动态监测调查数据。

(六) 我国农村流动人口受教育程度

受限于农村的发展条件和落后的思想，我国农村人口相较于城镇人口受教育程度偏低，文化水平低下。由表3-62可知，2011—2017年，我国农村流动人口多以初中学历为主，虽然占比不断下降，但仍然维持在将近50%的水平。具体来看，2011—2017年，小学学历及从未上过学的农村流动人口的占比没有很大的起伏与变化，为17%—20%；初中学历农村流动人口占比从2011年的59.2%下降至2017年的48.3%，下降幅度明显，但仍然占据农村流动人口的绝大部分；高中、中专和大学专科及以上学历农村流动人口在总体农村流动人口当中的比重不断增加，二者占总体农村流动人口比重之和从2011年的22.1%增加至2017年的31.7%，增加了将近10%。这充分显示出我国农村流动人口群体的受教育水平在不断提升，也从侧面反映出我国农村教育水平的提高和教育结构的完善。

表3-62　　　　　我国农村流动人口受教育程度构成　　　　单位：%

受教育程度	2011年	2015年	2017年
从未上过学	2.1	2.1	3.2
小学	16.6	15	16.8
初中	59.2	55.1	48.3
高中/中专	18.5	20.4	20.6
大学专科及以上	3.6	7.4	11.1
总计	100	100	100

资料来源：2011年、2015年、2017年中国流动人口动态监测调查数据。

（七）我国农村流动人口流动范围

农村流动人口的流动范围大致可以分成市内跨县流动、省内跨市流动以及跨省流动。从表3-63可知，2011—2014年，我国农村流动人口的流动范围均以跨省流动为主，一直维持在50%左右。具体来看，随着流动范围的不断扩大，农村流动人口占总体流动人口的比重是不断增加的。这说明农村流动人口更加倾向于选择更大范围的流动，这不仅是因为在交通和通信不断发展的今天，农村流动人口的流动更为便利，和老家的亲朋好友之间的联系可以更加密切，更是因为，随着流动范围的扩大，可供农村流动人口选择的就业机会就越多，越有可能获得令自己更为满意的工作和薪水，同时发展的空间也更大。

表3-63　　　　　我国农村流动人口流动范围构成　　　　单位：%

流动范围	2011年	2015年	2017年
市内跨县	17.8	19.5	17.4
省内跨市	30.9	29.8	31.5
跨省	51.3	50.7	51.1
总计	100	100	100

资料来源：2011年、2015年、2017年中国流动人口动态监测调查数据。

（八）我国农村流动人口的流出地

通过对农村流动人口的流出地省份进行分析，从图3-30可以看出，2011—2017年，在我国农村流动人口的流出地当中，稳居前三名的省份分别是河南、安徽和四川，其他农村流动人口流出大省还有山东、湖南、湖北、河北和江西。对于农村流动人口流动较多的省份来说，人口流动一方面可能是因为城镇化程度不高，农村人口基数庞大，流动频繁；另一方面可能是由于经济欠发达，农村流动人口为了获取更高的收入而进行流动。农村流动人口流动较少的省份分别是北京、上海、天津，此外还有海南、西藏、新疆、青海、宁夏。对于北京、天津和上海来说，农村流动人口流动较少主要是由于当地经济发达，就业机会众多，同时，城镇化程度较高，农村人口比重较小。而对于新疆、西藏、青海等省份来说，相较于其他人口大省，其人口基数小，农村流动人口流动性也较小。

进一步将省份划分为东部、中部、西部，从图3-31可以看出，2011—2017年，在农村流动人口的流出地当中，中部地区农村流动人口流出最多，西部地区次之，东部地区最少。中部、西部地区经济发展程度不高，农村流动人口为了获得更高的收入水平和更广阔的发展空间，流动频繁。相对于西部地区来说，中部地区人口数量和农村人口数量都较大，成为农村流动人口流出最多的地区。而对于东部地区来说，经济发达，就业机会众多，工资水平相较于其他地区高，从而农村流动人口的流出较少。

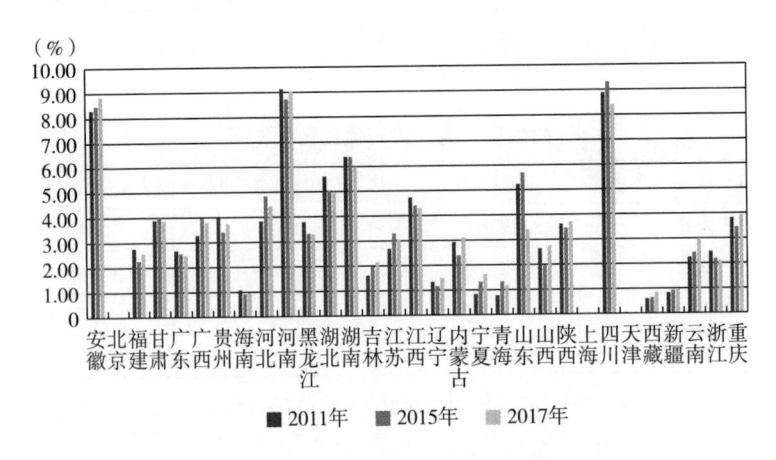

图3-30 我国农村流动人口流出地省份构成

资料来源：2011年、2015年、2017年中国流动人口动态监测调查数据。

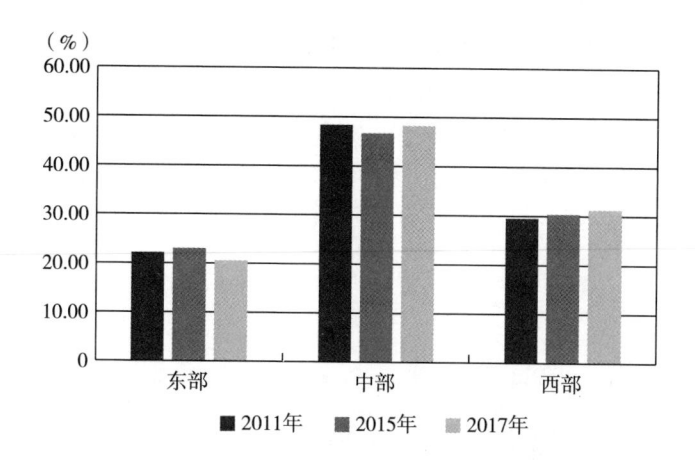

图 3-31　我国农村流动人口来源构成

资料来源：2011 年、2015 年、2017 年我国流动人口动态监测调查数据。

（九）我国农村流动人口的流入地

对农村流动人口的流入地省份进行分析，从图 3-32 可以看出，排名前三的省份分别是广东、浙江和江苏，这三个地区经济发达，工资水平高，产业众多，就业渠道广阔，发展空间大，吸引着众多农村流动人口来此就业。

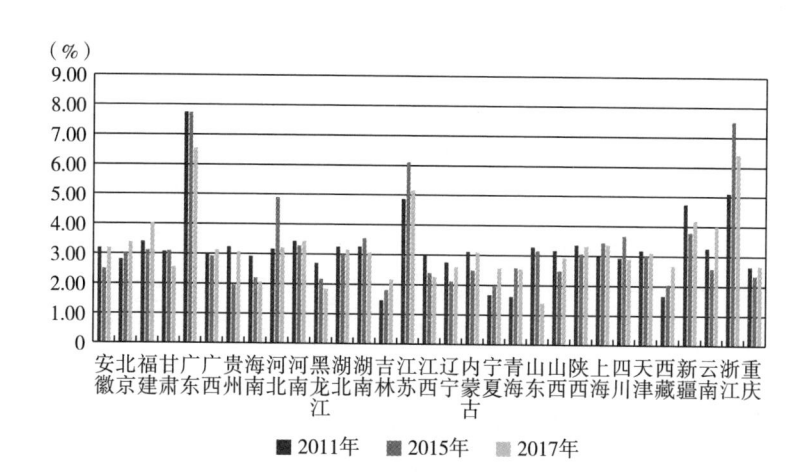

图 3-32　我国农村流动人口流入地构成

资料来源：2011 年、2015 年、2017 年中国流动人口动态监测调查数据。

进一步将不同省份划分为中部、西部，从图3-33可以看出，农村流动人口的流入地以东部地区为主，中部地区与西部地区的农村流动人口占总体流动人口的比重基本持平。这是由于东部地区经济发达，就业机会多，社会发展水平高，吸引着大量的农村流动人口来此就业和生活。而中部、西部地区经济社会发展水平皆不高，难以对农村流动人口产生较大的吸引力。

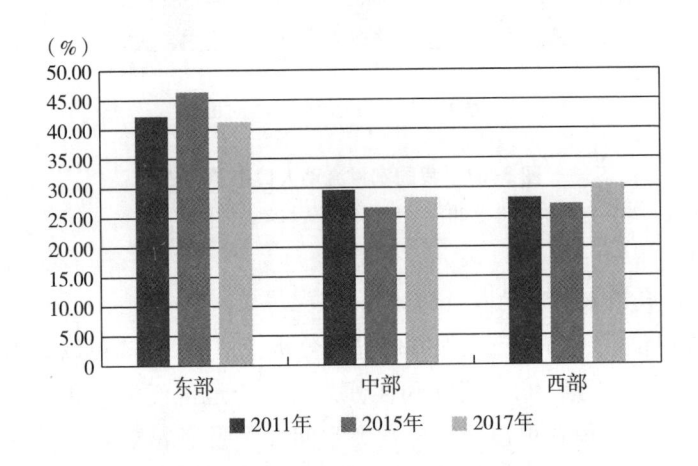

图3-33 我国农村流动人口的流入地构成

资料来源：2011年、2015年、2017年中国流动人口动态监测调查数据。

二 农村流动人口家庭在流入地的消费支出情况

（一）农村流动人口家庭的消费支出

从表3-64可以看出，我国农村流动人口家庭的平均每月总消费支出为3622元，平均每月总收入为6722元，家庭每月人均消费支出为1243元，家庭平均每月住房支出为746元，家庭平均每月总消费支出占总收入的比重为53%，家庭平均每月住房支出占总消费支出的比重为20.6%，平均家庭规模为3.2人。也就是说，农村流动人口家庭的家庭结构多为三口之家。家庭规模与农村流动人口家庭的消费支出也息息相关。一般来看，家庭规模与农村流动人口家庭的平均每月消费总支出呈正相关，与人均每月消费支出呈负相关。在农村流动人口家庭中，家庭收入中有一半用来消费，其中住房消费支出又占据总消费支出的很大一部分，住房压力大、住房难是农村流动人口面临的现实问题。参照全体农村流动人口的消费支出水平,在31个省份(不包括港澳台地区),家庭平均每月总消费支出低于全体农村流动人口家庭平均水平的省份有20个,家庭每月人均消费支出低于全体农村流动人口家庭平均水平的省份有21个,家庭平均每月住房支出低于全体农村流动人口家庭平均水平的省份有18个,家庭平均每月总收入低于全体农村人口家庭平均水平的省份有18个。

表 3-64　　　　农村流动人口家庭的消费支出情况

省份	家庭平均每月总消费支出(元)	家庭每月人均消费支出(元)	家庭平均每月住房支出(元)	家庭平均每月总收入(元)	家庭平均每月总消费支出占总收入的比重(%)	家庭平均每月住房支出占总消费支出的比重(%)	平均家庭规模(人)
安徽	4144	1305	1153	7562	54.8	27.8	3.4
北京	4357	1622	1226	8976	48.5	28.1	2.9
福建	3867	1295	626	7716	50.1	16.2	3.3
甘肃	3262	1073	795	5882	55.5	24.4	3.4
广东	3881	1402	732	7623	50.9	18.9	3.1
广西	3400	1153	718	5824	58.4	21.1	3.3
贵州	3686	1133	694	6256	58.9	18.8	3.7
海南	4088	1306	859	7033	58.1	21.0	3.4
河北	2742	1066	611	5690	48.2	22.3	3.00
河南	3167	1136	871	5919	53.5	27.5	3.1
黑龙江	2877	1172	505	5390	53.3	17.6	2.7
湖北	3940	1213	841	7253	54.3	21.4	3.4
湖南	3808	1296	767	7116	53.5	20.1	3.3
吉林	2944	1185	605	5155	57.1	20.6	2.7
江苏	3670	1250	804	8194	44.8	21.9	3.2
江西	3402	1128	677	7050	48.3	19.9	3.4
辽宁	3101	1226	633	5695	54.5	20.4	2.7
内蒙古	3266	1098	523	5377	60.0	17.9	3.1
宁夏	2922	865	533	5059	49.5	18.2	3.7
青海	3186	1035	615	6209	51.3	19.3	3.5
山东	3752	1229	1020	7678	48.9	27.2	3.2

续表

省份	家庭平均每月总消费支出（元）	家庭每月人均消费支出（元）	家庭平均每月住房支出（元）	家庭平均每月总收入（元）	家庭平均每月总消费支出占收入的比重（%）	家庭平均每月住房支出占总消费支出的比重（%）	平均家庭规模（人）
山西	2687	885	470	4833	55.6	17.5	3.2
陕西	3083	1044	609	5352	57.6	19.8	3.2
上海	4705	1593	1113	10071	46.7	23.7	3.2
四川	3284	1167	684	6030	54.5	20.8	3.1
天津	3429	1116	908	6806	50.4	26.5	3.3
西藏	3086	1632	1187	6184	49.9	38.5	2.2
新疆	2869	994	521	5411	53.0	18.0	3.2
云南	3302	1118	672	6007	55.0	20.4	3.4
浙江	3594	1223	558	7994	45.00	15.5	3.3
重庆	3592	1259	816	6516	55.1	22.7	3.2
总体平均	3622	1243	746	6722	53.0	20.6	3.2

资料来源：2017年中国流动人口动态监测调查数据。

在31个省份中，农村流动人口家庭平均每月总消费支出最高的省份是上海（4705元），这与当地的经济发展水平和高物价是分不开的。家庭平均消费总支出最低的省份是山西（2687元），与上海相差2018元。农村流动人口家庭每月人均消费支出最高的省份是北京（1622元），最低的省份是宁夏（865元），二者之间相差757元。农村流动人口家庭平均每月住房支出最高的省份是北京（1226元），最低的省份是山西（470元），二者之间相差756元。农村流动人口家庭平均每月总收入最高的省份是上海（10071元），最低的省份是山西（4833元），二者之间相差5238元，差距显著。农村流动人口家庭的消费支出和家庭收入与经济发展水平存在一定的联系，总体来看，呈现"东高西低"的现象。

（二）农村流动人口家庭的家庭特征与其家庭消费支出

1. 家庭规模与农村流动人口家庭的消费支出

由表3-65可知，农村流动人口的家庭规模以三口之家和四口之家为主，这两类家庭占据了全体农村流动人口的65.3%。从家庭规模与农村流动人口家庭消费支出的关系来看，随着农村流动人口家庭规模的扩大，家庭平均每月消费总支出增加,家庭每月人均消费支出减少。但是随着家庭规模的扩大,农村流动人口家庭平均每月消费总支出增加的幅度和农村流动人口家庭每月人均消费支出减少的幅度在变小。

表 3-65　　　　家庭规模与农村流动人口的消费支出　　　单位:%,元

家庭规模	占总样本的比重	家庭平均每月总消费支出	家庭每月人均消费支出
1	10.8	2031	2031
2	13.4	2881	1441
3	35.1	3583	1194
4	30.2	3964	991
5	7.3	4261	852
6	2.5	4502	750
7人及以上	0.7	4726	642
总计	100		

资料来源:2017年中国流动人口动态监测调查数据。

2. 家庭流动模式与农村流动人口家庭的消费支出

对2017年中国流动人口动态监测调查数据进行分析,由表3-66可知,在农村流动人口当中,举家流动的农村流动人口占全体农村流动人口的比重为67.1%,家庭化流动已经成为农村流动人口的主要流动方式,大多数农村流动人口实现了在流入地家庭团聚。从表中可以看出,举家流动的农村流动人口家庭的平均每月消费总支出为3491元,非举家流动的农村流动人口家庭的平均每月消费总支出为3483元,相差不大。但从家庭每月人均消费支出来看,举家流动的农村流动人口家庭的人均每月消费支出为1320元,非举家流动的农村流动人口家庭的人均每月消费支出为1039元,二者之间相差281元。相较于举家流动的农村流动人口家庭,非举家流动的农村流动人口家庭中的家庭成员为两地分居,在外流动的家庭成员需要将自己收入的一部分定期通过一定方式给予其他家庭成员,同时,出于对家中留守成员的牵挂,在外流动的家庭成员或许会增加返乡的次数,从而带来一定的返乡成本,这势必会对在外流动的家庭成员的消费产生一定的挤出效应,使整个家庭的平均每月消费总支出低于举家流动家庭的平均每月消费总支出。

表 3-66　不同家庭流动模式农村流动人口家庭的消费支出　　单位：%，元

家庭流动模式	占总样本的比重	家庭平均每月总消费支出	家庭每月人均消费支出
举家流动	67.1	3491	1320
非举家流动	32.9	3483	1039
合计	100		

资料来源：2017 年中国流动人口动态监测调查数据。

(三) 就业与农村流动人口家庭的消费支出

1. 是否工作与农村流动人口家庭在流入地的消费支出

根据 2017 年中国流动人口动态监测调查对流动人口进行的访问："您今年五一节前一周是否做过一小时以上有收入的工作？"如果流动人口的回答为"是"，则视为有工作，回答为"否"，则视为未工作。从表 3-67 可以看出，在农村流动人口当中，目前有工作的农村流动人口占 83%，占据农村流动人口的绝大部分。有工作的农村流动人口家庭的平均每月消费总支出为 3604 元，未工作的农村流动人口家庭的平均每月消费总支出为 3400 元，二者之间相差 204 元。有工作的农村流动人口家庭的每月人均消费支出为 1260 元，未工作的农村流动人口家庭的每月人均消费支出为 1085 元，二者之间相差 175 元。造成这种差距的原因可能是，收入是影响消费的重要因素，消费支出会受限于家庭的收入水平。有工作的农村流动人口家庭的平均每月总收入水平为 6905 元，未工作的农村流动人口家庭的平均每月总收入水平为 5835 元，二者之间相差 1070 元。受到家庭收入水平的限制，未工作的农村流动人口的家庭消费支出明显低于有工作的农村流动人口的家庭消费支出。

表 3-67　按是否工作分类的农村流动人口家庭的消费支出　　单位：%，元

是否工作	占总样本的比重	家庭平均每月总消费支出	家庭每月人均消费支出	家庭平均每月总收入
工作	83	3604	1260	6905
未工作	17	3400	1085	5835
总计	100			

资料来源：2017 年中国流动人口动态监测调查数据。

2. 就业单位性质与农村流动人口家庭的消费支出

在分析农村流动人口的就业单位性质与家庭消费支出时，本书只关注在工作的农村流动人口。由图3-34可知，在农村流动人口的就业单位性质构成当中，比例最高的是个体工商户，占比43.42%；其次是私营企业，占比27.09%；第三位的是无单位的农村流动人口，占比13.54%，这三种就业单位的农村流动人口占比达83.05%。而对于国有及国有控股企业、机关和事业单位以及集体企业，占比分别为3.47%、1.81%、0.95%。从总体来看，农村流动人口所在的就业单位多为稳定性不高、保障性不强的单位。

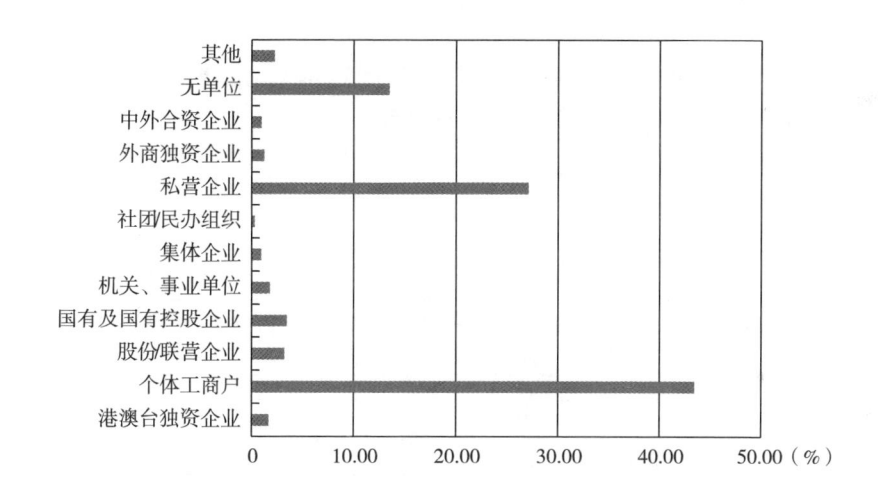

图3-34 农村流动人口的就业单位性质构成

资料来源：2017年中国流动人口动态监测调查数据。

从图3-35进一步看就业单位性质与农村流动人口家庭的消费支出，从家庭平均每月总消费支出来看，最高的是个体工商户，为3915元，最低的是港澳台独资企业，为2683元，二者之间相差1232元。从家庭人均每月消费支出来看，最高的是社团/民办组织，为1425元，最低的是无单位的农村流动人口家庭，为998元，二者之间相差427元。

3. 就业身份与农村流动人口家庭的消费支出

根据2017年中国流动人口动态监测调查数据，就业身份是指农村流动人口的雇用、受雇和自雇情况。由图3-36可知，在有工作的农村流动

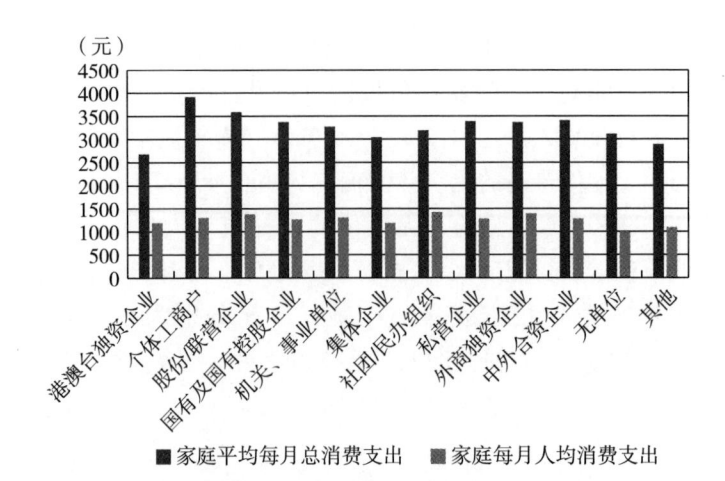

图 3-35　不同就业单位性质农村流动人口家庭的消费支出

资料来源：2017 年中国流动人口动态监测调查数据。

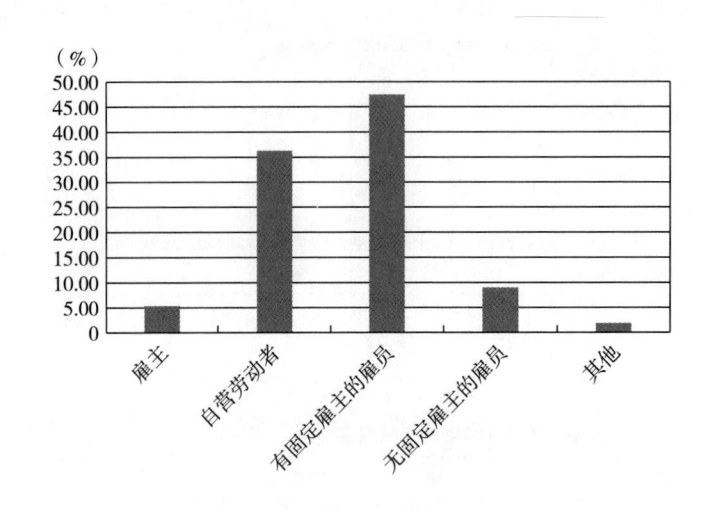

图 3-36　农村流动人口的就业身份构成

资料来源：2017 年中国流动人口动态监测调查数据。

人口中，比例最高的是有固定雇主的雇员，占比 47.45%；第二位是自营劳动者，占比 36.3%；第三位是无固定雇主的雇员，占比 9.02%；第四位是雇主，占比 5.38%；其他就业身份的农村流动人口占比为 1.85%。

从图 3-37 看不同就业身份的农村流动人口家庭的消费支出，对于家庭平均每月总消费支出，最高的是雇主，为 5860 元，最低的是无固定雇主的雇员，为 2915 元，二者之间相差 2945 元。对于家庭每月人均消费支出，最高的是雇主，为 1788 元，最低的是无固定雇主的雇员，为 1003 元，二者之间相差 785 元。这说明农村流动人口工作的稳定性程度更高、自主选择性更大，会有利于增加家庭的消费支出。

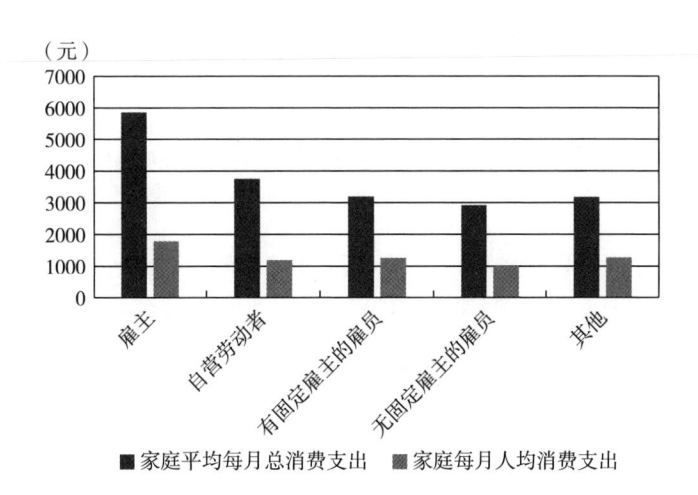

图 3-37　不同就业身份的农村流动人口家庭的消费支出

资料来源：2017 年中国流动人口动态监测调查数据。

三　农村流动人口家庭的消费结构分析

由图 3-38 可知，在农村流动人口家庭的消费支出结构当中，占据前六位的分别是家庭平均每月伙食费，为 1493 元；家庭平均每月租房支出，为 1474 元；家庭平均每月网购花销，为 913 元；家庭平均每月医疗支出，为 776 元；家庭平均每月交通通信花费，为 544 元；家庭平均每月教育培训支出，为 405 元。而用于保健和健身支出、娱乐支出、美容支出等发展型和享受型的消费支出占比很小。

农村流动人口的日常生活离不开衣食住行。"民以食为天"，伙食支出是人们在日常生活当中最为基本但同时也是最重要的消费支出。农村流动人口的家庭平均每月伙食支出为 1493 元，占家庭平均每月总收入的比重为 18.5%，也就是说，农村流动人口家庭平均每月总收入的近 1/5 要用于日常的一日三餐支出。农村流动人口家庭平均每月伙食支出占总

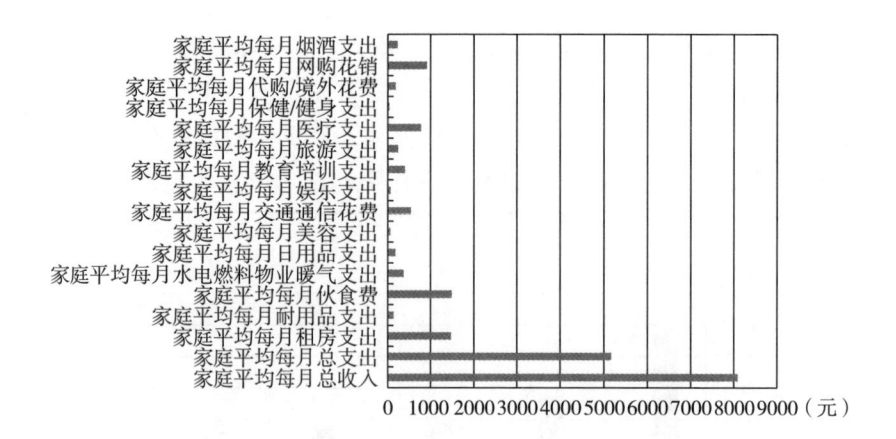

图 3-38　农村流动人口家庭的消费结构分析

资料来源：2017 年中国家庭金融调查数据。

消费支出的比重为 28.9%。住房问题也是农村流动人口在进入流入地以后需要面临的现实问题。农村流动人口在流入地大多没有自有住房，大多居住在单位住房或自己租房。农村流动人口家庭平均每月租房支出占家庭平均每月总收入的比重为 18.2%，也就是说，同家庭平均每月伙食支出一样，家庭平均每月总收入的近 1/5 要用于租房支出。随着互联网技术的发展，智能手机成了人们的标配，上网也成了人们的必学技能之一。互联网技术的发展推动了网购的出现，基本每个家庭都会网络购物，家庭平均每月网购花销占家庭平均每月总收入的比重为 11.3%。同时，随着互联网技术的发展，人们上网会产生相应的费用，加上农村流动人口上班或返乡等的交通支出，农村流动人口平均每月交通通信花费占家庭平均每月总收入的比重为 6.7%。以上四种消费支出，便占据了农村流动人口家庭消费总支出的绝大部分。家庭的教育培训支出体现出一个家庭对教育的重视程度，也是提升家庭人力资本的重要途径；主要包括两部分，一部分是子女的教育培训支出，另一部分是家庭成员用于自我提升的教育培训支出。农村流动人口家庭平均每月教育培训支出占家庭平均每月总收入的比重为 5%。农村流动人口家庭平均每月的医疗支出占家庭平均每月总收入的比重为 9.6%。

四　农村流动人口家庭与城镇流动人口家庭的消费支出比较

从图 3-39 对农村流动人口家庭和城镇流动人口家庭的比较可以看

出,无论是家庭平均每月支出还是家庭平均总收入,城镇流动人口家庭均高于农村流动人口家庭。具体来看,城镇流动人口家庭平均每月总收入为 8487 元,农村流动人口家庭平均每月总收入为 6722 元,二者之间相差 1765 元;城镇流动人口家庭平均每月总消费支出为 4391 元,农村流动人口家庭平均每月总消费支出为 3362 元,二者之间相差 1029 元;城镇流动人口家庭平均每月人均消费支出为 1715 元,农村流动人口家庭平均每月人均消费支出为 1243 元,二者之间相差 472 元;城镇流动人口家庭平均每月住房支出为 1083 元,农村流动人口家庭平均每月住房支出为 746 元,二者之间相差 337 元。

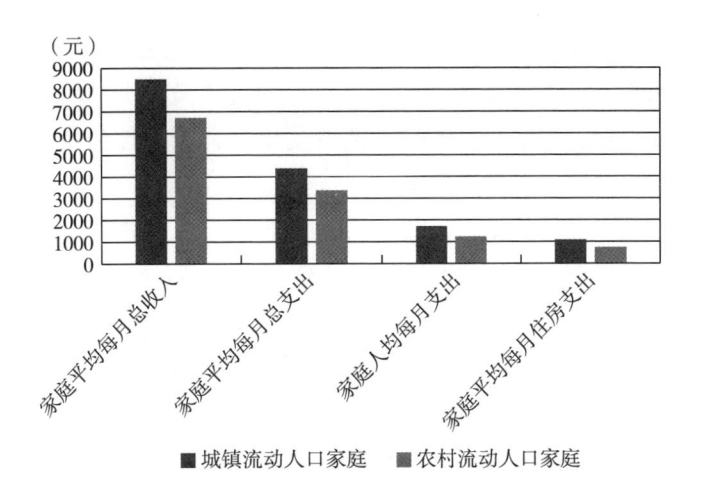

图 3-39 农村流动人口家庭与城镇流动人口家庭的消费支出比较

资料来源:2017 年中国流动人口动态监测调查数据。

第五节　本章小结

本章从家庭消费的总体状况及异质性、家庭资产债务持有情况与家庭消费、数字经济下的家庭消费、流动人口的消费四个方面对微观家庭消费行为的特征进行了分析。通过分析,有如下发现:

第一,我国居民消费总量以及人均居民消费支出不断增加,居民消费结构也呈升级趋势，居民消费对经济增长的驱动作用越来越强，但不同群体之间的消费存在一定的差异性。从户主个人层面来看，女性户主、青年户主、非农户口户主、已婚或同居的户主、未就业的户主以及受教育程度更高、健康状况更好的户主，家庭消费支出相对更高，总体来看，享受型消费支出占比更高，消费结构更为合理；从家庭层面分家庭规模和社会保障程度看，家庭规模越大，消费支出越高，但享受型消费支出占比越低。家庭受社会保障的程度越高，家庭总消费支出及享受型消费支出占比越高；分地区来看，经济越发达的省份消费支出及享受型消费占比更高，因此东部地区的居民消费水平更高；从不同收入的家庭来看，收入与消费支出正相关，且收入越高，消费结构越合理。

第二，从户主个人特征、家庭受保障程度、家庭所在省份及地区、家庭收入水平、是否受流动性约束对家庭的资产及债务持有情况进行统计，从总体来看，家庭总资产高，消费支出高，流动性约束就可以在一定程度上得到缓解，促进消费支出。

第三，数字经济条件下，互联网家庭相比非互联网家庭，更有可能受到网络上先进的消费观念的影响，消费支出更高，消费结构更为合理；对于互联网家庭来说，家庭上网人数越多，越有利于促进消费支出的增加和消费结构的改善；网络购物作为互联网技术发展的产物，也对家庭消费产生了影响，有网购的家庭以及网络购物更为频繁的家庭，消费支出更高。

第四，以农村流动人口为主要研究对象，发现流入经济发展水平更高地区、家庭规模越大且举家流动、就业稳定程度越高的农村流动人口家庭消费支出更高，但发展型及享受型消费支出仍然相对较低，消费结构需要进一步改善。同时，农村流动人口与城镇居民的消费支出之间仍存在很大的差距。对不同群体的消费支出及结构进行分析，可以针对消费不足的群体提出更为具体的有利于促进消费的举措，释放全体居民的消费潜力。

第四章 家庭异质性消费行为的理论框架

在经典的消费经济理论中，无论绝对收入假说，还是以生命周期总效用最大化为前提进行跨期决策的生命周期—持久收入假说，以及后来引入不确定性后的预防性储蓄理论，虽然逐步实现了对现实世界的接近，但仍都是在同质性框架之下。换句话说，这些理论所描述的都是典型的理性消费者。现实中的消费者并不都是单一的，他们的资源禀赋不同，时间偏好也有差异，在此基础上进行的消费行为决策就一定是异质性的。因此，同质性消费行为理论模型并不能很恰当地描述现实世界，需要对其进行异质性方面的拓展。当然，异质性消费行为理论是在同质性消费行为理论基础上的进一步发展。作为后续实证章节的铺垫，本章将在同质性消费行为理论基础上，拓展建立能够描述不同消费行为的异质性模型，以期在学术价值与应用价值方面使消费行为模型对现实世界的解释更进一步。

第一节 同质性消费行为理论模型

在新古典经济学消费者效用最大化的基础上，生命周期—持久收入假说使用跨期最优的决策框架，创造性地引入了储蓄行为的生命周期动机，从而重建了宏观经济学的微观基础。其认为消费者根据整个生命周期内的全部预期收入来安排自己的消费支出，从而消费具有了平滑性，这样可以使消费者一生的效用最大。而若暂时性收入或当期收入不足以支付支出，那么完美的资本市场可以通过提供消费信贷以解决这一难题；反之，当暂时性收入用于消费支出后有富余，则可以通过储蓄将多余的收入后移消费。这样，我们在跨期效用最大化及资源约束下的消费行为模型如下。

考虑预期寿命为 T 的消费者效用最大化形式与其约束方程，为：

$$\max E_t \Big[\sum_{t=0}^{T} \beta_i^t U(C_t) \Big]$$

s.t. $A_{t+1} = (1+r_{t+1})(A_t+Y_t-C_t)$ （4-1）

$Y_{t+1} = Y_t \varphi_t$

式（4-1）中，E_t 表示期望，是消费者根据时期 t 所有信息作出的对未来的预期，此处假设消费者是前瞻的，有足够的信息能够洞察或知晓将来可能发生的所有支出；$U(C_t)$ 是 t 期消费 C_t 的效用函数，为增函数，即 t 期消费越多，消费者的效用越大。然而，消费者并不是依靠当期的效用进行决策。β_i 为主观折现因子，其在数值上可以理解为 1/(1+贴现率)，取值区间为（0, 1）。加总函数表示从 t 期开始至寿命结束，期间各期消费所获得的效用的总和，其中主观折现因子的存在价值在于，对未来各期可能的消费所获得的效用进行折现后再加总。而 max 的含义为消费者做出决策时的 t 期及今后各期折现后所获得的效用总和的最大化，即决定消费者决策的是剩余寿命中各期消费所获得的效用，并非当期消费水平和当期效用，这充分体现了蕴含在生命周期模型中的消费平滑思想。

约束方程中，Y_t 是 t 期的劳动收入，可以理解为持久收入。持久收入本身就剔除了收入的暂时性变动及意外影响，比如并不包括意料之外的收入，而是长期的、可维持的收入。相邻两期之间的劳动收入有一个冲击 φ_t，为期望为 0、方差为 1 的独立同分布；A_t 是 t 期期初的可用资产，r_t 是 t 期利率。资产运动方程表明，$t+1$ 期的资产为 t 期资产与 t 期收入加总；去掉 t 期消费之后，再考虑利率之后的金额，是消费者除了收入可以通过变现用于消费的资产。

当消费选择达到最优时，符合以下欧拉方程：

$$U'(C_t) = \beta_i^t E_t [(1+r_t) U'(C_{t+1})]$$ （4-2）

式（4-2）表明，所有消费者的消费决策要达到或满足如下条件，即 t 期的边际效用与 $t+1$ 期所代表的下一期预期消费边际效用的折现值相等。或者说，式（4-1）表明了消费行为的总体原则，即剩余寿命效用的最大化，而式（4-2）则为具体到某一期或相邻两期的选择。此时，t 期现期消费还是 $t+1$ 期将来消费，取决于边际效用之间的比较，当 t 期现期消费带来的边际效用与 $t+1$ 期将来消费边际效用折现值相等时，消费者两期的效用之和达到了最优。此为消费者最优的跨期选择范式。

在不确定性被引入消费理论之后，一般认为消费者是谨慎的、风险厌恶的，表现为其效用函数跨期可加，且一阶导数大于零、二阶导数小于零、三阶导数大于零，此时不确定性的增加提高了消费的预期方差，当边际效用为凸时，隐含着较高的预期边际效用，即将来消费的效用更高。这样，消费者选择将目前的收入及资产储存起来用于将来消费，较高的不确定性带来了较多的储蓄，而由不确定性所引致的储蓄即为预防性储蓄。预防性储蓄的各类模型一定程度上解释了为何有大量延迟消费的问题。

上述消费选择模型，无论是基于生命周期及持久收入，还是引入不确定性，都是向着诠释现实经济行为目标的一种尝试。然而，它们所描述的消费行为本质上仍然是典型消费者的行为，是同质的。通俗来讲，同质性模型认为只存在这样一类人，他们在跨期最优的基础上所作出的消费行为选择也都是一致的。

第二节 家庭异质性消费行为理论模型的构建

一 异质性消费行为基本模型

现实世界中，消费者是多种多样的，上述同质性消费行为理论模型并不能很恰当地描述现实世界，需要对其进行异质性方面的拓展。当然，考虑到分析的难度，我们先根据偏好的不同把异质性消费者分为两种，即这两种消费者的决策行为方程是不同的。

式（4-1）中，β_i 为主观折现因子，其在数值上可以理解为 1/（1+贴现率），取值区间为（0，1），在消费经济理论中普遍被用来表征消费者的时间偏好，反映消费者耐心程度，还可以应用于跨期效用的折现，进而识别异质性消费者（Carroll et al.，2017；甘犁等，2018）。也就是说，一部分消费者缺乏耐心，偏好提前消费；相较而言，另一部分消费者耐心充足，偏好延期消费，进而，由主观的耐心程度和时间偏好所带来的消费行为是异质性的。

也正因如此，本书根据主观折现因子 β_i 的差异，将消费者初步分为有耐心、缺乏耐心两种类型，如图 4-1 所示。

```
主观折现因子     有耐心的消费者 ── 倾向于延迟消费
   的差异     缺乏耐心的消费者 ── 倾向于当期消费
```

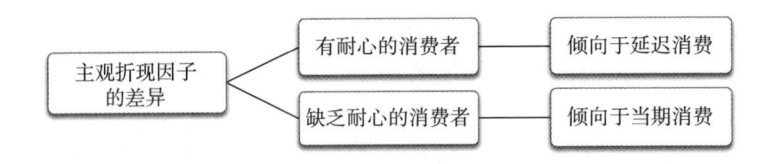

图 4-1　异质性消费者的初步分类

有耐心的消费者主观折现因子 β_1 较高，倾向于延迟消费，他们的消费行为方程式（4-3）所示：

$$\max E_t \Big[\sum_{t=0}^{T} \beta_1^t U(C_t) \Big]$$
$$\text{s.t. } A_{t+1} = (1+r_{t+1})(A_t+Y_t-C_t) \tag{4-3}$$
$$Y_{t+1} = Y_t \varphi_t$$

其消费最优时的欧拉方程为：

$$U'(C_t) = \beta_1^t E_t \big[(1+r_t) U'(C_{t+1}) \big] \tag{4-4}$$

而缺乏耐心的消费者主观折现因子 β_2 较低，更倾向于当期消费。他们的消费行为决策方程式（4-5）所示：

$$\max E_t \Big[\sum_{t=0}^{T} \beta_2^t U(C_t) \Big]$$
$$\text{s.t. } A_{t+1} = (1+r_{t+1})(A_t+Y_t-C_t) \tag{4-5}$$
$$Y_{t+1} = Y_t \varphi_t$$

其消费最优时的欧拉方程为：

$$U'(C_t) = \beta_2^t E_t \big[(1+r_t) U'(C_{t+1}) \big] \tag{4-6}$$

也就是说，主观折现因子的差异，使两类消费者的决策方程出现异质性，式（4-4）描述了有耐心的消费者的行为范式，而式（4-6）描述了缺乏耐心消费者的行为范式。

二　引入禀赋流动性之后的再拓展——基于家庭债务的视角

当然，消费决策的做出不仅受到主观折现因子的影响，也基于综合规划了的收入、资产等禀赋因素（甘犁等，2018），而这些因素一定程度上可由受流动性约束的情况反映出来。相比较而言，收入较低、资产存量较低的消费者，受流动性约束的概率是较高的，而资本市场现实中并不是完美的，从而消费者不一定能在有需要时借助于消费信用顺利补充流动性，流动性约束的存在也就不可避免地会导致消费者支出的减少。

在上述基本模型的基础上，本书试图将主观折现因子与客观的流动性约束状况相结合，将异质性消费者进一步界定，即有耐心的消费者会面临受流动性约束、不受流动性约束两种情况，而缺乏耐心的消费者同样也有受流动性约束、不受流动性约束两种情况，从而可以进一步将异质性消费者分为有耐心且不受流动性约束、有耐心且受流动性约束、缺乏耐心且不受流动性约束、缺乏耐心且受流动性约束四种类别（见图4-2）。

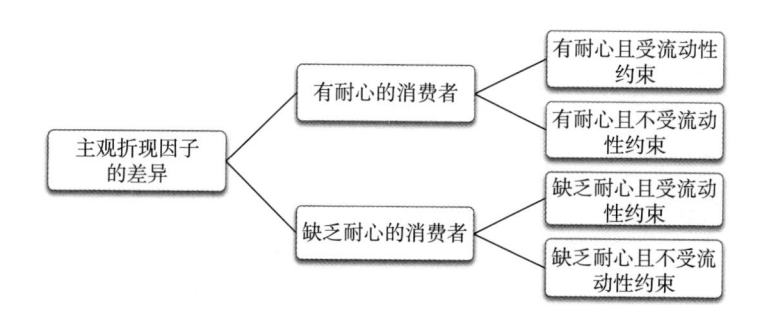

图4-2　异质性消费者的进一步分类

不受流动性约束的两类消费者，仍然会分别维持式（4-3）或式（4-5）的消费行为模型。而受流动性约束的两类消费者，其消费行为模型变为式（4-7）的形式：

$$\max E_t \left[\sum_{t=0}^{T} \beta_i^t U(C_t) \right]$$

s.t. $A_{t+1} = (1+r_{t+1})(A_t+Y_t-C_t)$ （4-7）

$Y_{t+1} = Y_t \varphi_t$

$C_t \leq A_t, \ i=1, 2$

可以看出，消费者主观折现因子不同、是否受流动性约束，同时关系着消费者的跨期决策行为，即虽然效用最大化的原则与资产运动方程不变，但若当期消费受限于当期可用资产，会改变总体的消费行为路径，从而受流动性约束的消费者，其行为很大可能会与不受流动性约束的消费者不同。消费信用是缓解流动性约束最有效的方式。而是否受流动性约束，都可能会因补充流动性这一理由去借债，当然，受流动性约束的消费者其借债的动机与比例不可避免地会较高一些。当负债时，消费者的可用资产发生变化,当期流动性得以补充,从而干预并影响了消费行为,有助于保持生命周期内消费的平滑。

这样,对于未负债的消费者,仍然维持式(4-3)或式(4-5)、式(4-7)的消费范式。而对于负债的、不受流动性约束的消费者,假设其在 t 期借债一次,债务金额为 ZWV_t,$t+1$ 期及以后各期归还,其消费行为模型变为式(4-8)的形式:

$$\max E_t \Big[\sum_{t=0}^{T} \beta_i^t U(C_t) \Big]$$
$$\text{s.t.} \ A_t = (1+r_t)(A_{t-1}+Y_{t-1}-C_{t-1})$$
$$A_{t+1} = (1+r_{t+1})(A_t+Y_t+ZWV_t-C_t) \quad (4-8)$$
$$A_{t+2} = (1+r_{t+2})[A_{t+1}+Y_{t+1}-H_{t+1}(ZWV_t, r_t)-C_{t+1}]$$
$$Y_{t+1} = Y_t \varphi_t, \ i=1, 2$$

式(4-8)中,$H_{t+1}(ZWV_t, r_t)$ 是 $t+1$ 期所需要归还的债务额,是 t 期所借债务 ZWV_t 与利率 r_t 的函数,即负债后约束方程发生了变化,消费者在 $t+1$ 期期初能够用于消费的可用资产增加了 t 期所借的债务 ZWV_t,然而在 $t+2$ 期期初能够用于消费的可用资产却减少了所需要归还的债务额 $H_{t+1}(ZWV_t, r_t)$。

对于负债的、受流动性约束的消费者,其消费行为模型变为式(4-9)的形式:

$$\max E_t \Big[\sum_{t=0}^{T} \beta_i^t U(C_t) \Big]$$
$$\text{s.t.} \ A_t = (1+r_t)(A_{t-1}+Y_{t-1}-C_{t-1})$$
$$A_{t+1} = (1+r_{t+1})(A_t+Y_t+ZWV_t-C_t) \quad (4-9)$$
$$A_{t+2} = (1+r_{t+2})[A_{t+1}+Y_{t+1}-H_{t+1}(ZWV_t, r_t)-C_{t+1}]$$
$$Y_{t+1} = Y_t \varphi_t,$$
$$C_t \leq A_t, \ i=1, 2$$

由上可知,加入家庭债务之后,约束方程发生了改变,消费路径也发生了改变。借债可以充盈当期的可用资产,然而会挤出下一期的可用资产,同时,还债的预期也会驱使人们节俭。这样来看,是否借债使消费者的行为产生差异。这也进一步验证了,消费者主观折现因子不同、是否受流动性约束,同时关系着消费者的跨期决策行为。后面的章节将以以上异质性消费行为模型为基础,基于不同的视角展开实证检验。

第五章　债务家庭的异质性消费行为研究

党的十九大报告指出，我国社会的主要矛盾已从"人民日益增长的物质文化需要同落后的社会生产之间的矛盾"转变为"人民日益增长的美好生活需要和不平衡不充分的发展之间的矛盾"，这一转变体现出我国居民家庭的消费需求、消费观念发生了改变。同时，居民家庭资产组合结构也在发生着变动，比较突出的表现即家庭债务的逐年攀升。家庭债务有通过正规融资渠道获取的银行贷款，也有通过典当等方式获取的民间借贷。2019 年 11 月，中国人民银行发布的《中国金融稳定报告》显示，2018 年年底我国住户部门债务规模达 47.9 万亿元，是 2008 年的 7 倍。其中，个人住房贷款余额占住户部门贷款余额的比例逐年攀升，2018 年已达 53.9%；短期消费贷款经历了 2017 年逐月高速增长后，在 2018 年增速有所回落，但仍维持在 28%—40.1% 的较高区间。在家庭债务如此高速的增长下，当前我国住户部门的债务风险是否可控呢？《中国金融稳定报告》指出，我国住户部门的杠杆率从 2008 年的 17.9% 增长为 2018 年年末的 60.4%，虽然债务收入比增长迅速，但偿债比率目前处于国际平均水平。可见，住户部门贷款违约风险较低，当前的债务风险总体是可控的。按照生命周期理论的解释，家庭在生命周期的不同阶段有着不同的收入水平、消费倾向和消费意愿，在现实生活中，并非每个阶段的家庭收入水平都可以完美支持其消费意愿，不免在个别阶段会发生流动性约束的状况。一方面，家庭债务能够在一定程度上平滑家庭的消费支出；另一方面，偿债行为和偿债预期又可能会挤出消费。因此，家庭债务对消费的影响是不确定的。在债务风险整体可控的前提下，家庭债务能否发挥对于消费支出的总体带动作用？负债初期的效应如何？不同类型的家庭债务，对于消费支出总量、消费结构又分别存在怎样的差异性影响，异质性家庭中情形又如何？进一步地，当债务负担程度不同时，家庭债务与消费支出之间的关系是否是非线性的？这都将是本章研究的主要内容。厘清这些问题，将有助于在风险可控的前提下释放居民消费潜力，进而促进我国家庭生活质量、幸福水平的提高和国民经济的良性发展。

学者在家庭债务规模和消费支出关系的理论和实证上均进行了丰富的研究。然而，大部分文献仍是基于同质性分析框架下家庭债务规模或债务种类与居民消费总量之间的分析，缺乏异质性理论框架下较为系统的研究。理论上，尽管所有家庭都有可能面临流动性约束，低收入家庭受流动性约束的概率远大于高收入家庭（甘犁等，2018），这种家庭的禀赋差异会带来异质性的消费行为。从另一个维度看，不同的债务类型所缓解的家庭消费约束又是不同的，所促进的消费支出类型也应该不同。由此，建立一个异质性行为分析框架尤为重要（Rubaszek and Serwa，2014）。近几年，我国最终消费对经济增长的贡献率均已过半，然而居民消费率却一直徘徊在40%上下。进一步激发居民消费潜力、增强消费对经济发展的基础性作用，需要更加注重消费的持续性与结构升级。因此，深入剖析家庭是否负债、债务规模与消费支出总量及消费支出结构的相应关系，对于进一步明确我国住户部门融资市场的发展方向、提升消费金融服务质效，从而助力解决我国社会的主要矛盾，有重要的意义和价值。

基于以上问题，我们使用中国家庭追踪调查（CFPS）2016年与2018年的面板及截面数据，在异质性消费者框架下分析家庭是否负债、债务规模与家庭消费支出总量及消费结构的关系。研究发现，不论是在总体样本还是异质性样本中，负债家庭的消费支出均高于未负债家庭，消费结构也都体现出升级特征。在债务家庭样本中，既不受流动性约束又缺乏耐心的债务家庭、有多种类别债务的家庭，其债务规模对消费支出的边际影响较大。考虑债务负担，当家庭浅度债务规模维持在流动性财富水平以上、债务的总体规模维持在总财富的7%—20%时，边际影响较大。分债务类别来看，住房借款在借入初期的效应较高，住房贷款、亲友及民间借贷则反之，其他银行贷款促进消费升级的路径更明显。本章的政策含义是，提升重点群体的收入与保障水平，适度降低信贷门槛、提升信贷额度、扫除信贷盲度，提高家庭金融的便捷性，都有利于提升居民消费。

第一节 理论分析与计量模型设定

上一章中，我们建立了家庭异质性消费行为模型，发现消费者主观折现因子不同、是否受流动性约束，同时关系着消费者的跨期决策行为。而在加入家庭债务之后，约束方程发生了改变，消费路径也发生了改变。借债可以充盈当期的可用资产，然而却会挤出下一期的可用资产，同时，还债的预期也会驱使人们节俭。所以，家庭负债对于消费支出既有直接影响，又有潜在影响；既可能会促进消费支出，也可能会挤出消费支出。其净影响值得本章通过实证检验进行深入研究。考虑到截面数据中全体消费者的折现因子可以在当期保持不变，样本中又包括了生命周期各个阶段的消费者，也包括了家庭负债的各种情形和阶段，从而一定程度上保证了分析的典型性。然而，面板数据因能提供更多个体动态行为的信息，能有效解决遗漏变量的问题。因此，后文将会把截面分析与面板分析相结合，共同进行因果关系的估计检验。结合上述理论分析，考虑预算方程中的影响因素，并借鉴许桂华（2013）的做法，得到考察家庭消费行为的基准面板计量方程如式（5-1）、式（5-2）所示：

$$\ln C_{it}=\alpha_0+\alpha_1\ln NA_{it}+\alpha_2\ln Y_{it}+\alpha_3 ZW_{it}\cdot\ln ZWV_{it}+Z_{it}+\varepsilon_{it} \quad (5-1)$$

$$\ln C_{it}=\alpha_{01}+\alpha_{1k}\ln NA_{it}+\alpha_{2k}\ln Y_{it}+\alpha_{3k}ZW_{it}\cdot\ln ZWV_{it}+Z_{it}+\varepsilon_{it} \quad (k=1,2,3,4)$$
$$(5-2)$$

式（5-1）用于总体样本的分析，式（5-2）用于四个异质性样本的分析。$\ln NA_{it}$ 代表 i 家庭 t 年度的对数净资产，Z_{it} 代表人口统计学变量，ZW_{it} 代表家庭是否负债的虚拟变量。截面分析的计量方程去掉时间维度即可。

综上，当时间偏好、受流动性约束情况存在差异时，理论上消费行为会呈现异质性分化；而在时间偏好、受流动性约束情况相同的群体内部，负债的消费者因面临着不同的预算约束，消费支出及消费结构可能会异于未负债的消费者。因此，家庭是否负债、家庭债务规模对消费总量、消费结构的影响及其异质性特征均有待实证剖析。后文的实证策略如下：一是验证家庭是否负债这一特征，是否会带来消费支出总量的提升与消费支出结构的升级，并进一步验证异质性群体的组间差异，以及家庭负有不同类别债务时的情况；二是检验不同群体中家庭债务规模对于消费支出总量的影响,并试图回答流动性约束是否调节了家庭债务的消费效应;三是将家庭债务负担的相对程度考虑进来,研究家庭债务规模对消费支出是否存在非线性的作用。

第二节 数据及变量选取

本章使用的数据来自北京大学中国社会科学调查中心执行的中国家庭追踪调查(China Family Panel Studies,CFPS)公布的 2016 年、2018 年第四、第五轮调查数据(以下简称 CFPS2016、CFPS2018)。去除各种关键变量缺失或者无效的数据后,从 CFPS2018 共得到 9370 户截面数据,涵盖了除港澳台及西藏之外的其他 30 个省份。在对 CFPS2018 做物价平减处理后,与 CFPS2016 匹配合并共得到 6050 户平衡面板数据。由于本章重点关注债务家庭的异质性消费行为,因此,就家庭消费支出、家庭债务、家庭收入及其他控制变量的选取做出如下说明。

一 家庭消费支出

家庭消费支出包括由原始的月度数据转化为年度数据的伙食费、邮电通信费、水费、电费、燃料费、本地交通费、日用品费、房租支出,以及年度数据衣着消费、文化娱乐支出、旅游支出、取暖费、物业费、住房维修费、汽车购置费、交通通信工具费、家具耐用品支出、教育培训支出、医疗支出、保健支出、美容支出、商业性医保支出、其他支出,共计 23 项。同时,参照潘敏、刘知琪(2018)的分类,本章进一步将家庭消费支出分为生存型消费支出、享受型消费支出和发展型消费支出。生存型消费支出为衣食住行的各类支出,包括由原始的月度数据转化为年度数据的伙食费(刨除掉外出就餐费)、邮电通信费、水费、电费、燃料费、本地交通费、日用品费、房租支出,以及年度数据衣着消费、取暖费、物业费、住房维修费,共计 12 项。享受型消费支出包括外出就餐费、汽车购置费、交通通信工具费、家具耐用品支出、文化娱乐支出、旅游支出、美容支出,共计 7 项。发展型消费支出包括教育培训支出、医保外医疗支出、保健支出、商业性医保支出 4 项。

二 家庭债务、收入与资产

按照 CFPS 数据采集规则,本章将家庭债务规模相应分为四个部分,即待偿住房贷款（$ZWVhl$）、因购房或装修的借款（$ZWVhb$）、待偿其他贷款（$ZWVol$）、待偿亲友及民间借贷（$ZWVff$）。家庭收入是过去12个月各项收入的合计。家庭总资产包括住房资产、实物资产、金融资产、债权四大类，其中，住房资产指包括家庭所有住房的总价值，实物资产包括耐用消费品总价值与农用机械总价值，金融资产包括现金及银行存款、金融产品的总价值。家庭净资产为家庭总资产扣除家庭债务规模。

三 控制变量

参考以往文献，本章选取了有关家庭特征的变量、有关户主特征的变量及省市虚拟变量，其中一部分是连续型变量，另一部分是离散型变量。关于流动性约束指标，这里借鉴了 Zelds（1989）关于流动性约束的界定，若家庭总资产低于家庭两个月的收入，则家庭消费就是受到了流动性的约束。考虑到资产变现的成本及难易程度，进一步借鉴臧旭恒、张欣（2018）的做法，选取流动性较强的资产，即现金及存款、金融产品作为家庭流动性资产的考察指标。也就是说，若家庭流动性资产小于等于家庭两个月的收入，则家庭就是受流动性约束的。CFPS2018 中受流动性约束的有 4294 户，其家庭流动性资产与两个月收入差值的样本分散程度较高（均值为 -7055，标准差为 9687），可知流动性约束程度高低不一，这里借鉴多数文献中对受教育程度赋值的做法，也对流动性约束程度进行了赋值，具体方法是，不受流动性约束的家庭强度赋值为 0，而受流动性约束的家庭将按上述差值的绝对值，由小至大分别赋值 1—7，以期近似地考察流动性约束强度。这样，流动性约束强度从 0 到 7，由无变有，由弱变强。

取 CFPS2016、CFPS2018 两期面板数据总样本和两期均负有债务的家庭样本，各主要变量描述性统计如表 5-1 所示。

表 5-1　　数据描述性统计

变量名		总样本		债务家庭样本		备注
		均值	标准差	均值	标准差	
家庭消费支出	C	61874.62	79269.82	74128.61	79643.75	
生存型消费支出	$Cscx$	35262.66	35262.66	40494.53	45139.89	
享受型消费支出	$Cxsx$	13960.69	53470.02	18123.37	45195.54	
发展型消费支出	$Cfzx$	11383.16	20766.41	13994.14	21835.82	

续表

变量名		总样本		债务家庭样本		备注
		均值	标准差	均值	标准差	
家庭收入	Y	62382.37	86921.43	71080.52	100251.7	
家庭总资产	TA	625634.9	1994340	678662.4	1625438	
家庭净资产	NA	572879.1	1967986	534528.2	1556957	
家庭是否负债	ZW	0.38	0.49	1	0	是为1，否为0
家庭债务规模	ZWV	52755.75	178724.80	148891.9	252479.5	
户主年龄	age	49.73	9.01	48.63	9.06	
户主受教育程度	edu	1.64	0.93	1.64	0.98	户主的最高学历，按阶段分别赋值
户主性别	$gender$	0.70	0.46	0.71	0.45	男为1，女为0
户主婚姻	$marry$	0.91	0.29	0.92	0.27	户主在婚或同居状态为1，离婚/丧偶/未婚状态为0
户主户口	hk	0.26	0.44	0.23	0.42	非农为1，农为0
户主是否在工作	$employ$	0.86	0.35	0.89	0.31	是为1，否为0
户主是否参加养老保险	yl	0.64	0.48	0.69	0.46	是为1，否为0
户主是否参加医疗保险	yb	0.94	0.24	0.94	0.24	是为1，否为0
户主健康程度	he	2.91	1.21	2.83	1.22	由不健康至非常健康，赋值依次为1—5
户主对生活的满意程度	se	3.75	1.03	3.67	1.07	
户主对自己未来的信心程度	ce	4.00	1.02	4.01	1.03	
家庭人数	flc	3.86	1.76	4.17	1.77	
是否城镇居住	$urban$	0.49	0.49	0.46	0.49	是为1，否为0
是否发生重大事件	$zdsj$	0.16	0.37	0.19	0.39	是为1，否为0
成年人平均年龄	$aage$	44.97	10.38	42.87	9.50	
成年人平均受教育程度	$aedu$	2.06	0.96	2.10	1.03	
未成年子女抚养比	cdr	0.16	0.18	0.19	0.18	
老人赡养比	edr	0.04	0.11	0.04	0.11	

续表

变量名		总样本		债务家庭样本		备注
		均值	标准差	均值	标准差	
家庭健康成年人数占比	her	0.48	0.21	0.54	0.28	
成年人参加养老保险人数占比	ylr	0.32	0.25	0.38	0.29	
参加医疗保险人数占比	ybr	0.54	0.21	0.66	0.27	
是否受流动性约束	ldxys	0.48	0.49	0.68	0.47	是为1，否为0
流动性约束强度	ldxqd	1.88	2.41	2.84	2.57	按强度分别赋值0—7
样本数		12100		2942		

注：标准差汇报 overall 值。

由以上描述性统计结果综合来看，债务家庭在消费支出、收入的均值上明显高于总体样本，受流动性约束情况、是否发生重大事件等变量也高于总体样本，可以看出缓解流动性约束是家庭负债的一个重要目的。鉴于负债家庭与未负债家庭之间在资产与收入禀赋、消费行为方面存在明显差异，为了避免数据的选择性偏差问题，本章在第三部分将使用处理效应的各类计量方法，将家庭是否负债作为处理变量，验证异质性家庭之间在负有债务、负有不同类别债务时的消费行为。厘清不同类别家庭债务的作用，对于正确引导家庭负债行为、控制住户部门债务风险是有积极意义的。

第三节 是否负债对家庭消费支出的处理效应检验

本节通过设置处理组与控制组，首先考察家庭是否负债这一特征对消费支出总量与结构的影响，其中，消费结构使用生存型消费占比（$Cscxr$）、享受型消费占比（$Cxsxr$）、发展型消费占比（$Cfzxr$）表征，同时，根据理论模型划分异质性群体分别进行了研究；其次，分别考察家庭负有住房贷款、其他贷款、住房借款、亲友及民间借贷四种类别的债务在提升消费支出水平、消费结构方面的差异效应；最后，使用面板数据，从动态的角度考察了负债初期家庭的消费支出总量及结构，并进一步通过识别异质性群体的动态变动展开研究。

一 家庭是否负债与消费支出的 PSM 检验

（一）总体样本检验

为评估家庭是否负债对于消费行为的影响，本章尝试将样本分为两种家庭，即负债家庭和未负债家庭（称之为处理组和控制组）。变量统计性描述提示，两组之间存在系统性差别，或者说负债家庭的某些方面会有未负债家庭不具有的共性，即选择性偏差的问题。本部分使用了倾向得分匹配方法（Propensity Score Matching，PSM）来过滤那些与处理组家庭有相似可观测特征的控制组家庭，从而使两个组别之间具有可比性。

根据计量基准方程，考虑到消费支出与流动性较强的资产类型相关性最大，又可以在一定程度上决定家庭的负债状况，因此最终对协变量做出以下处理和选择：将各类型消费支出、家庭收入、家庭净资产等绝对值加 1 后分别取自然对数后[①]，使用对数家庭收入、对数家庭净资产、是否城镇居住、是否发生重大事件、家庭人数、未成年子女抚养比、老人赡养比、成年人平均年龄、成年人平均受教育程度、成年人参加养老保险人数占比、参加医疗保险人数占比、家庭健康成年人数占比、流动性约束强度、家庭人数，及户主性别、婚姻、户口等人口统计学变量，省份虚拟变量一起作为相似可观测特征的协变量，进行匹配。

首先检验协变量在处理组和控制组之间是否平衡。平衡性检验后发现基本所有变量的标准化偏差在匹配后都缩小了，匹配后大多数变量的标准化偏差均小于 10%。本节选择了近邻匹配法中的一对一匹配、卡尺内一对四匹配、整体匹配法中的核匹配三种方法。如果不同方法的结果相似，则说明估计结果不依赖于具体方法。本节所关注的参与者平均处理效应（ATT）的一般表达式如下：

$$\widehat{ATT} = \frac{1}{N_1} \sum_{i:\ ZW_i=1} (\ln C_i - \widehat{\ln C_{0i}}) \tag{5-3}$$

式（5-3）中，$N_1 = \sum_i ZW_i$ 为处理组的样本数，而 $\sum_{i:ZW_i=1}(\cdot)$ 表

[①] 其中，家庭净资产为负值时，使用其绝对值进行对数值换算，符号不变。

示仅对处理组家庭进行加总，$\ln C_i$ 表示家庭 i 的对数消费支出总量，$\widehat{\ln C_{0i}}$ 表示家庭 i 未负债时的对数消费支出总量估计量。

从表 5-2 的估计结果可以看出，三种方法的估计值非常接近，前三列均高度显著。负债家庭的消费支出明显比未负债家庭高得多，若取 ATT 的值为 0.24，换算成绝对值来看，当其他条件相同或相似时，负债家庭的消费支出总量约为未负债家庭的 1.27 倍。从消费结构来看，负债家庭的生存型消费支出占比明显低 4 个百分点，享受型消费支出、发展型消费支出占比分别明显高 2.3 个、1.6 个百分点，体现出了消费结构升级的特征。

表 5-2　　　家庭是否负债与消费支出的 PSM 检验结果

	$\ln C$	Cscxr	Cxsxr	Cfzxr	样本数	
					处理组	控制组
一对一匹配	0.263*** (0.028)	-0.043*** (0.007)	0.023*** (0.006)	0.016*** (0.006)	3443	5925
卡尺内一对四匹配	0.227*** (0.024)	-0.038*** (0.006)	0.020*** (0.005)	0.016*** (0.005)	3443	5925
核匹配	0.228*** (0.022)	-0.037*** (0.005)	0.019*** (0.004)	0.016*** (0.005)	3443	5925

注：ATT 估计值括号内为标准差，***表示在 1%的显著性水平上显著。

（二）内生性讨论与处理效应检验

虽然本部分尝试使用多种匹配方法，一定程度上证明了结果的稳健性，但 PSM 只控制了可观测变量的影响，而不可观测变量以及家庭是否负债与消费支出之间的反向因果所导致的内生性问题则仍需进一步讨论。首先，消费扩张的动机会引发家庭主动负债行为，越想扩张消费，越容易负债。其次，可能存在不可观测变量，家庭消费支出是一项被多种因素同时影响的综合行为，而诸如攀比等因素是难以准确量化的。为此，下面选择使用工具变量的处理效应模型，以解决上述问题引起的偏误。将家庭是否负债作为处理变量，分别选择使用户主层面、家庭层面的两组工具变量予以检验。其一，户主层面上，考虑到居民借债的动机一方面是为缓解流动性窘迫现状，改善现有生活，另一方面借债行为的背后是对将来偿债有良好预期，同时借鉴周利、王聪（2018）的做法，将

"户主对生活的满意程度（se）""户主对未来的信心程度（ce）"二者作为工具变量。居民对生活的满意程度衡量人们对整体生活的思考和感受，既涵盖主观情感的满意程度，也包括对客观物质的满意程度。当对客观物质满意程度较低时，改善动机会使借债的可能性增加；而对未来的信心程度越大时，即偿债预期较好时，借债动机越强。其二，在家庭层面上，考虑到借债是一种融资行为，风险偏好程度（riskp）又可体现家庭对投资、融资的一种态度，越偏好风险的家庭，越可能通过借债去融资（何丽芬等，2012）。因此，本部分通过CFPS2018中的风险试验，识别出成人的风险偏好程度，再测算出其家庭平均值，得到家庭风险偏好程度，作为家庭层面的工具变量，联合使用上文可观测变量作为其他影响结果的自变量，使用最大似然估计法进行估计，结果如表5-3所示。

表5-3　　　　家庭是否负债与消费支出的处理效应检验

因变量：$\ln C$		户主层面	家庭层面
处理效应估计结果	ZW	0.236** （0.118）	0.341*** （0.098）
	似然比检验P值	0.959	0.253
一阶段Probit估计结果	se	−0.073*** （0.016）	
	ce	0.035** （0.016）	
	riskp		0.050*** （0.009）
样本数		9370	9370

注：括号内为标准差，***、**和*分别表示在1%、5%和10%的水平上显著。下同。

从估计结果来看，两组所选的外生工具变量均较为理想。负债家庭消费支出显著高于未负债家庭，估计结果与表5-2相似。似然比检验的P值均大于0.1，意味着没有拒绝原假设，即不存在内生性。虽然估计数值上存在些许差异，但并不影响本章对家庭负债消费效应的判断，因此，上述PSM检验的结果是可靠的。

（三）四类异质性群体的检验

按照第三部分的理论分析，家庭在财富禀赋、时间偏好上的差异，会大致产生四类异质性群体，而这四类异质性群体组内，又存在负债、未负债两种预算路径。经过对以上四类群体的统计，本部分发现受流动性约束的群体其收入、消费与资产均较低，负债家庭的比例较高；而有耐心的群体因善于积累财富，各项资产均较高。下面仍然使用上文的估计策略，分别检验各类群体家庭是否负债与消费支出总量与结构的关系。

关于时间偏好的衡量问题，本章受韩华为、陈彬莉（2019）"低保能够有效降低受助者对社会保障问题严重程度的主观感受"的结论启发，使用了"户主认为当前社会保障问题的严重程度（$shbz$）"来表征。其中0—5为缺乏耐心，6—10为有耐心。社会保障是解决居民不确定性的主要途径，而认为当前社会保障问题严重的户主，通常可理解为社会保障缓解不确定性影响的程度较低。而不确定性程度越高，引致的预防性储蓄就越多，消费行为就会越谨慎，即越有耐心。表5-4四类异质性群体的PSM检验结果显示，所有类别中，负债家庭的消费支出均显著增多，消费结构总体体现为升级。结合各异质性群体样本的统计性特征，可初步判断，在受流动性约束的家庭中，负债可以通过缓解流动性约束，改善入不敷出的状况；在不受流动性约束的家庭中，可补充家庭流动性，从而带来消费支出的增加。

表5-4　异质性家庭是否负债与消费支出的PSM检验结果①

	$\ln C$	C_{scxr}	C_{xsxr}	C_{fzxr}	样本数	
					处理组	控制组
耐心且受流动性约束	0.255** (0.052)	-0.046*** (0.013)	0.022** (0.009)	0.019* (0.012)	1175	1121
耐心且不受流动性约束	0.278*** (0.049)	-0.060*** (0.012)	0.025** (0.010)	0.031*** (0.010)	740	2081
缺乏耐心且受流动性约束	0.248*** (0.060)	-0.019 (0.015)	0.012 (0.012)	0.004 (0.013)	1006	988
缺乏耐心且不受流动性约束	0.247*** (0.058)	-0.044*** (0.015)	0.049*** (0.012)	0.006 (0.012)	519	1724

---

① 本部分分别进行了一对一匹配、卡尺内一对四匹配、核匹配，由于篇幅限制，这里只给出一对一匹配的结果。

二 家庭是否负有不同类别债务与消费支出的 PSM 检验

在负有不同类别家庭债务时，家庭消费总量与消费结构有无异质性的表现，这是本部分考察的主要问题。下面仍然使用 PSM 的方法，使用与上文相同的协变量进行检验。在 3443 户债务家庭当中，有两种及以上债务种类的家庭数目为 1076 户，为了避免不同债务的交叉影响，得到每种债务的净效果，本章仅保留了负有单一债务类别的家庭作为处理组，将未负债家庭作为控制组，分别使用是否有住房贷款（$ZWhl$）、是否有住房借款（$ZWhb$）、是否有其他贷款（$ZWol$）、是否有亲友及民间借贷（$ZWff$）作为处理变量，得出的结果如表 5-5 所示。研究发现，负有任何一种债务的家庭，其消费支出总量均显著高于未负债家庭，进一步证实了家庭债务带来了消费支出的增加。从消费结构来看，有其他贷款与亲友及民间借贷的家庭消费升级特征尤为明显，特别是有其他贷款的家庭生存型消费支出占比比无负债家庭低 8.8 个百分点，享受型消费占比高 8.1 个百分点。有亲友及民间借贷的家庭，消费支出与发展型消费占比明显偏高。统计发现，有亲友及民间借贷的家庭虽然消费水平较低，却有着最高的发展型消费占比 0.25；进一步将发展型消费分为医疗保健支出（医疗保险外医疗支出、保健支出、商业性医保支出）与教育支出两部分，发现教育支出的比重与总样本基本无差异，而医疗保健支出的比重比总样本高出 5 个百分点。可能的解释是该组别受到的信贷约束和流动性约束均较大，不得不转而寻找亲友、民间借贷等门槛较低的融资途径，融资的目的和用途比较显著的是社会保障外的医疗保健支出。这从侧面反映出居民尤其是低收入居民的医疗保障程度仍有改善空间。

表 5-5　家庭是否负有单一类别债务与消费支出的 PSM 检验结果

	lnC	$Cscxr$	$Cxsxr$	$Cfzxr$	样本数	
					处理组	控制组
$ZWhl$	0.196*** (0.050)	-0.016 (0.012)	0.008 (0.011)	0.006 (0.009)	638	5920
$ZWhb$	0.136*** (0.052)	-0.014 (0.013)	0.007 (0.009)	0.006 (0.012)	602	5912
$ZWol$	0.192*** (0.061)	-0.088*** (0.016)	0.081*** (0.014)	0.006 (0.014)	473	5916

续表

	lnC	Cscxr	Cxsxr	Cfzxr	样本数	
					处理组	控制组
ZWff	0.234*** (0.054)	-0.044*** (0.014)	0.004 (0.010)	0.044*** (0.013)	654	5899

注：本部分分别进行了一对一匹配、卡尺内一对四匹配、核匹配，由于篇幅所限，这里只给出一对一匹配的结果。同时，本部分也尝试了在四种异质性群体组内仅有单一债务时的情况，鉴于样本量较小，结果可参考价值不大。

三 家庭是否负债与消费支出的动态 PSM-DID 检验

（一）总体面板样本的检验

上文所使用的截面数据包含债务家庭负债的初期、中期、后期阶段，因此可以理解为家庭负债混合期对消费支出的综合效应。而在理论模型式（4-8）、式（4-9）中，负债初期和后期的预算方程是不同的，意味着负债初期的消费带动效应可能异于整期的综合效应。本部分使用如下方法展开检验。在 CFPS2016、CFPS2018 两期 6050 户平衡面板中，筛选出 2016 年未负债但 2018 年负债的家庭 822 户、两期均未借债的家庭 2885 户。考虑到双重差分倾向得分匹配（PSM-DID）可以控制不可观测但不随时间变化的组间差异，因此使用这种方法来分析家庭负债对消费支出的净影响，以进一步明确所关注变量间的因果关系。以 2016 年未负债但 2018 年负债的家庭为处理组，刻画负债初期；以两期均未负债的家庭为控制组。平衡性检验显示，上文中各协变量的均值在处理组、控制组之间不存在显著差异，支持采用 PSM-DID 的估计方法。对是否负债按总体情况与有不同类别债务两种情况分别进行检验，结果如表 5-6 所示。

表 5-6　家庭是否负债与消费支出的 PSM-DID 检验结果

	lnC	Cscxr	Cxsxr	Cfzxr	样本数	
					处理组	控制组
ZW	0.267*** (0.039)	-0.038*** (0.010)	0.024*** (0.008)	0.012 (0.008)	820	2858
ZWhl	0.222*** (0.045)	-0.016 (0.011)	0.002 (0.009)	0.016* (0.008)	142	2642

续表

	lnC	Cscxr	Cxsxr	Cfzxr	样本数	
					处理组	控制组
ZWhb	0.345*** (0.044)	−0.014 (0.011)	0.016** (0.008)	−0.013 (0.009)	174	2729
ZWol	0.277*** (0.044)	−0.074*** (0.011)	0.082*** (0.009)	−0.013 (0.009)	141	2811
ZWff	0.132*** (0.042)	−0.048*** (0.012)	−0.002 (0.008)	0.049*** (0.010)	182	2834

从以上结果可以看出，控制了可观测变量差异的处理组与控制组，家庭消费支出确实存在显著不同，负债家庭的消费支出平均多出了约30%。在消费结构方面，负债家庭的生存型消费占比平均低3.8个百分点，享受型消费占比平均高2.4个百分点，负债有显著的消费升级促进作用，与表5-2结果接近。分债务类别来看，任一债务类别对于消费支出均具有显著正向影响，且对消费升级都具有一定的正向提升作用，其中其他银行贷款促进消费升级的效果最为明显。可以看出，PSM方法和PSM-DID方法估计结果虽基本一致，但在估计数值上存在些许差异，这些差异恰恰说明了负债初期各类别债务对消费支出的带动作用是有别于负债混合期综合效应的。如住房借款的综合效应并不突出，但是借入初期的效应却较高，这一特征符合住房借款的应急、期限较短等性质；而住房贷款因目的在于缓解长期资金约束，贷入初期的效应并不突出；亲友及民间借贷在初期带动了较少的消费支出，结合表5-5，本章认为在初期主要缓解了医疗支出约束，随着时间推移，医疗支出的约束不再明显，此时，会带动总体消费支出。因此，PSM-DID方法的估计结果不仅丰富了结论，也进一步支撑了上文的分析。

（二）异质性群体的检验

从中长期来看，无论是时间偏好，还是受流动性约束程度，都会发生动态变化。如在时间偏好上，可能会变得更缺乏耐心，受流动性约束程度可能会降低等。在包含2018年新借债的822户家庭、两期均未借债的2885户家庭的CFPS2016、CFPS2018面板数据样本中，就体现了这一点。如受流动性约束程度加深的有855户，其中变得更缺乏耐心的有288户。下文对流动性约束程度加深、程度缓解、程度不变，以及更缺乏耐心、更有耐心、耐心不变进行交叉，分别用交叉后的九种情形识别异质性群体，检验受流动性约束程度、时间偏好发生动态变化时在负债初期的消费效应，结果见表5-7。

表5-7　异质性家庭是否负债与消费支出的PSM-DID检验结果

因变量：lnC	估计系数			样本量（处理组/控制组）		
	更有耐心	耐心不变	更缺乏耐心	更有耐心	耐心不变	更缺乏耐心
受流动性约束程度缓解	0.207* (0.112)	0.237 (0.184)	-0.010 (0.139)	69/328	34/119	74/234
受流动性约束程度不变	0.258*** (0.077)	0.298** (0.119)	0.277*** (0.107)	134/746	47/334	101/444
受流动性约束程度加深	0.289** (0.114)	0.462** (0.187)	0.305** (0.137)	160/253	62/107	126/143

表5-7呈现了各项估计结果，部分群体因债务家庭数量较少，估计结果不理想，但仍可以大致看出趋势。横向来看，相较于2016年，2018年受流动性约束程度未发生变化、有所加深的样本中，对于更加缺乏耐心的群体，其负债所带动的家庭消费支出要多于更有耐心的群体，而这两个群体中耐心不变时的估计系数最高，这充分说明在时间偏好较为稳定时，负债带动消费的效应最显著。受流动性约束程度有所缓解的样本中，在耐心不变与更缺乏耐心时，负债家庭都没有显著地增加消费支出，可能的原因是家庭流动性约束的减轻淡化了债务通过缓解流动性约束带来的消费支出增加的效果。同时，纵向来看，不论耐心程度如何变化，受流动性约束程度越深，负债家庭的消费支出越多，这进一步说明了债务通过缓解流动性约束进而带来了消费的增加。可见，时间偏好、受流动性约束程度发生的变化方向不同，负债家庭消费支出增加的幅度也是不同的。除耐心程度不变的三种情形外，在剩余的六种可比情形中，更加缺乏耐心、受流动性约束程度加深的样本平均处理效应估计值最大，这类样本中负债家庭消费支出高约40%。这也从动态角度进一步验证了表5-4、表5-6的结论，在负债初期，债务通过缓解家庭流动性约束，带来了消费支出增加，而耐心程度小幅调节了该机制效应的发挥。在更有耐心时，效应变小；在更缺乏耐心时，效应变大。

第四节 家庭债务的规模、流动性约束与消费支出异质性的实证分析

本节聚焦负债家庭，研究家庭债务规模对消费支出总量的边际影响，并试图进一步验证流动性约束是否调节了家庭债务的消费带动效应以及各种债务类别的规模对消费支出总量的边际影响是否有差异；更进一步地，验证不同债务负担程度下的边际影响是否是非线性的。本节使用债务负担程度的相对水平作为门槛变量展开探讨。

一 家庭债务规模、流动性约束与消费支出的实证分析与稳健性检验

（一）实证分析

首先，使用总体样本进行分析。在验证流动性约束与家庭债务的调节效应时，本部分引入了是否受流动性约束（$ldxys$）与家庭债务规模对数值（$\ln ZWV_i$）的交叉变量（$ldxys \cdot \ln ZWV$），以式（5-1）、式（5-2）为基础，形成式（5-4）：

$$\ln C_i = \alpha_0 + \alpha_1 \ln NA_i + \alpha_2 \ln Y_i + \alpha_3 \ln ZWV_i + \alpha_4 ldxys_i \cdot \ln ZWV_i + Z_i + \delta_i \quad (5-4)$$

在使用加权最小二乘法（WLS）处理横截面数据的异方差问题后，本部分计算了每个方程的方差膨胀因子，以检验多重共线性的问题。表5-8给出了基准回归的结果。方程 I 是对整个样本进行的回归，结果显示，家庭债务规模、收入、净资产对消费支出均具有显著正向影响，只是家庭债务规模的影响较小，且受流动性约束的家庭，债务的影响更小。也就是说，不同于前文与未负债家庭相比较的情况，负债且受流动性约束的家庭，带动消费的能力受到债务缓解流动性程度的限制，当债务并没有完全缓解流动性约束时，带动的消费支出就会低于不受流动性约束的债务家庭情形。此外，在控制变量中，已婚家庭、户主为女性的家庭、城市家庭消费支出更多，家庭人数、成年人平均受教育程度显著正向影响消费支出，成年人平均年龄、家庭健康成年人数占比显著负向影响消费支出。

接着，本部分使用CFPS2018剔除极端值后的债务家庭样本3381户进行研究。相比较方程 I 的回归结果，在债务家庭样本中，家庭债务规

模对于家庭消费支出的影响程度倍增。考虑到有多种类别债务家庭的债务用途更广，流向更复杂，因此，根据债务种类数目，将样本进一步区分为仅有一种债务的家庭、有两种及以上债务的家庭。得出结果如第Ⅲ列、第Ⅳ列所示。方程Ⅳ中，债务规模、家庭净资产的估计系数均明显升高，说明合理负有多种类型的债务组合能在更大程度上刺激消费。

表 5-8　家庭债务规模、流动性约束与消费支出的基准检验与异质性检验结果

因变量：$\ln C$	基准回归				异质性检验	
	总样本	债务家庭样本	有一种债务	有多种债务	有耐心	缺乏耐心
	Ⅰ	Ⅱ	Ⅲ	Ⅳ	Ⅴ	Ⅵ
$\ln ZWV$	0.033*** (0.003)	0.108*** (0.011)	0.085*** (0.014)	0.157*** (0.025)	0.102*** (0.014)	0.115*** (0.018)
$\ln Y$	0.315*** (0.007)	0.261*** (0.014)	0.265*** (0.017)	0.235*** (0.025)	0.279*** (0.018)	0.239*** (0.022)
$\ln NA$	0.014*** (0.002)	0.012*** (0.002)	0.014*** (0.002)	0.010*** (0.002)	0.009*** (0.002)	0.015*** (0.002)
$ldxys \cdot \ln ZWV$	-0.011*** (0.003)	-0.014*** (0.003)	-0.015*** (0.003)	-0.012*** (0.005)	-0.016** (0.003)	-0.012** (0.004)
家庭人口统计学变量	是	是	是	是	是	是
调整可决系数	0.455	0.355	0.373	0.311	0.387	0.313
方差膨胀因子	1.64	1.35	1.35	1.38	1.38	1.35
样本数	9370	3381	2326	1055	1884	1497

注：控制变量主要有是否城镇居住、成年人平均受教育程度、成年人平均年龄、未成年子女抚养比、老人赡养比、成年人参加养老保险人数占比、参加医疗保险人数占比、家庭健康成年人数占比、家庭人口数、户主性别、户主婚姻。因篇幅关系，结果未予展示。下同。

延续上文异质性分组的思路，下文仍然分为四个群体展开分析，其中流动性约束通过交叉项来反映，结果如第Ⅴ列、第Ⅵ列所示。可以看到，对数债务规模估计系数均显著，但缺乏耐心组的债务规模带动了更多的消费支出，说明当债务家庭既不受流动性约束又缺乏耐心时，债务规模对消费支出的边际影响最大。受流动性约束的家庭，债务带动消费

的能力稍低。

(二) 稳健性检验

下面,通过三种方式进行稳健性检验,结果如表5-9所示。一是更换交叉变量,使用家庭是否发生重大事件替换是否受流动性约束,与对数债务规模交互($zdsj \cdot \ln ZWV$),得出的结果与第Ⅱ列相差不大;二是去除家庭债务规模值上下约1%的样本,从剩余3343户的分析结果可以看到,与第Ⅱ列基本一致;三是更换一部分控制变量,将原有的是否城镇居住、家庭成年人平均受教育程度、家庭成年人平均年龄、成年人参加养老保险人数占比、参加医疗保险人数占比、家庭健康成年人数占比,更换为户主户口、户主受教育程度、户主年龄、户主是否参加养老保险、户主是否参加医疗保险、户主健康程度,得出的结果与第Ⅱ列仍旧接近。上述三种检验方式证明本章估计结果是稳健的。

表5-9　家庭债务规模、流动性约束与消费支出的稳健性检验结果

因变量:$\ln C$	稳健性检验		
	更换交叉变量	去除上下约1%	更换控制变量
$\ln ZWV$	0.096*** (0.011)	0.110*** (0.011)	0.117*** (0.011)
$\ln Y$	0.259*** (0.014)	0.259*** (0.014)	0.278*** (0.014)
$\ln NA$	0.013*** (0.002)	0.012*** (0.002)	0.013*** (0.002)
$ldxys \cdot \ln ZWV$		-0.014*** (0.003)	-0.017*** (0.003)
$zdsj \cdot \ln ZWV$	0.008*** (0.003)		
家庭人口统计学变量	是	是	
户主人口统计学变量			是
调整可决系数	0.352	0.352	0.342
方差膨胀因子	1.34	1.35	1.20
样本数	3381	3343	3381

二 不同群体、不同类别家庭债务的规模与消费支出的实证分析

依据上文中的 3381 户债务家庭样本，本部分使用是否有住房贷款、是否有住房借款、是否有其他贷款、是否有亲友及民间借贷四个虚拟变量，并分别乘以各自债务类型的规模，形成四个交叉项（$ZWhl \cdot \ln ZWVhl$、$ZWhb \cdot \ln ZWVhb$、$ZWol \cdot \ln ZWVol$、$ZWff \cdot \ln ZWVff$），研究不同类别债务规模对消费支出边际影响的差异以及在不同群体中的差异。以式（5-1）、式（5-2）为基础，形成式（5-5），并使用加权最小二乘法进行计量检验：

$$\ln C_i = \alpha_0 + \alpha_1 \ln NA_i + \alpha_2 \ln Y_i + \alpha_3 ZWhl_i \cdot \ln ZWVhl_i + \alpha_4 ZWhb_i \cdot \ln ZWVhb_i + \alpha_5 ZWol_i \cdot \ln ZWVol_i + \alpha_6 ZWff_i \cdot \ln ZWVff_i + Z_i + \delta_i \quad (5-5)$$

（一）分城乡、分年龄的实证分析

从表 5-10 的情况来看，无论是在总体债务家庭样本，还是分城乡的样本中，四种类型的债务对家庭消费支出均有高度显著的正向促进作用，充分证明了多种类合理负债能够促进消费支出。其中，银行贷款类债务对于消费支出的边际影响较大，住房贷款和其他贷款每增加1%，消费支出将分别增加 0.076%、0.025%。农村居民家庭住房贷款、住房借款对消费的边际影响远高于城镇居民家庭，而城镇居民其他贷款、家庭收入对消费的影响要大于农村。经样本统计，农村负债家庭住房资产均值、住房贷款均值分别仅为城镇家庭的约 1/3、1/2，而受流动性约束的比例却是城镇家庭的 1.3 倍。相比较住房价值而言，农村家庭住房的抵押率是较高的，同时受流动性约束的家庭比例也较高，因此，农村家庭住房类债务可以通过缓解更多流动性约束进而促进更多的边际消费支出。

表 5-10　　不同类型债务及分城乡、分年龄段的实证分析

因变量：$\ln C$	债务家庭样本	城乡		年龄	
		城镇	农村	青年	中老年
$ZWhl \cdot \ln ZWVhl$	0.076 *** (0.013)	0.065 *** (0.004)	0.075 ** (0.020)	0.059 *** (0.023)	0.082 *** (0.015)
$ZWhb \cdot \ln ZWVhb$	0.010 *** (0.003)	0.003 (0.004)	0.013 *** (0.004)	0.012 ** (0.005)	0.009 *** (0.003)
$ZWol \cdot \ln ZWVol$	0.025 *** (0.003)	0.030 *** (0.005)	0.024 *** (0.004)	0.022 *** (0.006)	0.026 *** (0.004)

续表

因变量：lnC	债务家庭样本	城乡		年龄	
		城镇	农村	青年	中老年
$ZWff \cdot \ln ZWVff$	0.018*** (0.003)	0.017*** (0.004)	0.019*** (0.004)	0.022*** (0.005)	0.017*** (0.004)
$\ln Y$	0.272*** (0.014)	0.369*** (0.019)	0.229*** (0.019)	0.209*** (0.026)	0.288*** (0.016)
$\ln NA$	0.014*** (0.002)	0.012*** (0.003)	0.015*** (0.002)	0.009*** (0.003)	0.015*** (0.002)
控制变量	是	是	是	是	是
调整可决系数	0.348	0.389	0.281	0.212	0.359
方差膨胀因子	1.36	1.41	1.33	1.46	1.36
样本数	3381	1602	1779	966	2415

根据世界卫生组织对年龄结构的划分，本部分将户主在45岁以下的家庭定义为青年家庭，户主在45岁及以上的家庭定义为中老年家庭，发现不同年龄段家庭中债务对消费支出的影响是有差异的。中老年家庭的银行贷款类债务规模促进消费的边际效应，收入、净资产的消费边际效应均高于青年家庭，而青年家庭的亲友及民间借贷促进消费的边际效应高于中老年家庭。

（二）分收入组和住房套数的实证分析

由于样本限制，本章尝试按照收入情况分为三组进行异质性研究。以国家统计局公布的2018年全国居民五等份收入分组中中等偏下、中等偏上两个收入组的人均可支配收入乘以样本中债务家庭人数均值作为临界值，将债务家庭分为低收入组、中收入组和高收入组三个类别。从表5-11中可以看出，债务对家庭消费的促进作用在低收入组更加明显，中收入组的估计系数及显著性均有不同程度下降，而在高收入组，只有其他贷款的估计结果显著。鉴于低收入者受流动性约束的程度较高，上述结果进一步证实了家庭债务通过缓解流动性约束进而促进了消费支出的机制。

表 5-11　分收入组和住房套数的实证分析

因变量：$\ln C$	不同收入组			不同住房套数		
	低收入组	中收入组	高收入组	无住房	一套住房	多套住房
$ZWhl \cdot \ln ZWVhl$	0.063*** (0.019)	0.029* (0.016)	0.033 (0.023)	—	0.109*** (0.018)	-0.002 (0.021)
$ZWhb \cdot \ln ZWVhb$	0.012*** (0.004)	0.002 (0.004)	0.004 (0.007)	—	0.013*** (0.003)	-0.004 (0.006)
$ZWol \cdot \ln ZWVol$	0.024*** (0.004)	0.022*** (0.005)	0.018** (0.007)	0.041*** (0.011)	0.024*** (0.004)	0.019** (0.009)
$ZWff \cdot \ln ZWVff$	0.020*** (0.004)	0.009** (0.005)	-0.002 (0.008)	0.016 (0.012)	0.022*** (0.004)	0.017** (0.007)
$\ln Y$	0.200*** (0.021)	0.462*** (0.087)	0.531*** (0.090)	0.373*** (0.048)	0.264*** (0.016)	0.266*** (0.030)
$\ln NA$	0.012*** (0.002)	0.012*** (0.003)	0.009 (0.008)	0.007* (0.004)	0.015*** (0.002)	0.020*** (0.006)
控制变量	是	是	是	是	是	是
调整可决系数	0.219	0.129	0.114	0.477	0.331	0.286
方差膨胀因子	1.31	1.42	1.50	1.56	1.37	1.44
样本数	1889	1077	415	328	2304	749

住房资产是家庭资产的主要组成部分，本部分分别分析了无自有住房、有一套住房、有多套住房三种情况，发现在仅有一套住房的家庭中，各类别债务对消费的促进作用最为明显，收入和资产则分别在无住房家庭、多套住房家庭中起到了更大的作用。当前住房贷款政策、消费贷款政策在便利置业的同时有效地促进了消费支出。关于多套住房组中 $ZWhl \cdot \ln ZWVhl$ 为负且不显著的情况，我们使用 CFPS2016 进行了对照分析，该项估计值为 0.022，且高度显著，这一差异应该与 2017 年各地先后出台多套房限购限贷政策有关。

（三）分消费支出类别的实证分析

表 5-12 显示了不同类别债务规模对不同种类消费支出的差异性影响。研究发现，各类别债务对三种类型的消费均有正向影响，但是影响的幅度不同，导致消费结构上的变化差异。从各种消费的占比来看，银行贷款、亲友及民间借贷能够促进消费结构的升级，其中银行贷款主要

提升了享受型消费占比,亲友及民间借贷则主要提升了发展型消费占比,这与表 5-5 的结果一致。

表 5-12　　　　　　　　分消费支出类型的实证分析

	$\ln Cscx$	$Cscxr$	$\ln Cxsx$	$Cxsxr$	$\ln Cfzx$	$Cfzxr$
$ZWhl \cdot \ln ZWVhl$	0.068*** (0.013)	−0.002 (0.003)	0.283*** (0.069)	0.004* (0.002)	0.090** (0.040)	−0.002 (0.003)
$ZWhb \cdot \ln ZWVhb$	0.015*** (0.003)	0.003*** (0.001)	0.066*** (0.011)	−0.002*** (0.001)	0.012 (0.009)	−0.001 (0.001)
$ZWol \cdot \ln ZWVol$	0.013*** (0.003)	−0.006*** (0.001)	0.053*** (0.014)	0.006*** (0.001)	0.036*** (0.011)	−0.000 (0.001)
$ZWff \cdot \ln ZWVff$	0.006** (0.003)	−0.004*** (0.001)	0.100*** (0.011)	0.000 (0.001)	0.033*** (0.009)	0.003*** (0.001)
$\ln Y$	0.279*** (0.014)	−0.022*** (0.005)	0.454*** (0.038)	0.043*** (0.003)	0.369*** (0.043)	−0.023*** (0.004)
$\ln NA$	0.014*** (0.002)	−0.001 (0.001)	0.073*** (0.005)	0.002*** (0.000)	0.005 (0.005)	−0.001*** (0.000)
控制变量	是	是	是	是	是	是
调整可决系数	0.328	0.067	0.259	0.187	0.159	0.068
方差膨胀因子	1.37	1.41	1.38	1.40	1.37	1.41
样本数	3381	3381	3381	3381	3381	3381

三　家庭债务负担、债务规模与消费支出的门槛效应检验

不同债务负担程度下,家庭债务规模对消费支出的影响可能是有差异的。换言之,家庭债务与消费支出的关系可能是非线性的。为了使结论不依赖于分组回归,下面将进行面板数据的门槛效应检验。首先,筛选 CFPS2016 年、2018 年两个调查年度均负债的家庭,去掉极端值后剩余 1400 户,共 2800 个样本。其次,考虑到债务负担程度直观感受的差异,本部分借鉴并发展了易行健、周利(2018)和谢绵陛(2018)的做法,认为家庭的债务负担需从浅度与深度两个层面来量化。其中,浅度债务负担描述相对于流动性较强的财富,家庭直观面临偿还的债务;深度债务负担描述相对于总财富,家庭全部的债务。两个层面相得益彰,共同描述了家庭债务的负担程度。在对浅度债务负担的考察中,使用了连续型变量家庭浅度债务与高流动性财富之比($zwsjb$)作为门槛变量,考虑

到四种类型的家庭债务中,住房贷款一般为长期贷款,还款负担平均分散到各期,因此,本部分使用了住房贷款当年的偿还额,与其他债务金额合并为浅度债务作为分子,分母为可衡量浅度偿债能力的家庭年收入与金融资产两种流动性较强的财富之和。在对深度债务负担的考察中,使用了家庭债务财富比($zwcfb$)作为门槛变量,分子为可衡量中长期债务负担的家庭债务规模,分母为可衡量深度偿债能力的包括家庭年收入与总资产在内的总财富。最后,使用 Bootstrap 自抽样法检验门槛值的数量及其显著性程度。构建单门槛回归计量方程、双门槛回归方程,分别如下:

$$\ln C_{it} = \mu_0 + \dot{\mu}_1 x_{it} \cdot l(TH_{it} \leq \gamma) + \dot{\mu}_2 x_{it} \cdot l(TH_{it} > \gamma) + Z_{it} + \sigma_{it} \quad (5\text{-}6)$$

$$\ln C_{it} = \mu_0 + \dot{\mu}_1 x_{it} \cdot l(TH_{it} \leq \gamma_1) + \dot{\mu}_2 x_{it} \cdot l(\gamma_1 < TH_{it} \leq \gamma_2) +$$
$$\dot{\mu}_3 x_{it} \cdot l(TH > \gamma_2) + Z_{it} + \sigma_{it} \quad (5\text{-}7)$$

式(5-6)、式(5-7)中,TH 为门槛变量,γ 为待估计的门槛值,x_{it} 为关注的核心外生解释变量,包括对数家庭债务规模、对数家庭收入、对数家庭净资产,Z_{it} 为人口统计学变量。$\dot{\mu}$ 为待估参数,$l(\cdot)$ 是示性函数,即当括号中的表达式成立时取值为1,反之则取值为0。估计结果如表5-13所示。

表5-13　家庭债务负担、债务规模与家庭消费支出的门槛检验结果

	因变量:$\ln C$	$\ln ZWV$	$\ln Y$	$\ln NA$	门槛估计P值	组内 R^2	样本数
浅度债务负担	$zwsjb \leq 1.088$	0.031 (0.020)	0.269*** (0.035)	0.003 (0.004)	0.047	0.074	1692
	$zwsjb > 1.088$	0.173*** (0.039)	0.119*** (0.042)	0.007** (0.003)			1108
深度债务负担	$zwcfb \leq 0.066$	0.163*** (0.055)	0.131*** (0.048)	0.074 (0.048)	0.010	0.099	459
	$0.066 < zwcfb \leq 0.195$	0.321*** (0.049)	0.107** (0.043)	-0.049*** (0.018)			844
	$zwcfb > 0.195$	0.161*** (0.033)	0.195*** (0.035)	0.004* (0.002)			1495

使用自助法反复抽样 300 次，得到 $zwsjb$ 的门槛值点估计为 1.088，95%置信区间估计为（1.019，1.100），单一门槛特征 P 值为 0.047，通过了 5%的显著性检验，F 值为 7.94。观察表 5-13，对数债务规模的系数在门槛值以上时才显著，即当浅度债务的规模超过收入及金融资产水平时，债务才显著带动消费。在深度债务负担的检验中，$zwcfb$ 呈现了双门槛特征，门槛值分别为 0.066、0.195，P 值为 0.010，F 值为 8.95。可以观察到，当 $zwcfb$ 介于 0.066 与 0.195 时，带动消费的效应更大，低于 0.066 或者高于 0.195 时，效应将大打折扣。综上，当家庭债务的浅度还债规模维持在流动性财富水平以上、债务的总体规模维持在总财富的 7%—20%时，促进消费的效应是最明显的。

第五节　本章小结

理论上，家庭之间在时间偏好、受流动性约束程度等方面存在差异，加之家庭债务改变了预算约束，会使消费行为呈现异质性特征。本章使用 CFPS2016 年与 2018 年的微观家庭调查数据，分析了家庭是否负债、债务规模与消费支出总量及消费结构的相应关系。

首先，围绕"家庭是否负债"这一特征，交替采用截面样本与面板样本，并使用处理效应的几类计量方法进行研究，发现：（1）总体上，负债家庭的消费支出比未负债家庭高得多，消费结构也体现了升级的特征，其中，其他贷款促进消费结构升级的路径最明显。（2）分异质性家庭来看，在受流动性约束的家庭中，相比较未负债家庭，负债可以通过缓解流动性约束，改善入不敷出的状况；在不受流动性约束的家庭中，可补充家庭流动性，带来消费支出的增加。（3）在负债初期，各类别债务对于消费支出的带动作用有别于总体效应，如住房借款在借入初期的效应较高；住房贷款、亲友及民间借贷在初期的效应都较小。（4）在动态视角下考察异质性群体负债初期的消费效应，发现更加缺乏耐心或受流动性约束程度更严重时，相比较未负债家庭，负债家庭的消费支出更多。

其次，围绕家庭负债的绝对量，本章使用债务家庭样本检验了家庭债务规模与消费支出的关系，发现：（1）家庭债务规模对于消费支出存在显著的正向边际效应，虽然债务可以通过缓解流动性约束促进消费，但不受流动性约束的家庭，债务的边际效应更大。本章通过更换交叉变量、去除极端值、更换控制变量三种方式证明了估计结果的稳健性。（2）合理负有多种类型的债务组合能在更大程度上刺激消费。（3）异质性分组考察后发现，当债务家庭既不受流动性约束又缺乏耐心时，债务规模对消费支出的边际影响最大。（4）对债务类别进行分类考察后，发现银行贷款类债务对于消费支出的边际影响较大，农村家庭住房类债务缓解流动性约束的效应比城镇家庭更明显，低收入家庭债务规模可以促进更多的边际消费支出。

最后，围绕家庭负债的相对量，本章从浅度与深度两个层面，分别使用包含每年房贷偿还额的家庭浅度债务与高流动性财富之比、家庭债务财富比指标作为门槛变量，探讨了家庭债务规模与消费支出的非线性关系。研究发现，家庭债务的浅度还债规模维持在流动性财富水平以上、债务的总体规模维持在总财富的7%—20%时，促进消费的效应是最明显的。

基于以上结论，相关的政策建议有：第一，多措并举，保稳就业，重点提高低收入群体的收入水平，缓解其流动性约束与融资约束。第二，继续完善社会保障制度，重点深化大病医疗保险的改革，降低居民的预防性动机。第三，需打破居民家庭"量入为出"的传统消费观念，引导消费者追求高质量的美好生活，在收入预期稳定或收入预期增长的情况下，抛除"无债一身轻"的思维惯性，敢于借债消费、贷款消费。第四，从信贷需求端入手，提高家庭金融的便捷性，让居民有条件接触更多金融产品，提高居民的金融参与度。CFPS2016年、2018年数据显示，有住房贷款的家庭金融产品持有概率要高两倍，因此，可通过资产类金融产品持有率的提高，改善居民理财意识，进而降低信贷盲度，增加信贷申请率。第五，从信贷供给端入手，重视社区金融机构、农村金融机构、民间金融机构的开设，同时完善手机客户端的功能和权限，适度降低信贷门槛，丰富住户部门信贷种类，开发期限、额度双灵活的消费型信用贷款，同时，使用短期与中长期相结合的评估方法，完善住户部门债务风险评估机制，进一步准确量化识别并控制债务风险。另外，应合理引导居民调增短期消费贷款占比，优化家庭债务结构，从而真正发挥普惠金融的作用。

第六章　数字经济背景下的家庭异质性消费行为
——基于网络消费的视角

据国家统计局的数据，自 2014 年开始，最终消费支出增长对经济增长的贡献率超过 50%，开始成为经济增长的主要驱动力。之后，最终消费的贡献率一直处于高位，2020 年尽管受到新冠肺炎疫情的冲击，最终消费支出占 GDP 的比重仍然达到了近年来的最高水平 54.3%，然而居民消费率却一直维持在 40% 上下的较低水平。完善促进消费的体制机制，增强消费对经济发展的基础性作用，是符合我国长远发展的经济增长方式，也是扩大内需战略基点的必经之路。

而要充分发挥居民消费潜力，网络消费作为一种新业态、新模式，其动力作用不容小觑。伴随互联网技术的进步，近几年智能移动终端迅速普及，网上零售持续扩容，线上线下深度融合，网络消费不仅体现为规模扩大化，还体现为结构升级，进而成为消费加速的新力量。2018 年年底，我国网民规模超过 8 亿人，互联网普及率达 59.6%，其中农村网民规模达 2.2 亿人，互联网普及率为 38.4%①。2020 年 12 月，中国互联网络信息中心发布的第 47 次《中国互联网络发展状况统计报告》显示，我国网民规模超过 9.8 亿人，持续扩张的网民基数为网络消费迅速发展提供了条件，网络消费用户规模达到了 7.8 亿人。方便、快捷、多样化的网络消费对传统消费的替代作用进一步凸显。

这种新消费模式的出现潜在地将整个社会划分为两大群体，即网络消费家庭和传统消费家庭。如果前者的消费支出额显著高于后者，那么从理论上讲，后者转变为前者将会在一定程度上释放一部分消费。而普惠金融意在为有金融服务需求的社会各阶层和群体提供适当、有效的金融服务，一方面可以通过直接提供信贷，缓解家庭所受的流动性约束；

---

① 国家统计局网站（http://www.stats.gov.cn/tjsj/zxfb/201908/t20190802_1688781.html）。

另一方面可以间接提升消费者金融素养，改变家庭资产结构，进而通过资产及财富效应对家庭消费产生影响（臧旭恒、张欣，2018）。而随着互联网技术的进步，数字普惠金融的发展使支付的便捷性大为提升，从而会促进家庭消费支出的增长（易行健、周利，2018；张勋等，2020）。尝试从普惠金融发展影响网络消费的角度挖掘居民消费潜力进一步释放的可能性，并定量研究普惠金融发展程度对网络消费支出的带动效果，即网络消费家庭的消费支出是否更多、普惠金融发展是否可以使更多家庭网络消费，进一步地，对于网络消费家庭，普惠金融发展是否可以提升其网络消费支出额，是本章的研究重点。

学界有关互联网普及、互联网技术及应用、普惠金融发展与居民消费支出等方面的研究结果，既丰富了消费经济理论，又对社会热点及政策实践具有重大的指导意义。然而，我们从前面文献综述中也应该看到，现有文献的研究对象多为家庭总体消费支出，缺乏以家庭网络消费支出为对象的研究。同时，传统金融及借助信息技术发展起来的数字普惠金融，和同样利用信息技术发展起来的网络消费之间，存在什么样的影响与机制，学界还鲜有涉及。而且，有网络消费的样本中也存在较强的异质性，一方面体现在网络消费金额上，另一方面体现在网络消费频率上。因此，从普惠金融发展的视角研究家庭网络消费行为，可以更深刻地认识网络消费这一新型消费业态和模式，并进一步明确住户部门金融发展的方向，提升消费金融的服务质效，是扩大内需的重要途径。本章力图在以下两方面有所突破：其一，使用代表传统金融渗透程度的家庭金融参与程度、代表数字金融发展状况的地区数字普惠金融发展指数共同作为普惠金融发展的代理变量，重点关注不同普惠金融发展程度下的家庭如何更容易进行网络消费，即关注了怎样增加更多网络消费的家庭的问题；其二，针对网络消费家庭，聚焦普惠金融发展对其网络消费支出绝对数额的影响，即关注了如何使这些家庭的网络消费支出更多。结果显示，经过渐进的增长，网络消费家庭的总消费水平、消费结构均较高，在城镇、不受流动性约束的家庭里更明显。随后，使用家庭金融参与程度、地区数字普惠金融发展指数共同作为代理变量，检验得出普惠金融发展不仅显著正向提升了网络消费家庭的比例和频率，而且通过便利支付、缓解流动性约束、改变家庭资产结构三种机制提升了这些家庭的网络消费支出额。同时，异质性分析及分组分析也得出了一系列丰富的结论。加深家庭金融参与程度，加快地区数字普惠金融的发展，帮助老年群体、低收入群体迈过数字鸿沟，能在更大程度上普及网络消费和提高网络消费支出，释放内需潜力。

第一节 理论分析与模型设定

一 网络消费对传统实体消费的挤出

假设消费者 t 期无网络消费行为，$t+1$ 期及之后各期出现网络消费行为，则 t 期的消费 C_t 皆为传统实体消费，$t+1$ 期的消费为实体消费与网络消费之和。假设网络消费占总消费的比例为 α（$0<\alpha<1$），则 $C_{t+1}=(1-\alpha)C_{t+1}+\alpha C_{t+1}$。在收入、保险、物价水平等因素不变的情况下，有如下几种情形。

第一种情形，$t+1$ 期的年消费支出额与 t 期相等，即 $C_t=C_{t+1}$。这样，只要网络消费不为 0，两期的实体消费 $(1-\alpha)C_{t+1}<C_t$，即体现为网络消费行为挤出了实体消费。

第二种情形，$t+1$ 期的年消费支出额低于 t 期，即 $C_t>C_{t+1}$，假设 $\dfrac{C_{t+1}}{C_t}=\gamma$，（$0<\gamma<1$）。这样，两期实体消费之差 $(1-\alpha)C_{t+1}-C_t=(1-\alpha)C_t\gamma-C_t=C_t(\gamma-\alpha\gamma-1)<0$，也体现为网络消费挤出了传统实体消费。

第三种情形，$t+1$ 期的年消费支出额高于 t 期，即 $C_t<C_{t+1}$，假设 $\dfrac{C_{t+1}}{C_t}=\lambda$，通常 $\lambda>1$。这样，两期实体消费之差 $(1-\alpha)C_{t+1}-C_t=(1-\alpha)C_t\lambda-C_t=C_t[\lambda(1-\alpha)-1]$，符号不确定，但网络消费占总消费的比例 α 越高，符号为负的可能性就越大，即网络消费仍较易挤出实体消费。

二 网络消费行为对家庭总消费支出的影响

网络消费对总消费的影响通常从以下两个角度来体现。其一，网络消费商品的价格通常低于实体店标注的价格，因此，当消费者在 t 期开始网络消费，但所需商品组合的品质数量等若与未开始网络消费时相同，那么 t 期消费支出将因网络消费商品价格组合的降低而体现为减少。但从生命周期的角度来看，当一生的收入不受网络消费影响时，商品组合价格的降低将会提升消费者的总体购买力，那么即使消费者一生的总消费支出不变，总效用却是增加的。

其二，线上购物的体验增加了消费的选择自主性，买卖双方之间的空间及时间距离不再是交易障碍，个性化的长尾消费需求能够通过平台匹配得到精准的满足，消费者的偏好异质性通过现代信息技术的蓬勃发展而被充分挖掘，直播带货等新型消费形式催生、创造了大量新需求，从而会带来消费者购买的商品组合种类及数量的增加。在不考虑线上线下价格差异的前提下，有网络消费的消费者的总消费支出通常也是增加的。

综上，网络消费家庭一方面因方便快捷、多样化挤出了实体消费，另一方面被挖掘出潜在消费、催生出新消费，因此相比较未网络消费的家庭，其总消费支出很大可能性是增加的。

三 普惠金融发展对网络消费行为的影响

生命周期理论假设金融市场是完善的，家庭入不敷出时可随时无约束地得到融资。然而，现实中众多家庭会暂时或长期受到流动性约束，从而在一定程度上抑制了消费。因而，流动性约束也成为研究金融市场对家庭消费影响的关键机制和渠道。理论上，普惠金融发展程度越高，家庭受抑制的因素越少，流动性约束被缓解的可能性越大，消费者金融素养及消费观念改善越多，加之数字普惠金融的发展使支付的便捷性大为提升，从而可以释放一部分消费。无论是传统金融还是数字金融，均高度依赖当前互联网信息技术的发展，因此，一方面，普惠金融发展使接触及体验门槛愈加降低，能够对居民生活的方方面面进行渗透，无形之中起到了推广互联网信息技术的作用，让更多居民接触到了网络购物这一新型消费形式，从而使部分家庭的消费方式发生转变，进而会提升网络消费家庭占比；另一方面，对已网络消费的家庭来讲，普惠金融发展带来越来越便利的支付及流动性补充，促使网络消费支出的金额及频率得以提升。

四 实证策略及计量模型设定

网络消费家庭与传统消费家庭之间在消费方式、消费环境、消费范围、消费成本上均不相同，从而包括效用函数在内的整个消费决策过程都是有差异的，尤其是表现在不同消费心理带来的时间偏好差异。因此，我们可以假设网络消费家庭因消费更加便捷、"无现金支付"更为彻底等原因，消费支出要比同等情况下的传统消费家庭多一些，即网络消费方式可能促进了消费支出。为了验证这一点，并解决样本选择偏差问题，我们使用了倾向得分匹配（PSM）的检验方法，依据相似可观测特征进行匹配，考察网络消费行为对家庭消费支出的净影响。假设 C_i 为家庭 i 的年度消费支出，也被称为结果变量；$d_i=\{0, 1\}$ 为家庭是否有网络消费行为的虚拟变量，也被称为处理变量。对于家庭 i，其消费支出 C_i 有两种状态，取决于是否有网络购物，即 C_{0i}（当 $d_i=0$ 时）、C_{1i}（当 $d_i=1$ 时）。模型设定如下：

$$C_i = (1 - d_i)C_{0i} + d_i C_{1i} = C_{0i} + (C_{1i} - C_{0i})d_i \qquad (6-1)$$

式中，$(C_{1i}-C_{0i})$ 表示家庭有网络购物行为时的处理效应。而其期望值，即为平均处理效应。其中，有网络购物行为的平均处理效应（ATT）估计式如下：

$$\widehat{ATT} = E(C_{1i} - C_{0i} | d_i = 1) = \frac{1}{N_1} \sum_{i:\,d_i=1}(C_i - \hat{C}_{0i}) \qquad (6-2)$$

式中，$N_1 = \sum_i d_i$ 为有网络购物行为家庭的样本数，而 $\sum_{i:d_i=1}$ 表示仅对有网络购物行为的家庭进行加总，$\hat{C}_{0i}$ 表示家庭 i 未有网络购物行为时的消费支出总量估计量。

通过这种研究方法匹配两个在收入、资产、受教育程度、年龄等其他特征相同或相似的家庭，进而过滤掉选择性偏差的问题，再尝试验证网络消费行为是否导致了消费支出的差异，这样得出的结果更加可靠。关于相似的可观测特征，我们将与家庭消费支出相关的以下变量作为协变量，分别是家庭财富特征变量如对数家庭年收入、对数家庭净资产；家庭内外消费环境变量如是否在城镇居住、是否发生重大事件、是否受流动性约束；家庭支出不确定性相关变量如成年人参加养老保险人数比率、家庭参加医疗保险比率、家庭健康成年人数占比、未成年子女抚养比、65 岁以上老人赡养比；家庭特征变量如成年人年龄均值、成年人受教育程度均值、家庭人数，以及户主特征变量如性别、婚姻状况。最后考虑区域差异，添加了省份虚拟变量。

进一步地，如果上述分析通过检验，则促使传统消费家庭开始网络消费，可实现消费潜力的释放。而在这个转变过程中，普惠金融发展能起到多大的效果，是接下来我们需要考虑的第二个问题，即普惠金融发展是否促进网络消费行为的发生。我们设定 Probit 模型如下：

$$P(D_i = 1 | X_i) = \alpha JR_i + X_i \beta + \varepsilon_i \qquad (6-3)$$

式中，D_i 为被解释变量，指家庭是否有网络消费行为。X_i 是控制变量，与 PSM 分析中的协变量相似。JR_i 指普惠金融发展变量，包括微观家庭金融参与程度及宏观地区数字普惠金融发展程度,是我们关注的变量。关于普惠金融发展是否提升了网络消费频率的考察,也采用了式(6-3)的形式,只是被解释变量变为是否频繁网络消费。

进一步地,对于已网络消费的家庭,普惠金融发展对于其网络消费支出的绝对金额有何种影响,是将要考察的第三个问题。我们构建了计量方程(6-4),使用加权最小二乘法进行了检验。

$$\ln CW_i = \ln Y_i + \ln JZC_i + \ln JR_i + Z_i + \delta_i \quad (6-4)$$

式中,CW_i 是家庭网络消费支出,Y_i 是家庭收入,JZC_i 是家庭净资产,Z_i 是控制变量。

第二节 数据及变量选取

本章使用的数据主要来自第四轮、第五轮中国家庭追踪调查(China Family Panel Studies)。经数据筛选与处理,得到CFPS2018 的 9370 户横截面数据、CFPS2016—2018 的 6019 户面板数据,涵盖了除港澳台及西藏之外的其他30个省份。①

将年网络消费支出为正的家庭定义为网络消费家庭样本。家庭网络消费支出是指家庭所有成年人每年的网络消费支出总和。家庭消费支出是指 CFPS2016—2018 中涉及的所有消费性支出,部分月度支出做了年化处理。生存型消费支出包含衣食住行相关支出 12 项;享受型消费支出包括购置汽车、交通通信工具、家具等耐用品支出,文化娱乐,旅游,美容及外出就餐支出 7 项;发展型消费支出包括教育培训支出、医疗与保健支出等 4 项。同时,普惠金融发展大大提高了居民金融参与的便捷性,降低了相应门槛,本章尝试使用家庭是否持有金融产品及是否借入银行信贷来表示消费者金融的参与程度,作为衡量消费者普惠金融发展受益的微观变量;使用北京大学数字金融研究中心公布的数字普惠金融发展指数,同微观家庭调查年份及所在地区相匹配后,来表示消费者所处地区普惠金融发展的宏观变量。另外,本章借鉴了 Zelds(1989)关于流动性

---

① 户主主要采用了 CFPS2012 家庭关系库中重大决策者,其中少数缺失重大决策者的家庭使用了财务回答人进行家庭数据与户主个人数据的匹配。之后,去掉关键变量缺失的样本。

约束的定义,若家庭流动性资产小于等于家庭两个月的收入,则家庭就是受到流动性约束的。本章还借鉴了宋明月、臧旭恒(2020)对于流动性约束强度的估计方法。综合变量含义和数据中的系列名称,所涉及的众多变量及含义说明、使用 CFPS2018 所做出的描述性统计如表 6-1 所示。

表 6-1　　　　　　　　变量含义及描述性统计

变量含义及符号	总体样本		网络消费家庭样本		备注
	均值	标准差	均值	标准差	
家庭消费支出	65023.98	70554.96	80324.2	77900.61	单位:元
网络消费消费支出	6049.08	84024.60	11120.24	113682.30	
生存型消费支出	37295.74	40831.06	44194.86	43155.22	
享受型消费支出	14394.12	35545.75	19986.69	42241.87	
发展型消费支出	12804.57	19674.55	15480.50	20092.07	
家庭年收入	66453.72	79332.58	84518.42	93637.85	
家庭总资产	741355.9	1647420	949678.60	1733732	
家庭净资产	680386	1598668	869844.80	1673677	
家庭金融参与程度	0.29	0.53	0.38	0.59	持有金融产品、借入银行信贷均各赋值1
地区数字普惠金融指数	273.09	24.26	274.44	25.19	
家庭人数	3.62	1.83	3.94	1.86	单位:人
成年人年龄均值	45.19	12.23	39.16	9.28	
成年人受教育程度均值	2.12	1.05	2.52	1.08	最高学历按阶段赋值
家庭健康成年人数占比	0.56	0.30	0.60	0.28	除"不健康"外的成年人占家庭人数比重
成年人参加养老保险人数占比	0.34	0.31	0.39	0.29	参加养老保险的成年人占家庭人数比重
参加医疗保险人数占比	0.71	0.29	0.74	0.27	参加医疗保险的人数占家庭人数比重
流动性约束强度	1.78	2.41	1.79	2.54	
是否城镇居住	0.51	0.49	0.59	0.49	是为1,否为0

续表

变量含义及符号	总体样本		网络消费家庭样本		备注
	均值	标准差	均值	标准差	
是否发生重大事件	0.16	0.37	0.18	0.39	是为1,否为0
户主性别	0.69	0.46	0.69	0.46	男为1,女为0
户主婚姻	0.88	0.32	0.90	0.29	在婚为1,其他为0
是否受流动性约束	0.46	0.49	0.41	0.49	是为1,否为0
是否频繁网络消费	0.31	0.46	0.57	0.49	是为1,否为0
样本数	9370		5097		

表6-1列出了CFPS2018总体样本与网络消费家庭样本的各变量均值与标准差。从中可以看出,网络消费家庭有5097户,占总样本的54%。相比较总体样本,网络消费家庭在消费支出、禀赋方面表现出了很强的异质性。网络消费家庭的年度消费支出是总体样本的1.3倍左右,悬殊的消费水平背后,还有同为悬殊的禀赋状况。如网络消费家庭的年收入、总资产与净资产均是总体样本的1.3倍左右。同时,网络消费家庭成年人受教育程度明显偏高,成年人平均年龄均较总体样本而言年轻,大部分为城镇居住,受流动性约束家庭较少。在网络消费家庭样本中,CFPS2016中网络消费支出仅占家庭消费支出的7%,而CFPS2018中为14%,无疑说明了其发展潜力是巨大的。

我们同时也统计了按收入和户主年龄分组后的网络消费家庭占比,其中收入分组参照国家统计局同年度收入五等份的临界值,结果分别如图6-1、图6-2所示。从中发现,随着收入的提高,网络消费家庭的比例越来越高;而年轻家庭网络消费比例较大,大于50岁的网络消费家庭占比逐渐降低。值得注意的是,农村最低收入组、户主年龄大于65岁的网络消费家庭占比远低于其他群体和平均值,对样本进行统计分析后发现,这两个群体户主上网的比例、互联网作为重要信息来源渠道的比例均远低于总样本平均水平[①],后文分析中尽可能重点关注。

[①] CFPS2018总体样本中,"互联网是信息渠道的重要程度"选择3、4、5的为53%,户主上网的有47%。而户主年龄大于65岁的样本两个比例分别为23%、14%,农村最低收入组样本分别为31%、20%。

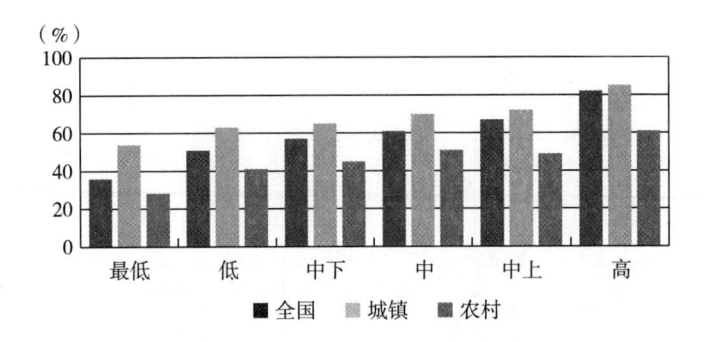

图 6-1 分城乡、按收入分组的网络消费家庭占比统计

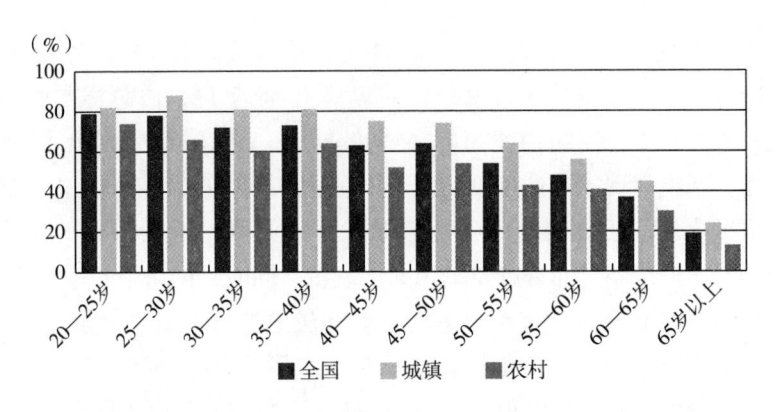

图 6-2 分城乡、按户主年龄分组的网络消费家庭占比统计

注：年龄分组不包含起点数值。

为何网络消费家庭样本的年度消费支出相对较高？单纯使用样本均值无法避免选择性偏差的问题，比如收入较高、受教育程度较高、年龄较低的人群更容易使用网络消费的方式，这样会使网络消费行为对于消费支出的影响变得模糊。首先，网络消费行为一方面增加了消费支出，但也挤出了一部分传统实体消费支出，那么网络消费家庭的总消费支出是否更多，更进一步地，消费结构又如何变化，这是后文研究的问题之一。其次，若网络消费家庭消费支出更多，普惠金融发展是否可以增加更多的网络消费家庭？针对不同禀赋、年龄的群体又如何，这是后文研究的问题之二。最后，从家庭金融参与程度这一变量的均值来看，网络消费家庭样本明显高于总样本，那么普惠金融发展是否可以提升这些家庭的网络消费绝对金额，这是后文研究的问题之三。

第三节　网络消费行为对家庭异质性消费支出额及结构的净影响

一　是否有网络消费行为与家庭异质性消费支出的 PSM 检验

使用式（6-2）的模型及 CFPS2018 的数据，经平衡性检验，各协变量在处理组和控制组之间基本达到了平衡，几乎所有变量的标准化偏差在匹配后都缩小了。本节使用对数家庭消费支出、生存型消费占比、享受型消费占比、发展型消费占比作为结果变量，分别进行了重点关注样本的检验、内生性检验和异质性检验。

（一）总体样本及重点关注样本的检验

表 6-2 的结果显示，无论是使用近邻匹配法中的一对一匹配、卡尺内一对四匹配，还是应用整体匹配法中的核匹配，结果都高度显著且相近，说明估计结果是稳健的。在剔除选择性偏差影响后，网络消费行为对家庭消费支出的净影响是正向的，即网络消费的形式促进了家庭消费支出。将对数值换算成绝对值后，在其他条件相同或相似的情况下，网络消费行为能使家庭消费支出增加约 24%。分消费支出类型来看，网络消费行为虽然显著提升了消费支出，但是对消费结构的影响不尽相同，会带来生存型消费支出占比的下降和享受型消费支出占比的上升。因此，可以初步判断网络消费可以优化家庭消费结构，助推消费结构升级，后文也印证了这一判断。分城乡来看，这一效应在城镇家庭间更为明显。基于第三部分数据统计的分析，我们重点关注了较易受数字鸿沟影响的两个群体，即户主年龄大于 65 岁的老年家庭与农村人均收入在低收入组临界值 3301.9 元以下的家庭（称之为农村最低收入组），发现在这些群体内部，有网络消费行为的家庭消费支出增加较多，幅度要高出总体样本均值不少。这说明，这些家庭有着较强的消费多样化需求，数字鸿沟的存在阻碍了大部分人群享受数字经济带来的便利（何宗樾等，2020）。

表 6-2　家庭是否有网络消费行为与消费支出及结构的 PSM 检验结果

因变量	对数消费支出	生存型消费占比	享受型消费占比	发展型消费占比	样本数	
					处理组	控制组
总体样本	0.219*** (0.041)	-0.025*** (0.011)	0.026*** (0.008)	-0.003 (0.009)	4271 (4188)	5097 (5086)
城镇样本	0.227*** (0.057)	-0.045*** (0.015)	0.039*** (0.012)	0.005 (0.012)	3047 (3010)	1746 (1692)
农村样本	0.139*** (0.054)	-0.023 (0.015)	0.007 (0.011)	0.015 (0.013)	2048 (2028)	2523 (2482)
户主年龄大于65岁	0.372 (0.242)	0.004 (0.068)	0.021 (0.029)	-0.028 (0.068)	78 (64)	310 (150)
农村最低收入组	0.368*** (0.146)	-0.057 (0.038)	0.028 (0.021)	0.026 (0.037)	161 (148)	402 (371)

注：本章分别进行了一对一匹配、卡尺内一对四匹配、核匹配，由于篇幅限制，这里只给出一对一匹配的结果。ATT 估计值括号内为标准差，样本数括号内为共同取值范围的样本数量，***、** 分别表示在1%、5%的显著性水平上显著，下同。

（二）内生性讨论与处理效应检验

上文虽使用了多种匹配方法证明了结果的稳健性，但不可观测变量及反向因果关系的干扰仍需进一步讨论。首先，消费支出较高的家庭可能会采用更多消费方式，即有较多机会接触互联网线上消费。其次，消费支出是家庭综合了多种因素后最终的一种选择行为，可能存在示范效应等难以准确量化的因素，从而不可观测。为此，我们选择了使用工具变量的处理效应模型，尝试解决上述问题可能引起的偏误。将家庭是否网络消费作为处理变量，选择使用与微观家庭总消费支出的直接相关性较为微弱的各省份数字普惠金融指数及其中的支付指数、各省份每万人邮政业从业人员数、户主对陌生人的信任程度共同作为工具变量，分两组予以检验。其中，数字普惠金融指数及其中的支付指数来源于北京大学数字金融研究中心公布的数据，能够体现地区数字金融发展的总体情况及互联网支付发展状况（郭峰等，2020）；受武淑萍、于宝琴（2016）所得出的快递物流业应与电子商务协同发展的结论启发，我们使用了国家统计局网站上的各省份每万人邮政业从业人员数来体现地区快递物流发展状况；考虑到王子贤、吕庆华（2018）的研究发现即消费者信任能调节跨境网络消费的意愿,我们使用了 CFPS2018 中户主对陌生人的信任程度从侧面反映家庭对非见面交易的接受度。联合上文可观测变量作为其他自变量,使用最大似然估计法进行研究,得出的结果如表 6-3 所示。可以看出,所选的外生工具变量较为理想,似然比检验的 P 值均大于 0.1,意味着接受原假设,即不存在内生性。网络消费家庭消费支出显著高于未参与网络消费的家庭,说明上述 PSM 检验的结果是可信的。

表 6-3　家庭是否有网络消费行为与消费支出的处理效应检验

因变量：对数消费支出		I	II
处理效应估计结果	是否有网络消费行为	0.210* (0.121)	0.209* (0.121)
	似然比检验 P 值	0.679	0.685
一阶段 Probit 估计结果	地区数字普惠金融指数	0.003*** (0.0007)	
	地区数字普惠金融指数——支付指数		0.002*** (0.0004)
	各省份每万人邮政业从业人员数	0.006 (0.007)	0.008 (0.006)
	户主对陌生人的信任程度	0.046*** (0.006)	0.045*** (0.006)
样本数		9370	9370

(三) 四类异质性群体的检验

借鉴宋明月、臧旭恒 (2020) 对于异质性群体的分组依据及方式,本章根据禀赋及偏好的差异,将整体样本分为有耐心且受流动性约束、有耐心且不受流动性约束、缺乏耐心且受流动性约束、缺乏耐心且不受流动性约束四类,并展开检验。表 6-4 的结果显示,所有群体中,网络消费家庭消费支出均明显高于同组未网络消费家庭,消费结构也整体体现为升级。总体而言,不受流动性约束的网络消费家庭消费支出更多。

表 6-4　异质性家庭是否有网络消费行为与消费支出的 PSM 检验结果①

	对数消费支出	生存型消费占比	享受型消费占比	发展型消费占比	样本数	
					处理组	控制组
有耐心且受流动性约束	0.109* (0.084)	-0.004 (0.022)	0.013 (0.016)	-0.005 (0.021)	1146 (1127)	1148 (1105)
有耐心且不受流动性约束	0.337*** (0.075)	-0.051*** (0.018)	0.021* (0.015)	0.025** (0.015)	1792 (1766)	1031 (939)
缺乏耐心且受流动性约束	0.156** (0.089)	-0.045** (0.023)	0.014 (0.016)	0.035** (0.021)	918 (917)	1072 (1050)
缺乏耐心且不受流动性约束	0.291*** (0.088)	-0.023 (0.021)	0.049*** (0.017)	-0.028** (0.016)	1227 (1218)	1018 (931)

二　家庭是否有网络消费行为与消费支出的动态 PSM-DID 检验

上文使用 CFPS2018 的截面数据进行了静态分析，下面我们使用两期面板数据做一个动态研究。在 CFPS2016—2018 两期 6019 户平衡面板中，筛选出 2016 年未网络消费但 2018 年网络消费的家庭 1312 户、两期均未网络消费的家庭 1964 户。考虑到双重差分倾向得分匹配（PSM-DID）可以控制不可观测但不随时间变化的组间差异，本部分拟使用这种方法，来分析家庭是否网络消费对消费支出的净影响，以进一步明确所关注变量间的因果关系。以 2016 年未网络消费但 2018 年网络消费的家庭为处理组，刻画网络消费初期；以两期均未网络消费的家庭为控制组。平衡性检验显示，上文中各协变量的均值在处理组、控制组之间不存在显著差异，支持采用 PSM-DID 的估计方法。对是否有网络消费行为对消费支出及结构的影响分别进行检验，结果如表 6-5 所示。可以看出，家庭开始网络消费后的消费支出明显增加，消费结构也明显升级。其中，对数消费支出的 ATT 值明显低于表 6-2、表 6-3 的结果，原因应该是在网络消费初期，各项信息获取均处于初期阶段，融入处于渐进阶段，所带来的消费支出增长低于横截面数据中的综合效应。

---

①　本章分别进行了一对一匹配、卡尺内一对四匹配、核匹配，由于篇幅限制，这里只给出一对一匹配的结果。感兴趣的读者可以向作者索取。

表 6-5　家庭是否网络消费与消费支出的 PSM-DID 检验结果

	对数消费支出	生存型消费占比	享受型消费占比	发展型消费占比	样本数	
					处理组	控制组
家庭是否网络消费	0.122*** (0.039)	-0.033*** (0.010)	0.017** (0.008)	0.020** (0.009)	1312	1954

通过以上分析，我们了解到，网络消费行为在提升消费水平、优化消费结构上具有积极的影响及意义。接下来的研究围绕以下两点展开：第一，如何才能提高网络消费普及率，从而让更多居民家庭参与网络消费，这在数字鸿沟明显的特殊群体中又是何种情形；第二，在网络消费家庭中，如何提高其网络消费支出水平进而带动更多消费潜力的释放。

第四节　普惠金融发展影响家庭网络消费行为的 Probit 分析及异质性分析

对于提升网络消费普及率，我们使用了 Probit 模型分别展开了总体分析及异质性分析，以检验影响家庭是否网络消费的因素。参考上文处理效应模型一阶段 Probit 回归的结果，我们使用家庭金融参与程度、地区数字普惠金融发展程度两个指标，分别代表传统金融及数字金融，从微观与宏观两个角度共同度量普惠金融发展状况。

一　总体 Probit 分析

因是否网络消费的解释变量是二值的，为离散型解释变量，我们尝试使用式（6-3）来分析家庭网络消费行为的影响因素。估计结果如表 6-6 所示。第 I 列是基准回归，收入、净资产、家庭金融参与程度、地区数字普惠金融发展状况、家庭上网成年人数量、平均受教育程度、参加养老保险及医疗保险人数占比均显著正向地提升了家庭网络消费的概率，而成年人平均年龄、户主性别为男显著反向影响家庭网络消费的概率。结合原始数据及估计系数，收入增加、金融服务参与种类的增加、家庭上网成年人数量的增加有较大概率提升网络消费。

将样本按照家庭消费支出额排序，去除上下 1%后，得出的结果第 II 列与第 I 列基本一致，证明了结果的稳健性。进一步将样本分为城镇样本和农村样本，我们发现收入增加、金融服务参与种类的增加对于提升城镇居民家庭网络消费的概率意义更大，而家庭平均受教育程度、参加医疗保险人数占比则对于提升农村居民家庭网络消费概率意义更大，数字普惠金融发展对于农村家庭网络消费概率的影响不显著。

对于已经开始网络消费的群体，哪些因素可以提高其网络消费频率呢？我们将 CFPS2018 中有网络消费行为的 5097 户作为考察样本，将问卷中"使用互联网络进行商业活动（如使用网银、网上购物）的频率"作为网络购物频率的指标，并将选择"几乎每天""一周 3—4 次""一周 1—2 次"作为答案的样本，定义为频繁网络消费群体。以是否频繁网络消费为因变量进行 Probit 检验，结果如第 V 列所示。可以看到，对网络消费家庭来讲，收入的增加对提升网络消费频率仍然有重要意义；地区数字普惠金融指数的估计系数虽然仍很小，但已经翻倍，且显著性有所提高，因此地区数字普惠金融的发展对已经网络消费的家庭来讲也非常有意义。

表 6-6　　　　　　　　家庭是否网络消费的 Probit 分析

因变量	是否网络消费				是否频繁网络消费
	基准回归	去除上下 1%	城镇样本	农村样本	基准回归
	I	II	III	IV	V
对数收入	0.206*** (0.022)	0.203*** (0.022)	0.219*** (0.034)	0.193*** (0.029)	0.224*** (0.026)
对数净资产	0.015*** (0.004)	0.015*** (0.004)	0.018*** (0.006)	0.013*** (0.005)	0.014*** (0.005)
家庭金融参与程度	0.158*** (0.036)	0.167*** (0.036)	0.172*** (0.048)	0.148*** (0.053)	0.063* (0.033)
地区数字普惠金融指数	0.0013* (0.0007)	0.0014* (0.0007)	0.0016* (0.0009)	0.0006 (0.0011)	0.0029*** (0.0008)
家庭上网的成年人数量	0.560*** (0.021)	0.562*** (0.021)	0.541*** (0.032)	0.578*** (0.028)	0.145*** (0.019)
成年人平均年龄	−0.053*** (0.002)	−0.053*** (0.002)	−0.054*** (0.002)	−0.053*** (0.003)	−0.003 (0.002)

续表

因变量	是否网络消费				是否频繁网络消费
	基准回归	去除上下1%	城镇样本	农村样本	基准回归
	Ⅰ	Ⅱ	Ⅲ	Ⅳ	Ⅴ
成年人平均受教育程度	0.259*** (0.022)	0.257*** (0.022)	0.204*** (0.028)	0.364*** (0.041)	0.156*** (0.020)
成年人参加养老保险人数占比	0.124** (0.061)	0.119* (0.061)	0.142* (0.085)	0.116 (0.087)	-0.033 (0.072)
参加医疗保险人数占比	0.521*** (0.069)	0.525*** (0.071)	0.485*** (0.097)	0.574*** (0.102)	-0.002 (0.080)
家庭健康成年人数占比	0.067 (0.065)	0.069 (0.066)	-0.019 (0.091)	0.145 (0.094)	0.245*** (0.077)
户主婚姻	-0.028 (0.055)	-0.033 (0.056)	-0.155** (0.076)	0.109 (0.084)	0.015 (0.063)
户主性别	-0.086** (0.037)	-0.086** (0.037)	-0.089* (0.049)	-0.087 (0.055)	-0.014 (0.039)
常数项	-1.932*** (0.263)	-1.926*** (0.268)	-1.851*** (0.369)	-2.007*** (0.411)	-3.995*** (0.311)
可决系数	0.438	0.433	0.428	0.422	0.071
样本数	9370	9184	4797	4573	5097

二 异质性分析

我们进一步根据户主耐心情况、家庭受流动性约束的情况将样本划分为四个异质性样本，估计结果如表6-7第Ⅰ列至第Ⅳ列所示。总体来看，收入在不受流动性约束的两个群体中，对家庭网络消费概率的影响较大，金融参与程度与地区数字普惠金融发展指数、成年人参加养老保险人数占比、户主婚姻在有耐心且不受流动性约束的家庭中影响更明显。

数字鸿沟状况明显的两个重点关注群体里的情况也差异较大。在户主大于65岁的老年家庭中，金融参与程度的增加大幅提升了网络消费概率，但地区数字普惠金融的发展影响不明显，说明整体社会的进步难以精准解决老年人数字鸿沟的问题，而通过线下对金融服务参与的渗透，则可以较高效率地促进老年人网络消费行为的发生。不同于其他样本，户主性别估计系数显著为正，说明在老年群体中，男性户主更容易迈出数字鸿沟。

在农村低收入群体中，收入、受教育程度对家庭网络消费行为的影响比其他群体大一些。家庭金融参与程度的估计系数为负，我们统计了债务收入比，发现低收入群体均值为4.04，而总体样本仅为1.19，说明低收入群体金融参与更多反映出债务较多、债务负担过重，进而当金融参与程度更高时，更多的债务体现为对消费的挤出和网络消费意愿的下降。因此，提升该群体的收入水平较为关键。值得注意的是表6-6第Ⅳ列的农村样本中，数字普惠金融指数估计系数不显著，而在表6-7第Ⅵ列农村低收入群体中却异常显著，且系数较大，说明地区数字普惠金融的发展对农村低收入人群意义更大。由此可知，若想迈过数字鸿沟，一方面需重点加强对老年群体的线下金融产品渗透，另一方面需积极推进数字普惠金融的区域平衡发展、促进农村低收入者的收入提升、保障低收入家庭成员受教育的权利以避免因贫弃学的情况发生，对于激发重点群体进行网络消费是有意义的。

表6-7 异质性群体中网络消费行为影响因素的 Probit 分析

因变量	异质性群体				重点关注群体	
	缺乏耐心且不受流动性约束	缺乏耐心但受流动性约束	有耐心且不受流动性约束	有耐心但受流动性约束	户主大于65岁	农村低收入群体
	Ⅰ	Ⅱ	Ⅲ	Ⅳ	Ⅴ	Ⅵ
对数收入	0.207*** (0.043)	0.191*** (0.049)	0.229*** (0.042)	0.168*** (0.042)	0.129 (0.113)	0.249** (0.102)
对数净资产	0.026* (0.015)	0.006 (0.006)	0.023* (0.013)	0.016*** (0.005)	-0.014 (0.023)	-0.004 (0.010)
家庭金融参与程度	0.195** (0.079)	-0.013 (0.078)	0.239*** (0.070)	0.189*** (0.064)	0.483** (0.245)	-0.189* (0.198)
地区数字普惠金融指数	0.0012 (0.0015)	0.0001 (0.0016)	0.0022* (0.0013)	0.0007 (0.0015)	0.0005 (0.0039)	0.0078** (0.0033)
家庭上网的成年人数量	0.562*** (0.044)	0.577*** (0.048)	0.537*** (0.036)	0.568*** (0.043)	0.712*** (0.111)	0.681*** (0.096)

续表

因变量	异质性群体				重点关注群体	
	缺乏耐心且不受流动性约束	缺乏耐心但受流动性约束	有耐心且不受流动性约束	有耐心但受流动性约束	户主大于65岁	农村低收入群体
	I	II	III	IV	V	VI
成年人平均年龄	-0.053*** (0.042)	-0.055*** (0.004)	-0.051*** (0.003)	-0.055*** (0.004)	-0.048*** (0.009)	-0.039*** (0.007)
成年人平均受教育程度	0.279*** (0.047)	0.309*** (0.055)	0.191*** (0.038)	0.276*** (0.045)	0.194 (0.135)	0.646*** (0.134)
成年人参加养老保险人数占比	0.166 (0.122)	0.181 (0.132)	0.206* (0.113)	-0.023 (0.125)	0.005 (0.439)	0.358 (0.286)
参加医疗保险人数占比	0.501*** (0.145)	0.735*** (0.152)	0.479*** (0.135)	0.423*** (0.133)	0.413 (0.386)	0.359 (0.301)
家庭健康成年人数占比	0.111 (0.138)	-0.189 (0.138)	0.017 (0.126)	0.266** (0.126)	0.259 (0.328)	0.474 (0.301)
户主婚姻	-0.033 (0.126)	0.131 (0.112)	-0.221** (0.103)	0.050 (0.109)	0.058 (0.274)	0.372 (0.243)
户主性别	-0.089 (0.082)	-0.129 (0.081)	-0.013 (0.064)	-0.146** (0.072)	0.407* (0.219)	-0.299* (0.166)
常数项	-2.126*** (0.521)	-1.488** (0.590)	-2.267*** (0.484)	-1.378** (0.563)	-1.111 (1.335)	-5.341*** (1.399)
可决系数	0.455	0.445	0.409	0.432	0.538	0.451
样本数	2250	1998	2826	2296	402	582

第五节 普惠金融发展对家庭网络消费支出额的总体影响与异质性检验

以上证实了普惠金融发展能提升以及多大程度上提升了家庭网络消费的概率,有助于动员更多家庭开展线上消费。本节选择网络消费家庭样本作为研究对象,考察普惠金融发展对这些家庭的网络消费支出绝对金额的影响。

一　总体分析

本部分使用加权最小二乘法，重点考察普惠金融发展与家庭网络消费支出额的关系，结果见表 6-8。基准回归显示，在控制了收入、净资产等变量后，金融参与程度与数字普惠金融的发展均显著正向提升了家庭网络消费支出，家庭金融参与多一个种类时，网络消费支出增加 10%，地区数字普惠金融指数增加 10，家庭网络消费支出增加 6%。我们分别使用两种方式对上述结果进行稳健性检验：一是去除家庭网络消费支出上下 1% 的样本，发现结果没有太大变化；二是将衡量数字普惠金融指数的变量换成其中的支付指数，主要变量仍未发生太大变化。

我们划分了偶尔网络消费群体和频繁网络消费群体，发现频繁网络消费群体更容易受到普惠金融发展程度的影响，家庭金融参与多一个种类时，网络消费支出增加 15%，地区数字普惠金融指数增加 10，家庭网络消费支出增加 9%。

表 6-8　普惠金融发展对家庭网络消费支出影响的总体分析

因变量： 家庭网络 消费支出	基准回归	去除上下 1%	更换数字 普惠金融	偶尔网络 消费群体	频繁网络 消费群体
	Ⅰ	Ⅱ	Ⅲ	Ⅳ	Ⅴ
对数收入	0.267*** (0.022)	0.272*** (0.021)	0.261*** (0.022)	0.228*** (0.035)	0.231*** (0.028)
对数净资产	-0.004 (0.004)	-0.004 (0.004)	-0.004 (0.004)	-0.012* (0.004)	-0.005 (0.007)
家庭金融 参与程度	0.099** (0.041)	0.095** (0.038)	0.101** (0.041)	0.001 (0.058)	0.149*** (0.048)
地区数字 普惠金融指数	0.006*** (0.001)	0.005*** (0.001)		0.002* (0.001)	0.009*** (0.001)
数字普惠金融 指数——支付 指数			0.004*** (0.001)		
流动性 约束强度	-0.016* (0.009)	-0.018** (0.008)	-0.015* (0.009)	-0.007 (0.012)	-0.004 (0.010)

续表

因变量：家庭网络消费支出	基准回归 I	去除上下1% II	更换数字普惠金融 III	偶尔网络消费群体 IV	频繁网络消费群体 V
家庭上网的成年人数量	0.209*** (0.021)	0.198*** (0.020)	0.212*** (0.021)	0.149*** (0.031)	0.159*** (0.025)
成年人平均年龄	-0.006*** (0.002)	-0.004* (0.002)	-0.006*** (0.002)	-0.009*** (0.003)	0.001 (0.003)
成年人平均受教育程度	0.361*** (0.025)	0.320*** (0.023)	0.367*** (0.025)	0.274*** (0.036)	0.292*** (0.028)
成年人参加养老保险人数占比	0.159** (0.078)	0.159** (0.072)	0.153** (0.077)	0.200* (0.109)	0.123 (0.095)
参加医疗保险人数占比	-0.166** (0.084)	-0.201** (0.079)	-0.183** (0.083)	-0.228* (0.118)	-0.001 (0.105)
家庭健康成年人数占比	0.542*** (0.080)	0.425*** (0.076)	0.555*** (0.079)	0.542*** (0.113)	0.268*** (0.101)
户主婚姻	-0.104 (0.067)	-0.080 (0.063)	-0.112* (0.067)	-0.046 (0.090)	-0.222** (0.091)
户主性别	0.006 (0.042)	0.004 (0.039)	0.008 (0.042)	0.028 (0.059)	-0.042 (0.053)
常数项	2.198*** (0.322)	2.397** (0.302)	2.952** (0.255)	3.642*** (0.476)	2.368*** (0.389)
调整可决系数	0.161	0.158	0.163	0.102	0.157
方差膨胀因子	1.16	1.16	1.16	1.16	1.18
样本数	5097	5011	5097	2196	2901

二　分组分析

（一）按普惠金融发展程度区分

根据金融发展在城乡间、区域间存在差异的情况，我们分为三组进行考察，结果如表6-9所示。首先，我们划分城乡进行研究，发现金融发展程度更深地影响了城镇家庭的网络消费支出。其次，我们取对应年度数字普惠金融指数的中位数267，并以此为准划分为地区数字普惠金融情况一般、地区数字普惠金融情况发达两个类别进行研究，发现家庭金融参与程度对发达地区影响更大,而地区数字普惠金融指数对一般地区影响更大,说明在发达地区要更侧重微观家庭金融的参与,而在一般地区要尽力追赶,大力发展数字普惠金融。最后,我们根据家庭金融参与程度分为低、中、高三个群体,发现在金融参与程度较高的家庭中,地区数字普惠金融的普及促进了更多的家庭网络消费支出。

表6-9　普惠金融发展对家庭网络消费支出影响的分组分析

因变量: 家庭网络 消费支出	分城乡		地区数字普惠金融情况		家庭金融参与程度		
	城镇	农村	一般	发达	低	中	高
	I	II	III	IV	V	VI	VII
对数收入	0.358*** (0.029)	0.207*** (0.036)	0.236*** (0.033)	0.318*** (0.031)	0.247*** (0.027)	0.375*** (0.044)	0.364*** (0.130)
对数净资产	−0.008 (0.007)	−0.003 (0.006)	−0.009* (0.006)	0.002 (0.007)	−0.007 (0.008)	−0.007 (0.005)	0.019 (0.013)
家庭金融参与程度	0.102** (0.049)	0.075 (0.069)	0.069 (0.056)	0.145** (0.061)	—	—	—
地区数字普惠金融指数	0.006*** (0.001)	0.004*** (0.002)	0.013*** (0.003)	0.006*** (0.001)	0.005*** (0.001)	0.008*** (0.002)	0.011** (0.005)
流动性约束强度	−0.009 (0.011)	−0.019 (0.014)	−0.010 (0.012)	−0.020* (0.012)	−0.008 (0.011)	−0.040 (0.015)	−0.062 (0.035)
控制变量	是	是	是	是	是	是	是
调整可决系数	0.158	0.124	0.146	0.182	0.138	0.199	0.338
方差膨胀因子	1.16	1.15	1.17	1.18	1.15	1.21	1.58
样本数	3049	2048	2500	2597	3451	1379	254

(二) 按家庭禀赋划分

我们按照户主年龄、家庭收入等级分群体进行了研究。因户主65岁以上、农村低收入两个群体样本太少,我们参照宋明月、臧旭恒(2020),以45岁、55岁为界限,分为青年、中年、老年三个群体进行分析,结果如表6-10所示。从中发现,青年家庭受金融发展影响不明显,中年家庭影响最显著,而老年家庭仅地区普惠金融发展程度影响显著。统计性分析发现,青年户主家庭的网络消费比例高达70%,网络消费支出也比其他两个群体更多,因此在网络消费已成为绝大部分人固定习惯的情形下,普惠金融发展情况对于青年家庭网络消费支出就无关紧要了。而对老年网络消费家庭来讲,地区数字普惠金融的进步可以提升网络消费支出额。

我们按照家庭收入情况分为三组,方法是将全国居民五等份收入分组中,中等偏上收入组、中等偏下收入组的人均值,乘以家庭人口平均数得出临界值,分为低收入组、中收入组、高收入组。可以发现,在不同的网络消费家庭中,收入起的作用也不同,收入越高,对网络消费支出的影响越大。金融参与程度的影响只有在高收入组中才显著为正,而地区数字普惠金融发展情况虽然都显著为正,但收入越高,影响越大。

表6-10　家庭禀赋对网络消费支出影响的分组分析

因变量:家庭网络消费支出	户主年龄			家庭收入等级		
	青年	中年	老年	低	中	高
	Ⅰ	Ⅱ	Ⅲ	Ⅳ	Ⅴ	Ⅵ
对数收入	0.278*** (0.034)	0.243*** (0.035)	0.256*** (0.049)	0.112** (0.045)	0.551*** (0.123)	0.467*** (0.142)
对数净资产	-0.004 (0.006)	-0.002 (0.007)	-0.007 (0.012)	-0.005 (0.006)	-0.015 (0.009)	-0.013 (0.020)
家庭金融参与程度	0.075 (0.063)	0.151** (0.065)	0.109 (0.094)	0.042 (0.067)	0.016 (0.054)	0.135* (0.079)
地区数字普惠金融指数	0.002 (0.001)	0.007*** (0.002)	0.009*** (0.002)	0.003** (0.001)	0.006*** (0.001)	0.010*** (0.002)
流动性约束强度	-0.017 (0.014)	-0.012 (0.013)	-0.032* (0.018)	-0.009 (0.015)	-0.015 (0.010)	-0.055*** (0.018)
控制变量	是	是	是	是	是	是
调整可决系数	0.174	0.159	0.164	0.086	0.122	0.182
方差膨胀因子	1.19	1.20	1.19	1.13	1.17	1.23
样本数	1781	2194	1122	2350	2027	720

三 机制分析

普惠金融发展究竟通过何种机制提升了家庭网络消费支出额呢？首先，数字普惠金融的发展能够通过支付的便利性对居民消费产生显著正向的影响，这一点已被多位学者所证实（张勋等，2020；易行健等，2018）；其次，普惠金融发展可能会降低家庭面临的信贷约束，从而缓解流动性约束，提升家庭流动性，进而促进网络消费支出的增加；最后，普惠金融发展可能通过改变家庭资产结构，提高家庭固定资产的变现能力而产生资产和财富效应，进而促进网络消费支出的增加，如吸引家庭持有更多种类的金融资产，或者促进增加实物资产、房产的流动性等。这里我们重点验证后两种机制。

普惠金融发展通过降低家庭信贷约束，给更多有资金需要的家庭补充了流动性。首先，在传统金融方面，我们根据家庭是否有银行贷款来区分两类家庭，其中银行贷款是指住房贷款及其他贷款。统计性分析发现，无银行贷款的家庭网络消费支出均值为9144元，而有银行贷款的家庭网络消费支出均值为16665元，为前者的1.82倍，考虑到两个群体之间本身具有的收入及支出差异，我们统计了他们的消费总支出，发现后者仅为前者的1.48倍，即有银行贷款的家庭网络消费支出占总支出的比例更高。下面对有银行贷款的网络消费家庭样本进行实证分析来探索这一传导机制。分别生成是否受流动性约束、家庭流动性强度与对数银行贷款额的交叉项，引入模型，研究结果见表6-11。可以发现，无论使用是否受流动性约束还是流动性约束强度，系数都显著为负，说明流动性约束阻碍了家庭网络消费支出的增加，而交叉项的系数均显著为正，意味着银行贷款缓解了流动性约束对网络消费支出的负向作用。其次，在数字金融方面，参照张勋等（2020），使用数字普惠金融指数的信贷子指数，同样生成交叉项后检验发现地区数字金融信贷业务的发展也缓解了流动性约束对网络消费支出的负向作用。

下面我们分析普惠金融发展带来的家庭资产结构变化是否影响了网络消费支出。我们将家庭净资产拆分为家庭储蓄型金融资产、投资型金融资产、其他实物资产、住房资产、家庭债务，研究发现，除了储蓄型金融资产系数不显著，其余的全部显著为正，意味着普惠金融发展带来的投资型金融资产增加、实物资产和住房资产变现能力的提高，促进了家庭网络消费支出。

表 6-11　　金融发展影响家庭网络消费支出的机制分析

因变量：家庭网络消费支出	有银行贷款家庭		使用信贷子指数		家庭资产结构变化	
	Ⅰ	Ⅱ	Ⅲ	Ⅳ	Ⅴ	Ⅵ
对数收入	0.410*** (0.051)	0.435*** (0.051)	0.269*** (0.021)	0.286*** (0.022)	0.236*** (0.028)	0.223*** (0.024)
对数净资产	−0.004 (0.007)	−0.004 (0.007)	−0.002 (0.004)	−0.002 (0.004)		
对数储蓄型金融资产					−0.001 (0.007)	−0.005 (0.007)
对数投资型金融资产					0.032** (0.013)	0.035** (0.013)
对数其他实物资产					0.021** (0.008)	0.020** (0.008)
对数住房资产					0.048*** (0.017)	0.049*** (0.017)
对数债务总额					0.009* (0.005)	0.008 (0.005)
家庭金融参与程度	0.035 (0.092)	0.031 (0.092)	0.114*** (0.042)	0.109*** (0.042)	−0.009 (0.057)	−0.007 (0.056)
地区数字普惠金融指数	0.007*** (0.002)	0.007*** (0.002)			0.005*** (0.001)	0.005*** (0.001)
是否受流动性约束	−1.037** (0.491)		−0.455** (0.186)		0.011 (0.065)	
是否受流动性约束×对数银行贷款	0.083** (0.042)					
是否受流动性约束×数字普惠金融信贷子指数			0.002** (0.001)			
流动性约束强度		−0.187* (0.099)		−0.136*** (0.043)		−0.013 (0.014)

续表

因变量：家庭网络消费支出	有银行贷款家庭		使用信贷子指数		家庭资产结构变化	
	I	II	III	IV	V	VI
流动性约束强度×对数银行贷款		0.014* (0.008)				
流动性约束强度×数字普惠金融信贷子指数				0.0007*** (0.0002)		
控制变量	是	是	是	是	是	是
调整可决系数	0.271	0.271	0.159	0.159	0.161	0.161
方差膨胀因子	6.14	7.99	4.48	5.18	1.74	1.51
样本数	1339	1339	5097	5097	5097	5097

第六节　本章小结

本章使用 CFPS2016—2018 的数据，讨论了家庭网络消费的相关问题。理论分析发现，网络消费家庭一方面因较低的价格挤出了实体消费，另一方面被挖掘出潜在消费、催生出新消费，因此相比较未网络消费的家庭，其总消费支出很大概率是增加的。统计性分析证明了这一点，发现网络消费家庭的年度消费支出、年收入、总资产与净资产均是总体样本的 1.3 倍左右，在消费支出、禀赋方面表现出了明显的异质性。同时，网络消费家庭多为年轻的、受教育程度较高的城镇家庭，受流动性约束的比例较少。

为避免上述结果的样本选择性偏差，我们分别使用倾向得分匹配、处理效应模型及双重差分倾向得分匹配的方法，采用静态横截面数据及动态两期面板数据，研究是否网络消费与家庭总消费支出的关系，发现：（1）总体上，网络消费行为在提升消费水平、优化消费结构上具有显著的积极影响。（2）有网络消费行为的城镇家庭、老年家庭及农村低收入家庭、不受流动性约束的家庭的消费支出增加更明显。（3）转变为网络消费家庭的初期，消费支出增长稍低，说明家庭网络消费之后的消费支出增长是渐进的。同时，数字鸿沟的存在阻碍了部分人群享受数字经济带来的便利。

怎样可以增加更多的网络消费家庭？我们重点关注了普惠金融发展的因素，使用代表传统金融渗透程度的家庭金融参与程度、代表数字金融发展状况的地区数字普惠金融发展指数共同作为普惠金融发展的代理变量，使用 Probit 模型进行了检验。（1）总体分析来看，普惠金融发展显著正向地提升了家庭网络消费的概率。（2）分城乡研究发现收入、金融参与程度的增加、数字普惠金融的进步对提升城镇居民家庭网络消费概率意义更大，而家庭平均受教育程度、参加医疗保险人数占比则对提升农村居民家庭网络消费概率意义更大，数字普惠金融发展对农村家庭网络消费概率的影响不显著，但对农村低收入人群影响显著。（3）分四个异质性群体来看，金融参与程度与地区数字普惠金融发展指数在有耐心且不受流动性约束的家庭中影响更明显。（4）老年家庭金融参与程度的增加大幅提升了网络消费概率，但地区数字普惠金融的发展影响不明显，说明整体社会的进步难以精准解决老年人数字鸿沟的问题，而通过线下对金融服务参与的渗透，则可以较高效率地促进老年人网络消费行为的发生。

进一步地，选择网络消费家庭样本作为研究对象，考察普惠金融发展对这些家庭网络消费支出绝对额的影响。（1）金融参与程度与数字普惠金融的发展均显著正向提升了家庭网络消费支出额，并通过了稳健性检验。（2）分组分析发现，普惠金融发展程度更深地影响了城镇家庭、频繁网络消费家庭的网络消费支出。（3）家庭金融参与程度对数字金融发达地区的家庭影响更大，而地区数字普惠金融指数对数字金融一般地区影响更大，说明在发达地区要更侧重微观家庭金融的参与，而在一般地区要尽力追赶，大力发展数字普惠金融。（4）地区数字普惠金融的普及更多促进了传统金融参与程度较高家庭的网络消费支出。（5）对老年网络消费家庭来讲，地区普惠金融的进步可以提升其网络消费支出额。（6）家庭收入越高，金融发展对网络消费支出额的影响越大。普惠金融发展通过便利支付、缓解流动性约束、改变家庭资产结构三种机制提升了家庭网络消费支出。

在互联网广泛普及的当今，网络消费越来越成为一种主要的消费方式。网络消费虽然在一定程度上挤出了实体消费，但总体上扩大了家庭消费支出。而普惠金融的更进一步发展能在更大程度上普及网络消费和提高网络消费支出。因此，政策建议如下：首先，鼓励金融机构进一步开发适合家庭的金融产品，一方面重点加强对老年群体的线下金融产品渗透，并根据客户的资信、财务状况细分客户，分类别推荐不同的金融理财产品、信贷产品等；另一方面深入推广便携式移动设备客户端或小程序，完善、细化、简化其金融功能，积极推进数字普惠金融的区域平衡发展。其次，重视使用传统媒体推广互联网使用，在适当场合设立公益助老点，解答网络使用的日常问题，提高互联网普及率及使用率，使互联网融入衣、食、住、行等各个生活场景，潜移默化改变居民的消费方式。最后，促进农村低收入者的收入提升、保障低收入家庭成员受教育的权利，避免因贫弃学情况的发生，并继续提升新型农村医疗保险改革的保障力度，对于激发重点群体消费来讲是有意义的。这样，在微观家庭层面，充分释放隐藏的消费潜力，着力扩大国内需求，发挥消费在经济发展中的基础性作用；在中观、宏观层面，能有效抵抗和降低以疫情为代表的突发公共事件对经济社会发展带来的冲击。

第七章 农村流动人口家庭的异质性消费行为研究

——基于流动范围与流动距离的视角

我国长期存在居民消费需求不足的问题,因此释放居民消费潜力意义重大,尤其在我国进入经济发展新常态及经济受疫情影响之后,更应该依靠扩大内需发挥消费对国内大循环的拉动作用。然而,我国与世界平均消费水平之间、国内城乡之间均存在较大差距。2020年国民经济和社会发展统计公报显示,虽然2020年农村居民人均消费支出增长率高于城镇,但绝对值仍不到城镇的一半。

自改革开放以来,我国城镇化进程不断推进,土地制度改革深入实施,大量农村剩余劳动力得以从农业领域迁移出来(何伟,2021)。目前,我国已基本实现全面建成小康社会的目标,迈入发展新阶段,农村流动人口的生存与发展对于维系社会的和谐稳定以及促进经济高质量发展

	2016	2017	2018	2019	2020
农村流动人口规模(万人)	16934	17185	17266	17425	16959
外出农村流动人口占总体农民工的比重(%)	60.10	60.00	59.90	59.90	59.40

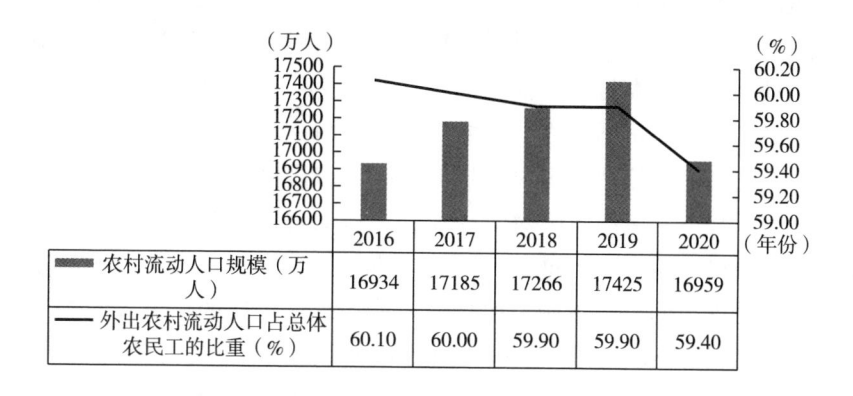

图 7-1 农村流动人口规模变动

资料来源:根据国家统计局 2016—2020 年农民工监测调查报告数据、2016—2019 年国民经济和社会发展统计公报数据计算得到。

意义重大。考察我国农村流动人口数量，由图 7-1 可知，2016—2019 年农村外出流动人口规模持续扩大，到 2020 年，受疫情等因素的影响，农村外出流动人口规模为 16959 万人，较上年缩减 466 万人，下降 2.7%。虽然规模有所减小，但外出农村流动人口规模仍然占据总体农民工数量的 59.4%，且近五年一直维持在 60% 左右。农村人口流动的目的是提高家庭收入，因此，从理论上讲，如此数量庞大的农村流动人口家庭消费潜力也应是可观的。关注农村流动人口，采取相应措施促进农村流动人口家庭的消费对于缓解我国内需不足问题至关重要。

第一节 流动范围差异对农村流动人口家庭消费的异质性影响

随着交通和通信事业的蓬勃发展，农村劳动力流动的范围也发生了改变，逐步摆脱单一化，如 2016—2020 年，跨省流动的劳动力占比从 45.3% 逐步下降至 41.6%。农村劳动力的流动范围大致有跨境流动、跨省流动、省内跨市、市内跨县等，本节主要考虑后三种情形。不同流动范围的农村劳动力基于不同的考虑选择流动去向，其在流动过程中面对的流动成本以及在进入流入地之后面临的社会环境都是有所不同的。因此，本节试图回答三个问题：首先，流动人口家庭的消费支出是否更多？在释放农村居民消费潜力方面是否应鼓励农村人口流动？其次，若应鼓励人口流动，则引导农村人口流动的方向是什么？而由流动范围带来的成本及环境等因素的不同是否会给农村流动人口家庭的消费支出带来不同影响？若有影响，流动范围对农村流动人口家庭的消费是提升作用还是抑制作用？最后，流动范围对农村流动人口家庭消费支出的影响在不同组群中表现是否相同？对这些问题的分析与回答将为在释放农村流动人口家庭消费支出的导向下制定引导农村流动人口流向的相关政策提供理论依据，从而探索实现进一步扩大内需的路径。

总体来看，现有文献在研究农村流动人口的消费时，大多集中于农村流动人口和非流动人口的消费差异、农村流动人口与城镇居民的消费差异，以及制约农村流动人口消费的因素如身份认同感、社会保障政策等，并据此提出提升农村劳动力流动家庭消费的措施和建议。但是，影响流动人口家庭消费支出的以上因素，或许都与流动范围带来的地域差异程度相关，而直接从这一视角展开的研究却凤毛麟角，尤其在交通和通信事业迅猛发展的今天，农村劳动力对流动范围有了更多的选择，不同流动范围的群体之间很可能存在诸多不同，从而消费支出也可能会有所差别。因此，本节关注愈加庞大的农村流动人口群体，并试图从流动范围这一较为新颖的角度来分析农村流动人口家庭的消费问题，以期切实提升农村居民消费、释放农村家庭消费潜力。本节主要基于 2017 年全国流动人口动态监测调查数据，发现省际流动的农村家庭消费支出是减少的；进一步发现，省际流动对东部地区流动人口家庭、低收入家庭和高收入家庭以及中年流动人口家庭的消费支出带来的抑制作用更加明显，可能的机制是省内流动的农村人口更加认同本地身份。据此，应注重引导农村流动人口本省就业、提升流动人口的受教育水平和收入水平，从而进一步提升当前农村流动人口家庭的消费支出。

一 理论分析与研究假说

（一）流动人口相关理论

1. 二元经济结构理论

刘易斯（Lewis，W. A.）的二元经济结构理论认为劳动力流动的原因主要在于传统农业部门和现代工业部门之间的工资差别。他在 1954 年发表的《劳动力无限供给下的经济发展》中指出，发展中国家存在着在农村中以传统生产方式为主的农业部门和城市中以制造业为主的现代化部门。在市场经济发达国家，工资是由劳动的边际产品价值决定的，当劳动在各个行业的边际产品价值不相等时，就会带来劳动力在部门间的转移。刘易斯认为在发展中国家里，传统农业部门存在大量剩余劳动力，受到耕地数量和生产技术的限制，生产产量在达到一定数量之后难以继续增加，农业部门边际生产率为零。而在工业部门并不存在这一现象，在工业部门中，生产产量提高的速度快于人口增长的速度，产生了对劳动力的需求，加之工业部门的工资要高于农业部门，因此，便促使了农村剩余劳动力从农业部门向工业部门的转移。农村剩余劳动力向非农部门的转移可以促使二元结构逐步消减。

但是，刘易斯的二元经济结构理论建立在劳动力可以无限供给的条件下，而事实上，工业部门并不能无限度地吸收农业部门的劳动力，因此二元经济结构理论存在一定的缺陷。拉尼斯和费景汉（Ranis and Fei）

对刘易斯的理论进行了修正，在考虑工农业部门平衡增长的基础上将劳动力转移的过程分为三个阶段。第一个阶段是，农业部门中边际生产率为零的剩余劳动力向工业部门转移，只要工业部门产生对劳动力的需求并且支付的工资只要相当于这部分劳动力的农业报酬就会促使他们的转移。第二个阶段是，劳动边际生产率大于零的劳动力向工业部门的转移，这部分劳动力并不完全剩余，他们的转移会使农村总产出下降，工业部门工资水平提高，从而妨碍对农业部门剩余劳动力的吸收。因此，农业部门必须提高农业劳动生产率。第三个阶段是，劳动力在工农业部门之间的转移是由两部门的工资水平决定的，农业生产进入商业化阶段。

2. 推—拉理论

推—拉理论最早的起源可以追溯到19世纪80年代英国的雷文斯坦（E. Ravenstein）在其1885年发表的论文《人口迁移之规律》中提出的七条规律。一是人口的迁移主要是短距离的，方向是朝工商业发达的城市；二是流动的人口首先迁居到城镇的周围地带，然后又迁居到城镇里面；三是全国各地的流动都是相似的，即农村人口向城市集中；四是每一次大的人口迁移也带来了作为补偿的反向流动；五是长距离的流动基本上是向大城市的流动；六是城市居民与农村居民相比，流动率要低得多；七是女性流动率要高于男性。最早提出这一理论的是博格（D. J. Bague），他认为促使人口流动的"推力"是流出地糟糕的生活条件，"拉力"是流入地能够改善生活条件的因素。1966年，美国学者李（Lee）系统地提出了推—拉理论，他认为流入地和流出地都同时存在"推力"和"拉力"，同时，他还提出了中间障碍因素，包括距离的远近、物质障碍、语言文化的差异。人们是否流动，是综合考虑这些因素之后的结果。

3. 舒尔茨的人力资本投资理论

20世纪60年代美国经济学家舒尔茨（Schultz）系统地提出了人力资本投资理论。舒尔茨的人力资本投资理论主要包括五种观点：一是人力资本是指体现在人身上的成本，表现为知识、劳动与管理技能以及健康状况的总和；二是人力资本是投资形成的；三是人力资本投资是经济增长的主要源泉；四是人力资本投资是效益最佳的投资；五是人力资本投资的消费是耐用性的。舒尔茨认为重新寻找工作、人口流动可以改善一个人的人力资本利用效率,提高个人拥有的知识和技能所获得的收益。

4. 新劳动力流动理论

新劳动力流动理论认为迁移行为并不是由个人决定的,而是由劳动者所在的家庭决定的。劳动力迁移是为了转移家庭风险,实现家庭风险的最小化。通过家庭成员的外出流动,可以增加家庭收入来源的渠道,降低对单一收入来源的依赖,实现家庭预期收入的最大化。

(二) 理论分析与研究假说

农村劳动力流动会对家庭消费产生影响。二元经济结构理论指出,工农业部门之间的工资差别是促使农村劳动力流动的主要因素,农村劳动力从农业部门向工业部门的转移会带来家庭收入的增加。收入是影响消费的重要因素,有外出务工家庭的年收入和年支出均高于无外出务工的家庭(蒲艳萍,2010)。同时,农村流动人口在流入地受不同消费观念潜移默化的影响,也会对家庭消费产生一定影响。城镇居民家庭的"消费示范效应",会引致农村流动劳动力改变家庭原有的消费观念,从而促进消费水平的提高和消费结构的改善(刘莉君,2016)。据此,本节提出假说1。

假说1:其他条件相似时,有流动人口的农村家庭消费支出更高。

农村流动人口的流动范围也会对家庭消费支出产生影响。不可否认,一方面,流动范围越大,农村流动人口可供选择的就业机会就越多,越有可能获得更高的工资收入。但随着流动范围的扩大,农村流动人口面临的不确定性增加。相比较本地居民,农村流动人口受到户籍和空间限制,可能无法享受到医疗、教育等社会保障性政策,面临着更高的不确定性。在医疗方面,农村流动人口难以被城镇居民医疗保险覆盖,就医只能通过在户籍地参加的新农合进行报销,异地就医会带来额外的支出;在教育方面,农村流动人口子女往往需要付出更高的成本才能享受到与当地居民子女同等的教育资源(王乙杰和孙文凯,2020)。另一方面,随着流动范围的扩大,流入地与流出地之间的生活背景差异变大,可能使农村流动人口在流入地缺乏归属感,从而难以被示范效应同化,依旧保持着以往的消费习惯。同时,随着流动范围的扩大,农村流动人口面临的住房、交通及返乡成本也会增加。据此,本节提出假说2。

假说2:流动范围的扩大会抑制农村流动人口家庭的消费支出。

综上所述，相比无流动人口的农村家庭，有流动人口的农村家庭消费支出可能会更高。但在流动人口家庭中，流动范围变大的家庭消费支出可能减少。本节将在接下来的部分对研究假说进行实证检验。

二 数据来源、变量选取与计量模型

（一）数据来源

本章使用的微观数据包括 2017 年中国家庭金融调查（CHFS）数据和 2017 年国家卫计委全国流动人口动态监测调查（CMDS）数据。其中，后者旨在了解流动人口生存发展状况、流动迁移趋势和特点以及公共卫生服务利用、计划生育服务管理等情况，是在全国开展的流入地监测调查。2017 年度的 CMDS 调查数据以 31 个省份和新疆生产建设兵团 2016 年全员流动人口年报数据为基本抽样框，采取分层、多阶段、与规模成比例的 PPS 方法进行初级抽样，单元为乡（镇、街道）。调查对象为在调查前一个月来本地居住、非本区（县、市）户口且 2017 年 5 月年龄在 15 周岁及以上的流入人口，不包括调查时在车站、码头、机场、旅馆、医院等地方的瞬时流入人口，也不包括学生和军人。

本章的研究对象为农村流动人口，所以对 169989 个有效数据进行了筛选。首先，剔除了户口性质为非农业、农转居、居民等性质的样本，只保留了所有家庭成员的户口性质都是农业户口的样本；其次，删掉了流动原因为投靠亲友、搬迁搬家、家属随迁等的样本，只保留了流动原因为务工、工作和经商的样本数据；最后，剔除了数据中存在异常值和缺失值的样本，最终得到了 68012 个样本数据。

（二）流动人口家庭的统计学特征分析

全体农村流动人口的个人特征、家庭特征和社会融合特征的总体状况如表 7-1 所示。从性别来看，在 68012 个样本数据中，男性样本 39426 个，占比 57.97%，女性样本 28586 个，占比 42.03%，男性农村流动人口要远远多于女性农村流动人口。从年龄看，44 岁及以下的农村流动人口有 51807 人，占比 76.17%；45—59 岁的农村流动人口有 15234 人，占比 22.4%；60 岁及以上的农村流动人口有 971 人，占比 1.43%，青年群体占比最大，老年农村流动人口较少。

表 7-1　　　　　　　农村流动人口的统计学特征

样本：68012	人数	占比（%）		人数	占比（%）
性别			现住房性质		
女	28586	42.03	单位/雇主房（不包括就业场所）	1668	2.45
男	39426	57.97			
年龄			借住房	392	0.58
44 岁及以下	51807	76.17	就业场所	1957	2.88
45—59 岁	15234	22.40	其他非正规居所	290	0.43
60 岁及以上	971	1.43	政府提供公租房	599	0.88
受教育程度			自购保障性住房	166	0.24
从未上过学	1849	2.72	自购商品房	6118	9.00
小学	12094	17.78	自购小产权住房	263	0.39
初中	35025	51.50	自建房	500	0.74
高中/中专	13196	19.40	租住私房—合租	10668	15.69
大学专科	4187	6.16	租住私房—整租	45391	66.74
大学本科	1580	2.32	人际交往		
研究生	81	0.12	很少与人来往	16478	24.23
婚姻状况			其他本地人	17379	25.55
丧偶	320	0.47	其他外地人	7011	10.31
初婚	56540	83.13	同乡（户口迁至本地）	2215	3.26
离婚	1241	1.82	同乡（户口迁至本地与老家以外的其他地区）	1652	2.43
同居	585	0.86			
未婚	8178	12.02	同乡（户口仍在老家）	23277	34.22
再婚	1148	1.7	户口迁移意愿		
家庭规模			不愿意	25955	38.15
3 人及以下	39604	58.23	没想好	18356	26.99
3—6 人	26608	39.12	愿意	23701	34.86
6 人及以上	1800	2.65			

从农村流动人口的受教育程度看，从未上过学的农村流动人口样本 1849 个，占比 2.72%；小学学历的农村流动人口样本 12094 个，占比 17.78%；初中学历的农村流动人口样本 35025 个，占比 51.50%；高中或中专学历的样本 13196 个，占比 19.4%；大学专科学历的样本有 4187 个，

占比6.16%；大学本科学历的样本1580个，占比2.32%；研究生学历的样本81个，占比0.12%。可以看出，在总体农村流动人口中，初中学历的农村流动人口最多，而高学历的农村流动人口少之又少，大学专科及以上学历的农村流动人口在总体农村流动人口中的占比还不足1/10。从农村流动人口的婚姻状况构成来看，丧偶的农村流动人口样本320个，占总样本的0.47%；初婚的样本56540个，占比83.13%；离婚的样本1241个，占比1.82%；同居的样本585个，占比0.86%；未婚的样本8178个，占比12.02%；再婚的样本1148个，占比1.7%。在受访的农村流动人口中，初婚的人数最多，包括初婚和再婚的农村流动人口占比近85%，而包括未婚和同居的未组建自己家庭的农村流动人口占比不到13%。从农村流动人口的家庭规模看，3人及以下的农村流动人口样本39604个，占比58.23%；四口之家和五口之家的农村流动人口样本26608个，占比39.12%；6人及以上的样本1800个，占比2.65%。在68012个样本当中，三口之家有23801个，四口之家有21943个，以三口之家和四口之家为主。

从农村流动人口的现住房性质来看，住在单位或雇主房（不包括就业场所）的样本1668个，占比2.45%；住在借住房的样本392个，占比0.58%；住在就业场所的样本1957个，占比2.88%；住在其他非正规居所的样本290个，占比0.43%；住在政府提供的公租房的样本599个，占比0.88%；自购保障性住房的样本166个，占比0.24%；自购商品房的样本6118个，占比9%；自购小产权住房的样本263个，占比0.39%；住在自建房的样本500个，占比0.74%；租住私房—合租的样本10668个，占比15.69%；租住私房—整租的样本45391个，占比66.74%。在所有农村流动人口当中，在流入地的住房为自有的农村流动人口仅仅为总体农村流动人口的1/10左右；大多数农村流动人口在流入地以租房为主，其中，又以租住整房的农村流动人口居多。从农村流动人口在流入地的人际交往关系来看，很少与人来往的样本16478个，占比24.23%；与户口迁至本地的同乡来往较多的样本2215个，占比3.26%；与户口仍在老家的同乡来往较多的样本23277个，占比34.22%；与户口迁至本地与老家以外的其他地区的同乡来往较多的样本1652个，占比2.43%；与其他本地人来往较多的样本17379个，占比25.55%；与其他外地人来往较多的样本7011个，占比10.31%。

总体来看，农村流动人口在流入地与同乡来往更多，其次是本地人口,但不可忽略的是,仍然有相当大一部分的农村流动人口在流入地很少与人来往,日常生活较为封闭和单一。从农村流动人口的户口迁移意愿来看,在符合流入地对外来人口的落户条件的情况下,不愿意将户口迁至流入地的样本25955个,占比38.15%;愿意将户口迁至流入地的样本23701个,占比34.86%;没想好是否将户口迁至本地的样本18356个,占比26.99%。不愿意将户口迁入流入地的农村流动人口居多,但三个人群之间的比例相差没有太大。

(三)不同流动范围下的农村流动人口特征

从表7-1可知,在农村流动人口当中,以男性居多。使用上述样本划分流动范围进行分析可以发现,对于市内跨县和省内跨市的农村流动人口来说,男性占比和女性占比相差约为13%,对于跨省的农村流动人口来说,男性和女性之间的比重相差约为20%,这说明女性流动人口多选择在省内工作,选择出省的人数相对较少,而相较于女性来说,男性更加倾向于选择更大范围的流动。

1. 不同流动范围农村流动人口的年龄构成

从图7-2可以看到,对于44岁及以下的青年农村流动人口来说,选择市内跨县和省内跨市的人数占比基本持平,相较于其他两个流动范围的青年群体,跨省流动的青年群体占比相对较小;对于45—59岁的中年农村流动人口来说,跨省流动的人数比省内跨市和市内跨县的人数要稍多;60岁及以上的农村流动人口在总体农村流动人口当中的占比很小。流动范围越大,占比相对越小。

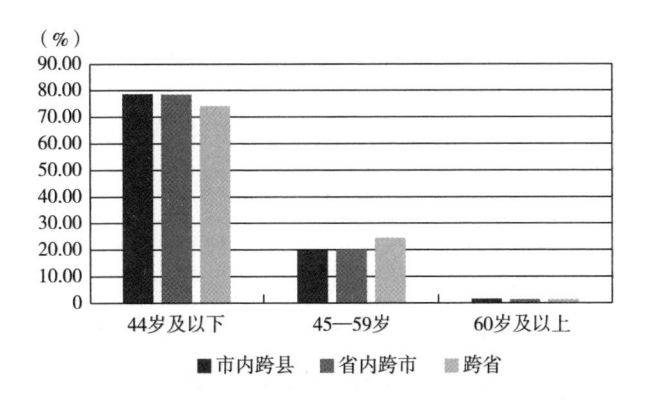

图7-2 不同流动范围农村流动人口的年龄构成

资料来源:2017年中国流动人口动态监测调查数据。

2. 不同流动范围农村流动人口的受教育程度构成

从图7-3可以看出，不论流动范围的大小，初中学历的农村流动人口都是占比最高的群体，大学专科及以上学历的相对高素质人才占比较小。从未上过学的农村流动人口在三个流动范围当中的比例相差不大；小学学历的农村流动人口更加倾向于选择跨省流动，占比为19.37%，省内跨市和市内跨县的比例相差不大，选择市内跨县的比例最小，为15.67%；初中学历的农村流动人口同样更加青睐跨省流动，占比为53.58%，在省内跨市中的占比最小，为48.06%；高中学历的农村流动人口更加倾向于在省内尤其是本县区内务工，市内跨县农村流动人口占比为22.02%，而跨省的占比相对较小，为17.45%；对于大学专科和大学本科学历的农村流动人口来说，他们更加倾向于选择省内跨市流动，跨省流动的占比最小；而研究生学历的农村流动人口在这个群体中可谓凤毛麟角。

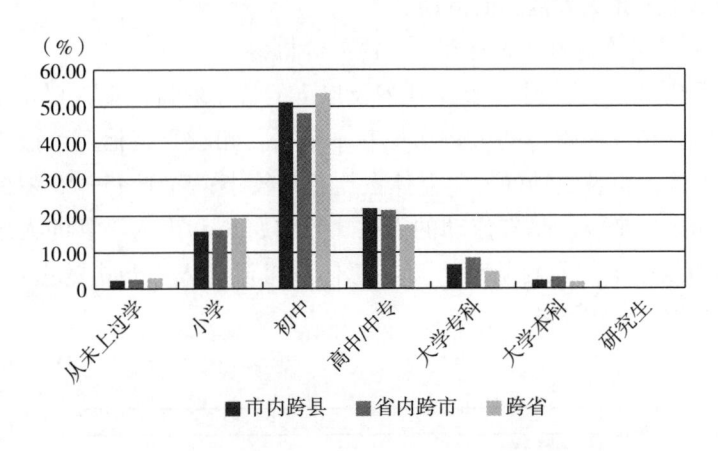

图7-3 不同流动范围农村流动人口的受教育程度构成

资料来源：2017年中国流动人口动态监测调查数据。

3. 不同流动范围农村流动人口的婚姻构成

从图7-4可以看出，初婚的农村流动人口群体无论在哪个流动范围中，都是占比最高的群体，初婚的农村流动人口又更加倾向于选择跨省流动，占比为84.65%；丧偶和再婚的农村流动人口群体在三个流动范围当中的比例相差不大；同居的农村流动人口群体更加倾向于选择跨省流动；离婚的农村流动人口群体随着流动范围的扩大，所占比例变小，但各个范围之间相差不大；未婚的农村流动人口群体在省内跨市的农村流动人口中占比最高，为14.07%，在跨省的农村流动人口中占比最小，为10.55%。

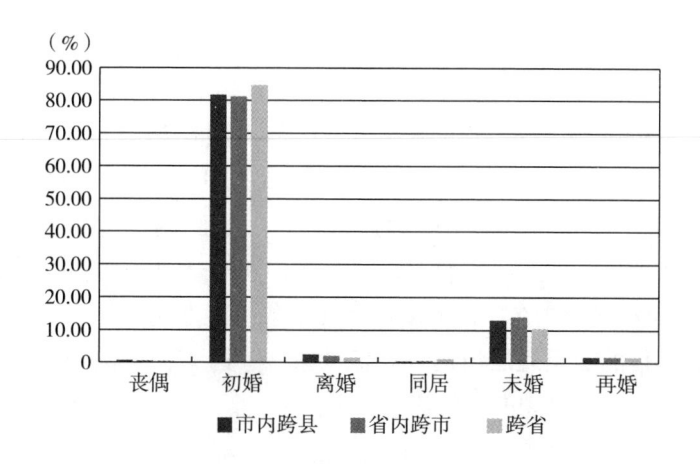

图7-4 不同流动范围农村流动人口的婚姻状况构成

资料来源：2017年中国流动人口动态监测调查数据。

4. 不同流动范围农村流动人口的家庭规模

从图7-5可以看出，在农村流动人口家庭中，3人及以下的家庭占据了绝大多数。家庭规模为3人及以下的农村流动人口更加偏向于选择市内跨县流动和省内跨市流动，在跨省流动中的占比最少，为56.04%。四口之家和五口之家更加倾向于选择跨省流动，占比为41.04%，在市内跨县

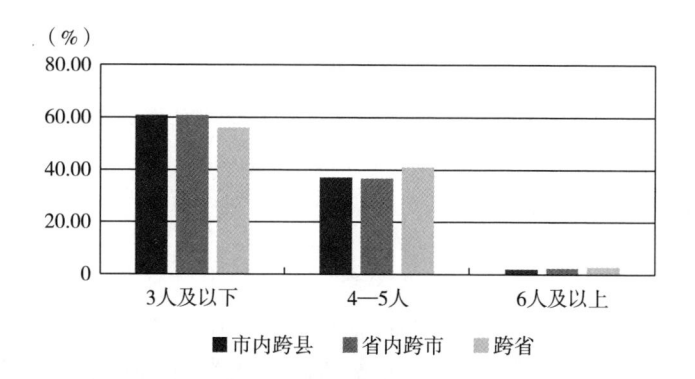

图7-5 不同流动范围农村流动人口的家庭规模构成

资料来源：2017年中国流动人口动态监测调查数据。

和省内跨市中所占的比例相差无几。6人及以上的农村流动人口家庭在总体农村流动人口中的占比很小。

5. 不同流动范围农村流动人口的现住房性质

从图7-6可以看出，农村流动人口群体在流入地以租房为主，在流入地拥有自有住房的农村流动人口家庭数量较少。对于市内跨县的农村流动人口，租住私房—合租的比例为17.5%，租住私房—整租的比例为68.32%；对于省内跨市的农村流动人口来说，租住私房—合租的比例为14.07%，租住私房—整租的比例为65.53%；对于跨省的农村流动人口来说，租住私房—合租的比例为15.77%，租住私房—整租的比例为66.10%；而对于居住在单位或雇主房（不包括就业场所）以及居住在就业场所和其他的非正规居所的农村流动人口，跨省流动的农村人口占比要高于相对小范围流动的农村流动人口。

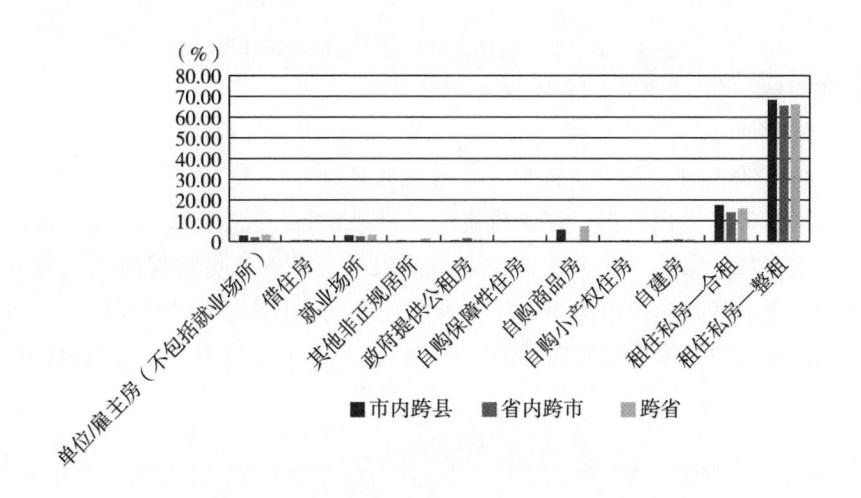

图7-6 不同流动范围农村流动人口的现住房性质构成

资料来源：2017年中国流动人口动态监测调查数据。

6. 不同流动范围农村流动人口的人际交往

从图7-7可以看出，对于市内跨县流动的农村流动人口，在流入地的人际交往中，和本地人来往的群体最多，占比为39.2%，其次是和户口仍在老家的同乡来往较多，该部分人群占比为24.26%，还有23.82%的群体很少与人来往；从省内跨市的农村流动人口来看，和本地人来往多的群体占比为30.07%，和户口仍在老家的同乡来往多的群体占比为

28.68%,有23.66%的群体很少与人来往;从跨省的农村流动人口来看,和户口仍在老家的同乡来往多的群体占比最高,为40.37%,有24.69%的群体在流入地很少与人来往,和本地人来往较多的群体占比为18.88%。

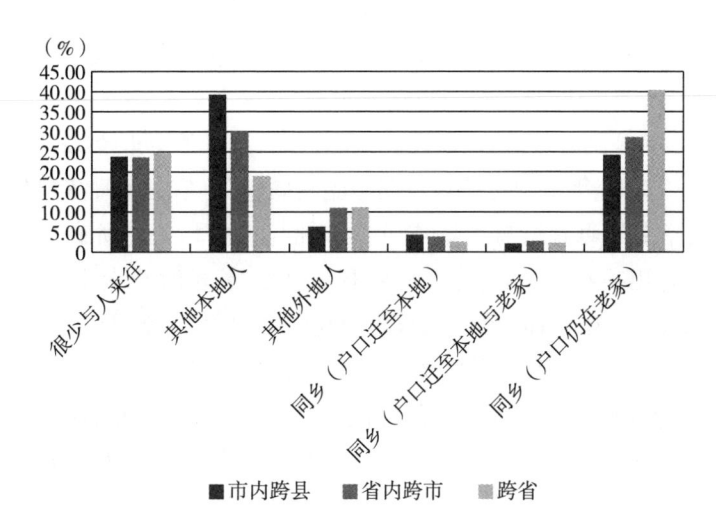

图7-7 不同流动范围农村流动人口的人际交往构成

资料来源:2017年中国流动人口动态监测调查数据。

7. 不同流动范围农村流动人口的户口迁移意愿

从图7-8可以看出,从市内跨县的农村流动人口来看,有45.49%的

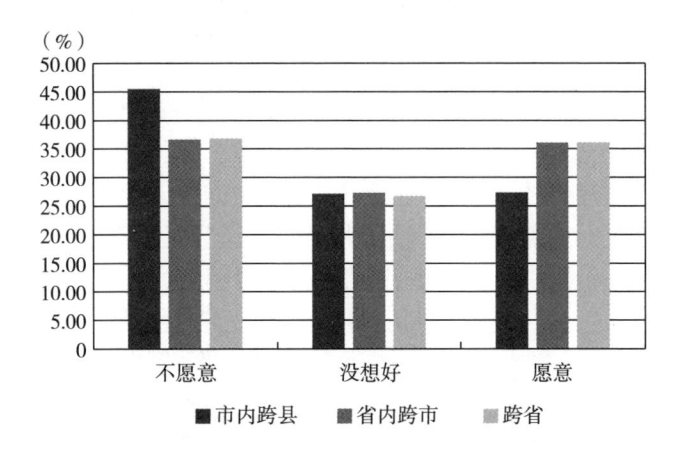

图7-8 不同流动范围农村流动人口的户口迁移意愿

资料来源:2017年中国流动人口动态监测调查数据。

群体不愿意将户口迁入本地，没想好和愿意将户口迁入本地的群体占比相差无几；从省内跨市的农村流动人口来看，不愿意和愿意将户口迁入本地的群体占比分别为36.63%、36.06%，有27.31%的群体未想好是否将户口迁入本地；从跨省的农村流动人口来看，不愿意和愿意将户口迁入本地的群体占比相差不大，分别为36.82%和36.12%，还有26.76%的农村流动人口未想好是否将户口迁入本地。

(四) 不同流动范围的农村流动人口的家庭消费支出情况

根据"2017年中国流动人口动态监测调查"，农村流动人口的家庭消费支出是指上年每月所有家庭成员在本地与消费相关的所有支出。从表7-2可以看出，在农村流动人口的样本中，家庭消费支出的最大值为76000元，最小值为100元，众数为3000元，平均值为3558元；有将近60%的农村流动人口家庭平均每月消费支出小于3000元；家庭平均每月消费支出为1001—4000元的农村流动人口占总样本的绝大多数；有27.97%的农村流动人口家庭平均每月消费支出为2001—3000元，占比最大；其次是家庭平均每月消费支出为1001—2000元的农村流动人口，占比为24.45%；还有16.4%的农村流动人口家庭平均每月消费支出为3001—4000元；家庭平均每月消费支出在6000元以上的农村流动人口占总样本的比例不足1/10。

表7-2　　　　　　　　农村流动人口的家庭消费支出情况

	总样本		跨省		省内跨市		市内跨县	
	数量(个)	占比(%)	数量(个)	占比(%)	数量(个)	占比(%)	数量(个)	占比(%)
1000元及以下	4098	6.03	2225	6.11	1142	5.54	701	6.38
1001—2000元	16628	24.45	8756	24.05	4920	23.87	2952	26.85
2001—3000元	19020	27.97	10163	27.91	5700	27.66	3157	28.71
3001—4000元	11153	16.40	5885	16.16	3446	16.72	1822	16.57
4001—5000元	8486	12.48	4595	12.62	2666	12.94	1225	11.14
5001—6000元	3341	4.91	1741	4.78	1097	5.32	503	4.57
6001—7000元	1440	2.12	764	2.10	456	2.21	220	2.00
7001—8000元	1283	1.89	712	1.96	418	2.03	153	1.39
8001—9000元	278	0.41	151	0.41	91	0.04	36	0.03

续表

	总样本		跨省		省内跨市		市内跨县	
	数量（个）	占比（%）	数量（个）	占比（%）	数量（个）	占比（%）	数量（个）	占比（%）
9001—10000元	1413	2.08	853	2.34	400	1.94	160	1.46
10001元及以上	872	1.26	532	1.56	274	1.73	66	1.9
最大值（元）	76000		76000		50000		40000	
最小值（元）	100		100		101		180	
众数（元）	3000		3000		3000		3000	
平均值（元）	3558		3610		3599		3308	

资料来源：2017年中国流动人口动态监测调查数据。

在跨省流动的农村流动人口中，家庭平均每月消费支出最高为76000元，最低为100元，众数为3000元，平均值为3610元，有58.07%的农村流动人口家庭平均每月消费支出为3000元及以下，有68.12%的农村流动人口家庭平均每月消费支出为1000—4000元。在省内跨市的农村流动人口中，家庭平均每月消费支出最高为50000元，最低为101元，平均值为3599元，众数为3000元，有57.07%的农村流动人口家庭平均每月消费支出低于3000元，有68.25%的农村流动人口家庭平均每月消费支出为1000—4000元。在市内跨县的农村流动人口中，家庭平均每月消费支出最高为40000元，最低为180元，平均值为3308元，众数为3000元；有61.94%的农村流动人口家庭平均每月消费支出低于3000元；有72.13%的农村流动人口家庭平均每月消费支出为1000—4000元。总体来看，流动范围越大，农村流动人口家庭平均每月消费支出的均值越大，但流动范围越小的农村流动人口家庭平均每月消费支出相对越集中，不同家庭之间的消费支出差距越小。

（五）变量说明与描述性统计

在对所有农村流动人口和不同范围的农村流动人口的基本情况进行分析之后，为了便于后续的分析，将不同的指标做了进一步的细分，将变量分为被解释变量、核心解释变量和控制变量，描述性统计结果见表7-3。

表 7-3　　　　　　　　　　变量说明与描述性统计

变量名	变量说明	总样本		市内跨县		省内跨市		跨省	
		均值	标准差	均值	标准差	均值	标准差	均值	标准差
家庭消费支出	家庭平均每月消费支出（对数）	8.002	0.588	7.949	0.562	8.019	0.581	8.009	0.599
家庭总收入	家庭平均每月总收入（对数）	8.671	0.55	8.518	0.531	8.629	0.542	8.74	0.548
性别	女=0；男=1	0.58	0.494	0.569	0.495	0.566	0.496	0.591	0.492
年龄	受访者年龄	36.815	9.68	36.501	9.547	36.305	9.504	37.197	9.801
受教育程度	未上过学=1；小学=2；初中=3；高中/中专=4；大学专科/大学本科/研究生=5	3.134	0.898	3.198	0.888	3.239	0.945	3.055	0.866
婚姻状况	未婚=0；已婚=1	0.853	0.354	0.841	0.366	0.833	0.373	0.868	0.340
家庭规模	家庭同住人口数	3.217	1.166	3.159	1.144	3.159	1.178	3.268	1.163
现住房性质	非自有=0；自有=1	0.104	0.305	0.172	0.377	0.132	0.339	0.067	0.25
人际交往	与非本地人交往多=0；与本地人交往多=1	0.288	0.453	0.435	0.496	0.339	0.473	0.215	0.411
户口迁移意愿	不愿意=0；愿意=1	0.348	0.476	0.274	0.446	0.361	0.48	0.364	0.481
样本数		68012		10995		20610		36407	

资料来源：2017年中国流动人口动态监测调查数据。

1. 被解释变量

本部分被解释变量为农村流动人口家庭消费支出，用家庭平均每月总支出的对数来表示。这里的家庭平均每月总支出指所有家庭成员在现居住地与日常生活消费相关的费用支出。

2. 核心解释变量

流动范围，用 FR 表示。首先，分析农村流动人口是否跨省流动对家庭消费支出的影响，"1"代表跨省流动，"0"代表省内流动；其次，使用省内流动样本进一步分析省内是否跨市流动对家庭消费支出的影响，"1"代表省内跨市，"0"代表未跨市即市内跨县。

3. 控制变量

本部分对受访者（流动人口）的性别、年龄、受教育程度、婚姻状况等个人特征，家庭规模、现住房性质等家庭特征变量，以及人际交往、户口迁移意愿等社会融合特征变量进行了控制，同时还对农村流动人口的流入地省份进行了控制。其中，从全样本看，性别均值为 0.58，说明农村劳动力流动以男性为主，但男女比例并不悬殊。进一步从不同流动范围来看，随着流动范围的扩大，均值总体呈变大的趋势，说明流动范围越大，男性劳动力流动群体占比越大，男性比女性更倾向于选择较广范围的流动；从年龄、受教育程度、婚姻状况来看，农村流动劳动力以青年群体、中学学历、已婚人群为主；从现住房性质来看，在流入地购买住房的农村劳动力群体非常稀少，但分样本看，相较于跨省的农村流动人口来说，省内跨市和市内跨县的农村流动人口在流入地有更强的购房意愿，这可能是由于小范围流动的农村人口在流入地有更为接近的生活背景和更强的归属感；三个样本中人际交往均值说明了流动范围越小，人际交往越活跃。而户口迁移意愿的均值为 0.348，即大部分农村流动人口并不愿意将户口迁入流入地。

（六）基准模型

根据理论分析及假说 2，同时依据生命周期模型，我们构建多元线性回归模型如下：

$$\ln C_i = \alpha + \beta_1 FR_i + \beta_2 \ln Y_i + \beta_3 X_i + \lambda_j + \varepsilon_i \qquad (7-1)$$

其中，$\ln C_i$ 是 i 家庭平均每月消费总支出的对数；$\ln Y_i$ 代表家庭平均每月总收入对数；FR_i 代表农村流动人口的流动范围；X_i 代表控制变量；λ_j 表示农村流动人口的流入地省份。

（七）内生性问题和工具变量

使用 OLS 方法估计流动范围对农村流动人口家庭消费支出的影响可能存在内生性问题，主要来源于两个方面。

1. 自变量和因变量互为因果

本章的主要目的是分析农村流动人口的流动范围对其家庭消费支出的影响，但是并不能排除二者之间可能存在反向因果问题，即农村流动人口家庭的消费支出可能会影响其流动范围。因为，通常来讲，消费支出较低的农村家庭，其收入水平一般也处于一个较低的水平，如果家庭成员选择外出务工的话，通常是为了寻求更多的就业机会，从而选择范围更大的流动。

2. 遗漏变量

可能存在同时影响流动范围和流动人口家庭消费支出的遗漏变量，从而引起内生性偏差。

为了克服上述内生性问题，我们参照尹志超等（2020）的做法，在此选取了受访的农村流动人口户籍地所在区县的同一收入阶层中其他农村流动人口的平均流动范围，作为受访农村流动人口流动范围的工具变量。构建模型如下：

$$AFR_i = \delta FR_i + \lambda_j + \mu_i \tag{7-2}$$

$$\ln C_i = \alpha + \beta_1 AFR_i + \beta_2 \ln Y_i + \beta_3 X_i + \lambda_j + \varepsilon_i \tag{7-3}$$

其中，AFR_i 代表第 i 个受访农村流动人口户籍地所在区县的同一收入阶层中其他农村流动人口的平均流动范围。一个地区农村流动人口的流动范围在一定程度上可以反映出该地区的经济发展水平，通常来说，如果一个地区的农村流动人口更加倾向于选择较小范围的流动，则说明该地区经济发展程度相对较高，本地区的居民不需要大范围流动就可以获得比较满意的就业机会。同一个地区同一个收入阶层的农村流动人口所面临的现实环境是大体相同的，在对流动范围的选择上不可避免地存在示范性的相互影响，但其他家庭对于流动范围的选择于本家庭的消费支出而言却是外生的，因此选择同一个地区同一收入阶层其他农村流动人口的平均流动范围作为受访农村流动人口流动范围的工具变量具有一定的可行性。

三 是否有流动人口对农村家庭消费支出的异质性影响

鉴于本部分的主要目的是分析流动范围对农村流动人口家庭消费支出的影响，并在此基础上对农村流动人口是选择远行还是就近务工提出相应的政策建议，那么是否应该鼓励农村人口的流动？我们试图检验有无流动人口的农村家庭消费支出是否有显著差异，有流动人口的家庭消费支出是否更多，这是我们研究的出发点。

考虑到 CMDS 是针对流动人口的监测数据，而本检验将会用到未流动的家庭作为控制组。本部分利用在相同时间段调查的 CHFS2017 的数据，将样本分为两种家庭，即有流动人口的家庭和无流动人口的家庭（称之为处理组和控制组）。样本统计发现：流动人口家庭的平均收入均值为 8041 元，平均每月消费支出均值为 3925 元；而未有流动人口的家庭平均每月收入均值只有 7583 元，平均每月消费支出均值为 3251 元。为避免选择性偏差，进一步使用倾向得分匹配方法来过滤那些与处理组家庭有相似可观测特征的控制组家庭，从而使两个组之间具有可比性。使用家庭收入对数、户主的性别、年龄、婚姻状况、家庭的房屋类别以及家庭规模等作为协变量进行匹配，协变量已通过平衡性检验。

为稳健起见，本部分选择了一对一匹配、卡尺内一对四匹配和核匹配三种方法，得出的结果如表 7-4 所示。

表 7-4　家庭中是否有流动人口对家庭消费支出影响的 PSM 检验结果

		一对一匹配	卡尺内一对四匹配	核匹配
流动人口家庭消费		0.954＊＊ （0.043）	0.954＊＊＊ （0.044）	0.954＊＊＊ （0.045）
样本数	处理组	5073	5073	5073
	控制组	899	899	899

注：括号内为标准误，＊、＊＊、＊＊＊分别表示在10%、5%、1%的水平上显著。下同。

从表 7-4 的估计结果可以看出，三种方法的估计值是相同的，结果均高度显著。若家庭中有流动人口，会显著提升家庭的消费支出。这主要源于流动人口在流入地会受到不同消费观念的影响，示范效应带来了这些家庭消费支出的增加。因此，就扩大内需来讲，有必要引导及鼓励农村劳动力外出务工。

四　流动范围对农村流动人口家庭消费支出的影响

从上面的结果可知，应鼓励农村人口流动。那么，进一步的问题则为引导农村人口流动的方向是什么？我们基于式（7-1），使用异方差稳健的标准差对流动范围与农村流动人口家庭消费支出的影响分别展开了回归分析。

（一）是否跨省对农村流动人口家庭消费支出的影响

表 7-5 汇报了是否跨省对于农村流动人口家庭消费支出的检验结果。第（1）列只在模型中加入家庭总收入进行回归；第（2）列进一步将受访农村流动人口的性别、年龄、受教育程度、婚姻状况等个人特征加入模型进行回归；第（3）列进一步加入了受访农村流动人口的家庭特征变量即家庭规模和现住房性质进行回归；第（4）列进一步加入

了受访农村流动人口家庭的社会融合特征变量即人际交往和户口迁移意愿进行回归。

表7-5　是否跨省流动对农村流动人口家庭消费支出的影响

	（1）	（2）	（3）	（4）
流动范围	-0.037***	-0.038***	-0.029***	-0.028***
	（0.003）	（0.003）	（0.003）	（0.003）
家庭总收入	0.712***	0.675***	0.633***	0.633***
	（0.005）	（0.005）	（0.005）	（0.005）
性别		-0.01***	-0.012***	-0.012***
		（0.003）	（0.003）	（0.003）
年龄		-0.001***	-0.001***	-0.001***
		（0.000）	（0.000）	（0.000）
受教育程度		0.026***	0.028***	0.026***
		（0.002）	（0.002）	（0.002）
婚姻状况		0.102***	0.047***	0.047***
		（0.003）	（0.003）	（0.003）
家庭规模			0.058***	0.058***
			（0.002）	（0.002）
现住房性质			0.23***	0.231***
			（0.005）	（0.005）
人际交往				-0.001
				（0.004）
户口迁移意愿				0.036***
				（0.004）
地区因素	控制	控制	控制	控制
常数项	1.949***	1.962***	2.232***	2.225***
	（0.042）	（0.042）	（0.042）	（0.042）
样本值	68012	68012	68012	68012
R^2	0.443	0.454	0.476	0.476

由表7-5可知，流动范围估计系数均在1%的水平上显著为负，即流动范围对农村流动人口家庭的消费支出有显著负影响，若流动范围为跨省流动，其家庭的消费支出是减少的。

原因主要有以下几个方面：从流动人口规律来看，选择跨省流动的劳动力的流出地一般属于经济欠发达的地区，其流动属于从经济欠发达地区流向经济发达或较发达地区。在流入地虽然收入水平可能有所上升，但受到以前收入水平下消费水平的惯性影响，支出水平也难以得到较大的提升。从农村流动人口来看，一是随着农村劳动力流动范围从省内扩大到省外，返乡及日常生活的成本是在逐步上升的，虽然交通越来越便利，但是对于外出务工的农村劳动力来讲，乘坐各种交通工具返乡的费用可能会给农村流动人口的消费带来挤出效应。二是相比较省内流动的农村流动人口，跨省流动会使农村人口举家搬迁的可能性变小，未成年子女及老年人基本留守家中，所以在外务工的农村劳动力就需要定期给家中老幼汇款，从而相比较流动范围小的情形，自身日常生活比较节俭，挤压了一部分消费支出。三是流动范围越大，农村流动人口的流出地和流入地之间的生活习惯、文化习俗等方面的相差就会越大，流动人口自身的消费习惯难以融入当地，也可能造成其消费支出不高。

关于其他变量和农村流动人口家庭消费支出的关系，由表7-5第(4)列可知，在充分考虑农村流动人口的个人特征、家庭特征以及社会融合特征并对农村流动人口的流入地省份进行控制之后，家庭总收入在1%的显著性水平上对农村流动人口的家庭消费支出具有显著正影响；性别对农村流动人口的家庭消费支出具有显著负影响，即受访者为女性的家庭消费支出要显著高于男性，这主要是源于女性通常在一个家庭的日常中扮演着"采购员"的角色，更容易融入当地生活，因而家庭消费支出更高；年龄对农村流动人口的家庭消费支出具有显著负影响，这主要是由于随着年龄的增长，家庭子女的教育负担、父母的养老负担均加重，加上自身的健康状况，未来收入与支出的不确定性增多，会引发更强的谨慎性动机，从而使消费减少；受教育程度对农村流动人口的家庭消费支出具有显著正影响，这是因为随着学历的升高和受教育年限的增加，劳动力找到更高收入工作的可能性增加，其消费观念也会更加现代化，有利于增加消费；婚姻状况、家庭规模均对农村流动人口的家庭消费支出有显著正影响；现住房性质对农村流动人口的家庭消费支出有显著正影响，这主要是由于当今房价处于非常高的水平，购房成本较高，非自有住房的流动人口家庭基于买房的需要会进行储蓄，从而减少消费支出，而拥有住房的流动人口家庭，随着房价的升高，家庭房产财富增加带来的财富效应会增加消费支出；人际交往对农村流动人口的家庭消费支出并无显著影响；户口迁移意愿在1%的水平上显著正影响农村流动人口的家庭消费支出，这主要是由于更愿意将户口迁入流入地的农村流动人口可能更加愿意并容易融入流入地，受到流入地消费"示范效应"影响的可能性就变大，消费观念更加现代化。

（二）是否跨市对农村流动人口家庭消费支出的影响

参照上文的做法，我们针对省内流动的样本，进一步划分了省内跨市和市内跨县两种流动范围的情形，并对其家庭消费支出的影响进行了实证检验，结果见表7-6。可以看出，对于流动范围限于省内的农村流动人口来说，是否跨市流动对其家庭消费支出并无显著影响。

表7-6　　　是否跨市流动对农村流动人口家庭消费支出的影响

	（1）	（2）	（3）	（4）
流动范围	-0.005 (0.005)	-0.003 (0.005)	0.008 (0.005)	0.007 (0.005)
家庭总收入	0.711*** (0.007)	0.674*** (0.007)	0.627*** (0.007)	0.627*** (0.007)
性别		-0.002 (0.005)	-0.005 (0.005)	-0.004 (0.005)
年龄		-0.001*** (0.000)	-0.001*** (0.000)	-0.001*** (0.000)
受教育程度		0.015*** (0.003)	0.016*** (0.003)	0.016*** (0.003)
婚姻状况		0.187*** (0.008)	0.067*** (0.009)	0.067*** (0.009)
家庭规模			0.064*** (0.003)	0.064*** (0.003)
现住房性质			0.216*** (0.006)	0.217*** (0.006)
人际交往				-0.004 (0.005)
户口迁移意愿				0.008 (0.005)

续表

	(1)	(2)	(3)	(4)
地区因素	控制	控制	控制	控制
常数项	1.986*** (0.062)	2.022*** (0.063)	2.363*** (0.063)	2.393*** (0.065)
观测值	31605	31605	31605	31605
R^2	0.478	0.490	0.516	0.516

为了分析可能存在的原因，我们对省内跨市和市内跨县的农村流动人口按其省份划分为东部、中部、西部三个地区，分别对未跨省的农村流动人口的家庭收入和支出情况进行统计并进一步做了回归分析。结果分别见表7-7、表7-8。

表7-7　不同地区及流动范围农村流动人口家庭的收支情况　　单位：元

	东部		中部		西部	
	省内跨市	市内跨县	省内跨市	市内跨县	省内跨市	市内跨县
家庭平均每月总收入	7776	6198	6427	6126	5630	5112
家庭平均每月消费支出	4077	3453	3613	3438	3184	3039

资料来源：2017年中国流动人口动态监测调查数据（CMDS）。

表7-8　是否跨市流动对不同地区农村流动人口家庭消费支出的影响

	东部	中部	西部
流动范围	-0.018 (0.013)	0.025*** (0.008)	-0.001 (0.008)
地区因素	控制	控制	控制
常数项	1.964*** (0.105)	2.044*** (0.099)	2.491*** (0.101)
观测值	7069	10958	13578
R^2	0.545	0.536	0.458

从表7-7可以看出，市内跨县家庭的收入与支出均低于省内跨市家庭，且无论是省内跨市还是市内跨县的农村流动人口群体，家庭平均每月总收入和家庭平均每月消费支出均值均表现出从西部往东部逐步增加的趋势，这与三个地区的经济发展水平密切相关。两个流动范围之间家庭平均每月消费支出的差异也随着由西部往东部而逐步扩大，东部的差异尤为明显，这可能是由东部的高经济发展水平和高消费水平造成的。

从表7-8中可以看出，仅中部跨市流动的农村家庭消费支出显著增加，东部和西部并无显著影响。同时，根据表7-7的统计结果，家庭平均每月消费支出占家庭平均每月总收入的比重只在中部的农村流动人口中随流动范围的扩大而增加，这与实证结果相符合。因此，积极引导中部地区流动人口省内跨市流动，有利于扩大内需。

在接下来的实证部分，为了进一步得出更加丰富的结论，我们仍然聚焦于是否跨省流动。

五 异质性分析

（一）不同地区农村流动人口家庭消费支出的异质性

按照受访者的现居住省份作为流入地进行划分，分为东部、中部、西部三个地区。由表7-9可知，东部、中部、西部三个地区的流动范围回归系数均显著为负，即流动范围对农村流动人口家庭的消费支出具有显著负影响，其中东部的回归系数最大，说明相较于中部和西部，流入东部的农村流动人口其流动范围对家庭消费支出的影响更大。另外，根据对不同地区样本的统计，发现流入东部的农村流动人口家庭平均每月总收入为7679元，家庭平均每月消费支出为3764元，消费支出占收入的比重为47.8%；流入中部的农村流动人口家庭平均每月总收入为6410元，家庭平均每月消费支出为3536元，消费支出占收入的比重为55.2%；流入西部的农村流动人口家庭平均每月总收入为6008元，家庭平均每月消费支出为3280元，消费支出占收入的比重为54.6%。通过比较并结合实证结果分析，主要原因可能是东部相较于其他两个地区，经济更为发达，物价水平和消费水平也更高，流动范围越大，越可能超出农村流动人口以往的消费能力范围，加上农村流动人口本身就是一个相对节俭的群体，会造成减少消费以增加储蓄。

表 7-9　不同地区农村流动人口家庭消费支出的异质性

	东部	中部	西部
流动范围	-0.085***	-0.037***	-0.024***
	(0.006)	(0.009)	(0.007)
家庭总收入	0.652***	0.648***	0.596***
	(0.007)	(0.010)	(0.009)
性别	-0.013**	-0.007	-0.015***
	(0.005)	(0.007)	(0.006)
年龄	-0.001***	-0.001***	0.000
	(0.000)	(0.000)	(0.000)
受教育程度	0.035***	0.012**	0.017***
	(0.003)	(0.005)	(0.004)
婚姻状况	0.068***	0.071***	0.094***
	(0.010)	(0.014)	(0.010)
家庭规模	0.065***	0.058***	0.055***
	(0.003)	(0.004)	(0.006)
现住房性质	0.279***	0.213***	0.204***
	(0.009)	(0.009)	(0.009)
人际交往	0.022***	-0.026***	-0.002
	(0.007)	(0.007)	(0.006)
户口迁移意愿	0.062***	0.014*	0.006
	(0.005)	(0.008)	(0.006)
地区因素	控制	控制	控制
常数项	2.140***	2.108***	2.482***
	(0.060)	(0.090)	(0.073)
观测值	29351	14308	24353
R^2	0.491	0.523	0.423

另外，从表7-9中还可以看出，人际交往和户口迁移意愿只对流入地为东部的农村流动人口的家庭消费支出有显著正影响。这主要是因为东部、中部、西部地区在各个方面尤其是地区经济发展水平上存在较大差距，流入东部的农村劳动力人口如果和本地人来往更多或者更愿意将

户口迁入本地,则更有可能融入当地,产生较强的归属感,更易受到当地人消费观念和消费水平的影响,有利于增加消费。而中部、西部受限于不够发达的经济发展水平,难以对流动人口的消费产生带动作用。

(二) 不同收入水平农村流动人口家庭消费支出的异质性

借鉴何兴强和杨锐锋(2019)的做法,将所有样本以家庭平均每月总收入排序后的25%和75%处作为临界值,划分为低收入家庭、中收入家庭、高收入家庭。由表7-10可知,无论是对高中低哪种收入家庭来说,流动范围均在1%的水平上显著负影响家庭消费支出,但与低收入家庭和高收入家庭相比,中收入家庭的消费支出受到由流动范围带来的波动更小。

通过对高中低三个收入水平的农村流动人口家庭的分析发现,低收入水平农村流动人口家庭平均每月住房支出为571元,家庭平均每月消费支出为2096元,住房支出占消费支出的比重为27.2%;中收入水平农村流动人口家庭平均每月住房支出为828元,家庭平均每月消费支出为3216元,住房支出占消费支出的比重为25.7%;高收入水平农村流动人口家庭平均每月住房支出为1450元,家庭平均每月消费支出为5338元,住房支出占消费支出的比重为27.2%。可以看出,中收入水平农村流动人口家庭住房支出占消费支出的比重最少,即住房支出对其他消费支出的挤出效应最小,从而可能受流动范围的影响最小。

表7-10 流动范围对不同收入水平农村流动人口家庭消费支出的影响

	低收入家庭	中收入家庭	高收入家庭
流动范围	-0.053***	-0.044***	-0.065***
	(0.008)	(0.006)	(0.008)
家庭总收入	0.502***	0.658***	0.640***
	(0.019)	(0.016)	(0.012)
性别	-0.023***	-0.012**	-0.002
	(0.007)	(0.005)	(0.007)
年龄	-0.002***	-0.001***	0.001
	(0.000)	(0.000)	(0.000)
受教育程度	0.025***	0.019***	0.029***
	(0.004)	(0.003)	(0.004)

续表

	低收入家庭	中收入家庭	高收入家庭
婚姻状况	0.099*** (0.012)	0.038*** (0.010)	0.098*** (0.014)
家庭规模	0.067*** (0.004)	0.066*** (0.003)	0.043*** (0.004)
现住房性质	0.218*** (0.016)	0.217*** (0.007)	0.242*** (0.008)
人际交往	-0.003 (0.007)	0.002 (0.005)	0.001 (0.008)
户口迁移意愿	0.031*** (0.007)	0.034*** (0.005)	0.037*** (0.007)
地区因素	控制	控制	控制
常数项	3.313*** (0.157)	2.034*** (0.140)	2.158*** (0.115)
观测值	18478	28820	20714
R^2	0.213	0.148	0.272

（三）不同年龄农村流动人口家庭消费支出的异质性

将样本按照年龄进行分组，以了解流动范围对农村流动人口家庭消费支出在不同年龄下的差异。按照联合国世界卫生组织对年龄的划分标准，44岁以下为青年，45—59岁为中年人，60岁以上为老年人。由表7-11可知，对于59岁及以下的青年群体和中年群体来说，流动范围均在1%的水平上显著负影响家庭消费支出，且处于45—59岁的中年群体系数要大于44岁及以下的青年群体；而对于60岁及以上的老年农村流动人口来说，流动范围对其家庭消费支出并无显著影响。可能的原因是，对于青年群体来说，他们思想开放，能够较快接受新鲜事物，从而更易接受现代化的消费观念，用于娱乐及消遣等享受型的消费支出比较多，受流动范围的影响要小于中年群体；中年群体家庭负担较重，从而受流动范围的影响更大；而对于60岁及以上的老年流动人口家庭，流动范围的影响不显著。老年流动人口家庭数量较少，只占总样本的1.4%，其中省内流动的样本有466个，跨省的有505个，其平均消费倾向是相近的。

表 7-11　不同年龄农村流动人口家庭消费支出的异质性

	44 岁及以下	45—59 岁	60 岁及以上
流动范围	-0.048***	-0.072***	0.048
	(0.005)	(0.009)	(0.037)
家庭总收入	0.633***	0.631***	0.609***
	(0.006)	(0.010)	(0.045)
性别	-0.014***	-0.014*	0.018
	(0.004)	(0.008)	(0.037)
年龄	0.003***	-0.01***	0.003
	(0.000)	(0.001)	(0.004)
受教育程度	0.029***	0.021***	0.022
	(0.002)	(0.005)	(0.018)
婚姻状况	0.072***	0.066***	0.074
	(0.007)	(0.019)	(0.059)
家庭规模	0.055***	0.059***	0.048***
	(0.002)	(0.004)	(0.015)
现住房性质	0.223***	0.251***	0.216***
	(0.006)	(0.013)	(0.057)
人际交往	0.002	-0.009	-0.020
	(0.004)	(0.009)	(0.032)
户口迁移意愿	0.031***	0.042***	0.031
	(0.004)	(0.008)	(0.033)
地区因素	控制	控制	控制
常数项	2.162***	2.653***	1.937***
	(0.049)	(0.108)	(0.517)
观测值	51807	15234	971
R^2	0.481	0.430	0.558

六　机制分析

　　理论上，更认同本地城市身份的流动群体消费更高（孙文凯等，2019）。而在上面分析得出的结论中，流动范围是跨省的情形显著降低了农村流动人口家庭的消费支出，其可能的原因是随着流动范围从省内扩大到省外，农村流动人口在流入地的身份认同感变弱，从而影响消费。根据"2017年中国流动人口动态监测调查问卷"中的三个问题"是否同意自己已经是本地人""是否同意本地人愿意接受自己成为本地人的一员""是否同意自己愿意融入本地人"，分别定义身份认同1、身份认同2、身份认同3，并将完全同意和基本同意定义为1，完全不同意和不同意定义为0，以此作为被解释变量，使用式（7-1）的解释变量，分别进行OLS和IV工具变量估计，结果见表7-12。

表7-12　　　　　　　　　　机制分析结果

	身份认同1		身份认同2		身份认同3	
	OLS	IV	OLS	IV	OLS	IV
流动范围	-0.013*** (0.002)	-0.012** (0.005)	-0.055*** (0.004)	-0.068*** (0.008)	-0.022*** (0.002)	-0.022*** (0.005)
地区因素	控制	控制	控制	控制	控制	控制
常数项	0.717*** (0.021)	0.717*** (0.021)	0.364*** (0.032)	0.364*** (0.032)	0.709*** (0.021)	0.709*** (0.021)
观测值	68012	68012	68012	68012	68012	68012
R^2	0.031	0.031	0.089	0.089	0.045	0.045

从表7-12中可以看出，流动范围为跨省的农村流动人口，其本地人身份认同感要低，而省内流动的人口本地人身份认同感要高一些，从而可能抑制了跨省流动人口家庭的消费支出。

七　内生性及稳健性检验

根据式（7-2）、式（7-3）及所选取的工具变量，我们进行了内生性检验，结果见表7-13第（1）列。除了内生性，本部分还做了如下检验：表7-13第（2）列对样本数据中农村流动人口的个人特征变量进行替换，替换成对所有家庭成员的个人特征取平均值后再进行回归；第（3）列对样本按照家庭平均每月消费支出进行排序之后又做了前后5%的缩尾处理，再进行回归。从表7-13中可以看到，流动范围均在1%的水平上显著负影响农村流动人口家庭消费，结果具有稳健性。

表7-13　　　　　　　　　　内生性及稳健性检验

	（1）	（2）	（3）
	IV	家庭成员平均特征	5%缩尾
流动范围	-0.069***	-0.036***	-0.044***
	(0.008)	(0.004)	(0.004)
地区因素	控制	控制	控制
常数项	2.227***	4.476***	3.359***
	(0.043)	(0.045)	(0.040)
观测值	68012	68012	64021
R^2	0.476	0.617	0.406

另外，我们还使用倾向得分匹配方法来检验是否跨省流动对农村流动人口家庭消费支出的影响，不同方法的结果均表明跨省流动的平均处理效应显著为负，说明以上结果具有稳健性。

第二节　流动距离对农村流动人口家庭消费的异质性影响

基于上文的分析，流动范围对农村流动人口的家庭消费支出存在显著负影响，但是仅仅考虑流动范围对农村流动人口家庭消费支出的影响过于宽泛，因为流动范围大并不能等同于流动距离远。以山东日照东港区、山东济南历下区和江苏连云港连云区为例，从日照东港区流动到济南历下区属于省内跨市流动，从日照东港区流动到连云港连云区属于跨省流动，但前者的流动距离明显要远于后者。因此，为了使分析更加细致，将流动范围进一步具体化，具体到农村流动人口的流动距离，并分析流动距离对农村流动人口家庭消费支出的影响。流动距离的定义为：农村流动人口的流入地区县和其户籍地区县之间的直线距离。

一　模型设定、数据来源与变量说明

（一）基准模型

为了考察农村流动人口的流动距离对农村流动人口家庭消费支出的影响，构建模型如下：

第七章 农村流动人口家庭的异质性消费行为研究

$$\ln C_i = \alpha + \beta_1 FD_i + \beta_2 \ln Y_i + \beta_3 X_i + \lambda_j + \varepsilon_i \tag{7-4}$$

式中，$\ln C_i$ 表示第 i 个农村流动人口的家庭消费支出，以家庭平均每月总消费支出的对数形式表示；α 表示常数项；FD_i 表示第 i 个受访者的流动距离；$\ln Y_i$ 代表第 i 个农村流动人口的家庭平均每月总收入，以家庭每月总收入的对数形式表示；X_i 代表控制变量，包括农村流动人口的个人特征、家庭特征和社会融合特征；λ_j 表示省份固定效应；ε_i 表示不可观测的误差项；β_1、β_2、β_3 表示待估计的回归系数。

（二）数据来源

与分析流动范围对农村流动人口家庭消费支出的影响使用的数据相同，在分析流动距离对农村流动人口家庭消费支出的影响时，同样使用2017年中国流动人口动态监测调查数据。在对数据进行筛选时，只保留所有家庭成员的户口性质均为农业户口且受访对象外出流动原因为务工、工作和经商的样本，同时剔除了存在异常值和缺失值的样本，最终得到了68012个有效样本数据。

（三）农村流动人口的流动距离与流动人口特征分析

1. 不同性别农村流动人口流动距离的差异

根据2017年中国流动人口动态监测调查数据，全体农村流动人口的平均流动距离为535千米。根据图7-9，分性别来看，我国男性农村流动人口的平均流动距离为539千米，女性农村流动人口的平均流动距离为530千米，男性农村流动人口的平均流动距离要大于女性。这说明，相较

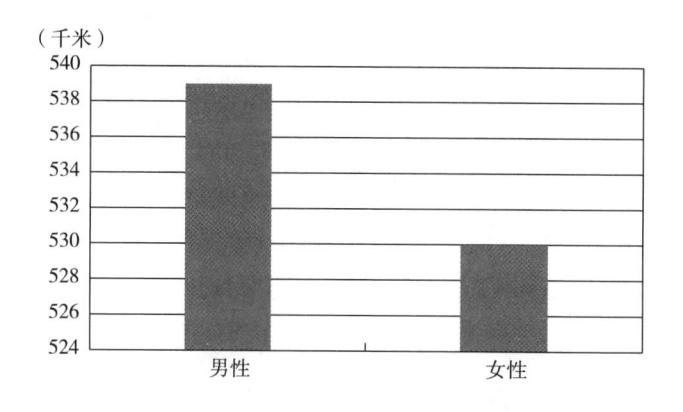

图7-9 不同性别农村流动人口的流动距离

资料来源：2017年中国流动人口动态监测调查数据。

于男性农村流动人口,女性农村流动人口倾向于更短距离的流动。这可能是由女性在体力方面不及男性和需要更多地照顾家庭等方面的原因造成的。

2. 不同年龄农村流动人口流动距离的差异

从图7-10可以看出,在青年、中年、老年三个农村流动人口群体当中,平均流动距离最远的是中年农村流动人口群体,为560千米,平均流动距离最短的是青年农村流动人口群体,为527千米,二者相差33千米,60岁及以上的老年农村流动人口群体的平均流动距离为543千米,但由于老年农村流动人口在总体农村流动人口当中所占的比重较小,可能并不能完全反映出该群体的真实情况。中年农村流动人口群体的流动距离之所以大,可能与其所面临的生活压力大有很大的关系。该部分农村流动人口处于上有老人需要赡养、下有孩子需要抚养的阶段,同时还需承担自己和配偶的日常生活所需开支,经济压力较大。远距离的流动可能给他们带来更多的就业机会和获得更高的工资报酬的机会,所以,中年农村流动人口群体更倾向于远距离的流动。

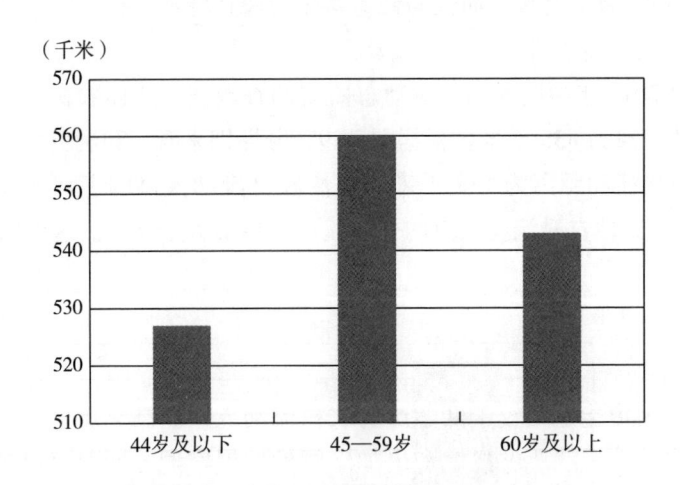

图7-10 不同年龄农村流动人口的流动距离

资料来源:2017年中国流动人口动态监测调查数据。

3. 不同受教育程度农村流动人口流动距离的差异

从图7-11可以看出,从总体趋势来看,随着学历的不断上升,农村流动人口的平均流动距离总体上是呈下降趋势的。初中学历以下的农村流动人口的平均流动距离均高于全体农村流动人口的平均距离,从未上过学的农村流动人口的平均流动距离为 660 千米，高于全体农村流动人口的平均流动距离 125 千米；小学学历的农村流动人口平均流动距离为 598 千米，高于全体农村流动人口的平均流动距离 63 千米；初中学历的农村流动人口平均流动距离为 536 千米，高于全体农村流动人口的平均流动距离 1 千米。高中及中专学历的农村流动人口的平均流动距离为 495 千米；大学专科学历的农村流动人口的平均流动距离为 444 千米；大学本科学历的农村流动人口的平均流动距离为 461 千米；研究生学历的农村流动人口的平均流动距离为 430 千米。

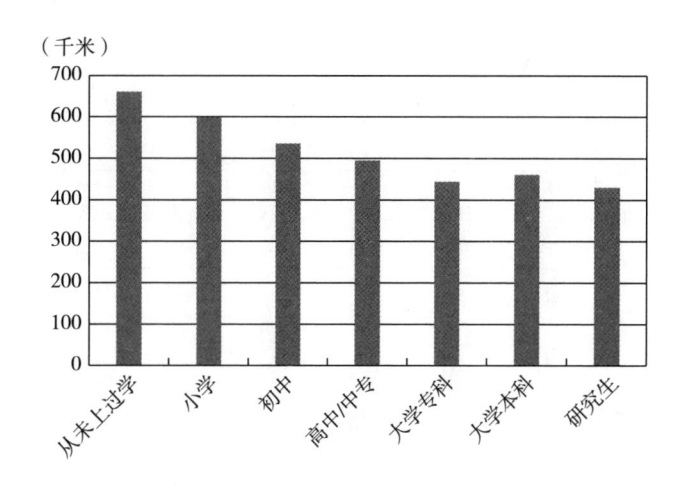

图 7-11　不同受教育程度农村流动人口的流动距离

资料来源：2017 年中国流动人口动态监测调查数据。

高学历农村流动人口的平均流动距离之所以小于低学历的农村流动人口，原因可能是相较于低学历的农村流动人口，高学历的农村流动人口有更多的选择就业的机会和更加广阔的发展空间，同时有可能获得更高的收入。而低学历的农村流动人口之所以倾向于远距离的流动，是因为他们的选择权较小，通常是工作选择他们，而非他们选择工作。因此，低学历的农村流动人口只能在更广的范围里寻找自己相对满意的工作。

4. 不同婚姻状况农村流动人口流动距离的差异

从图 7-12 看不同婚姻状况农村流动人口的流动距离，只有初婚和未婚的农村流动人口的平均流动距离小于全体农村流动人口的平均流动距离，这两个农村流动人口群体的平均流动距离分别为 533 千米和 531 千米。平均流动距离最远的是同居的农村流动人口群体，为656千米，高于全体农村流动人口的平均流动距离121千米；再婚的农村流动人口群体的平均流动距离为575千米；丧偶的农村流动人口群体的平均流动距离为565千米；离婚的农村流动人口群体的平均流动距离为543千米。从总体来看，丧偶、初婚、离婚、再婚等成立过家庭的农村流动人口群体的平均流动距离为543千米，未婚和同居的未成立家庭的农村流动人口群体的平均流动距离为594千米。这可能是由于未成立家庭的农村流动人口没有家庭的羁绊，相对来说较为自由，从而倾向于远距离的流动。而已成立家庭的农村流动人口出于照顾其他家庭成员的需要，流动距离相对近一些。

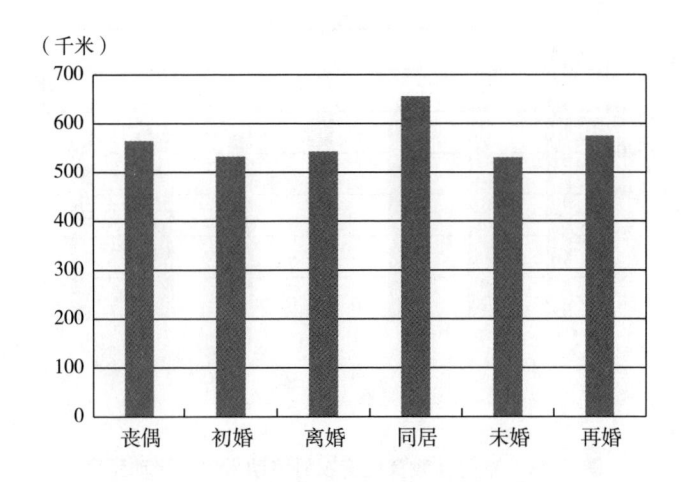

图 7-12　不同婚姻状况农村流动人口的流动距离

资料来源：2017 年中国流动人口动态监测调查数据。

5. 不同家庭规模农村流动人口流动距离的差异

从图 7-13 可以看出，家庭规模在 3 人及以下的农村流动人口群体的平均流动距离为 532 千米，比全体农村流动人口的平均流动距离低 3 千米；家庭规模在 4—5 人的农村流动人口群体的平均流动距离为 537 千米，高出全体农村流动人口的平均流动距离 2 千米；家庭规模在 6 人及以上的农村流动人口群体的平均流动距离为 578 千米，高出全体农村流动人口的平均流动距离 22 千米。家庭规模越大，家庭中所有家庭成员所需的开支就越大，家庭面临着更大的生活压力，为了寻求更高的收入，家庭规模大的农村流动人口会更倾向于远距离的流动。

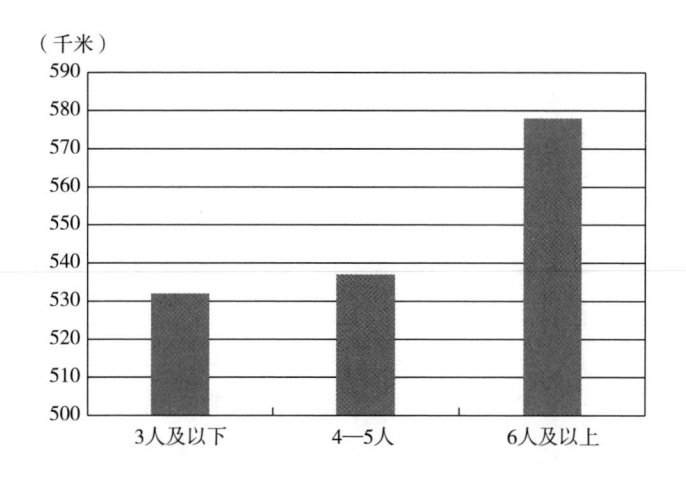

图 7-13　不同家庭规模农村流动人口的流动距离

资料来源：2017年中国流动人口动态监测调查数据。

6. 不同住房性质农村流动人口流动距离的差异

从图 7-14 可以看出，自建房的农村流动人口群体的平均流动距离最远，为 820 千米，高出全体农村流动人口群体的平均流动距离 285 千米；其次是住在借助房的农村流动人口群体，平均流动距离为 773 千米，高出

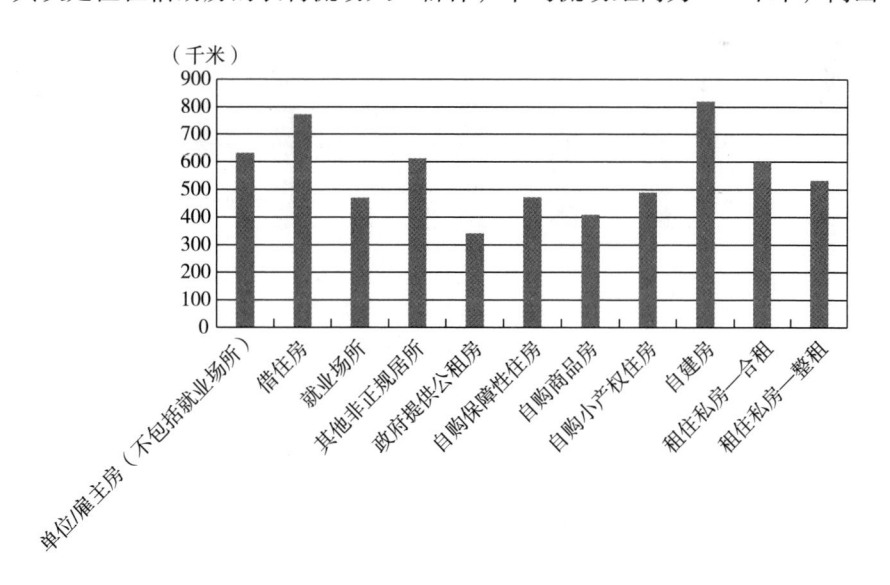

图 7-14　不同住房性质农村流动人口的流动距离

资料来源：2017年中国流动人口动态监测调查数据。

全体农村流动人口群体的平均流动距离 238 千米；第三的是住在单位或雇主房（不包括就业场所）的农村流动人口群体，平均流动距离为 632 千米，高出全体农村流动人口的平均流动距离 97 千米；第四的是居住在其他非正规居所的农村流动人口群体，平均流动距离为 613 千米，高出全体农村流动人口的平均流动距离 78 千米；平均流动距离最小的是居住在政府提供公租房的农村流动人口群体，为 342 千米，比全体农村流动人口群体的平均流动距离低 193 千米。整体来看，住房自有的农村流动人口群体的平均流动距离为 548 千米，住房非自有的农村流动人口群体的平均流动距离为 566 千米。流动距离短的农村流动人口群体更容易实现在流入地住房自有，这可能是因为流动距离短，流入地和流出地之间的生活习惯和文化背景更为接近，农村流动人口在流入地更容易产生归属感和身份认同感，长期在流入地生活的意愿更强。

7. 不同人际交往农村流动人口流动距离的差异

从图 7-15 可以看出，与本地人来往更多的农村流动人口群体的平均流动距离最短，为 423 千米，比全体农村流动人口的平均流动距离低 112 千米。其他几种类型农村流动人口群体的平均流动距离均大于全体农村流

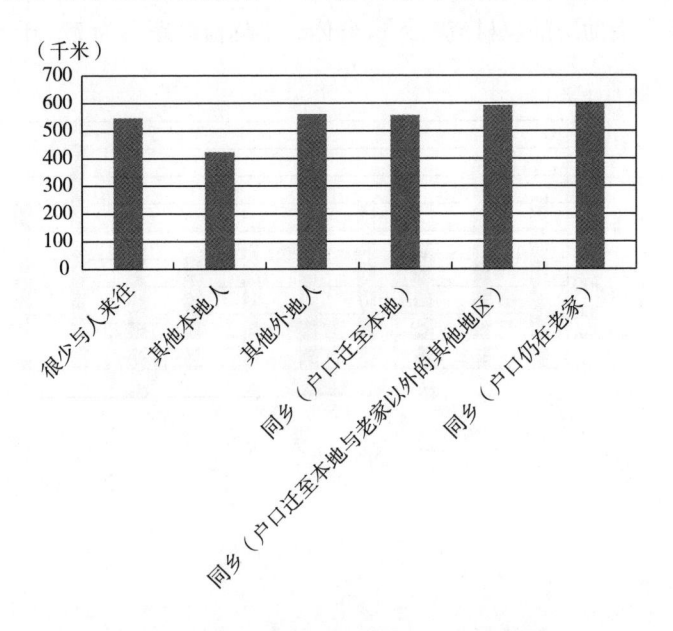

图 7-15 不同人际交往农村流动人口的流动距离

资料来源：2017 年中国流动人口动态监测调查数据。

动人口的平均流动距离。其中,很少与人来往的农村流动人口群体的平均流动距离为 546 千米;与外地人来往更多的农村流动人口群体的平均流动距离为 560 千米;与户口迁至本地的同乡来往更多的农村流动人口的平均流动距离为 556 千米;与户口迁至老家与本地以外的其他地区的同乡来往更多的农村流动人口的平均流动距离为 592 千米;与户口仍在老家的同乡来往更多的农村流动人口的平均流动距离为 597 千米。可以看出,在与同乡来往更多的农村流动人口当中,与户口迁至本地的老乡来往更多的农村流动人口的平均流动距离最短。总体来看,与现在户口在本地的本地人来往更多的农村流动人口的平均流动距离最短。原因可能是流动距离越短,与流入地之间的生活习惯和文化背景可能更为相似,从而与本地人的交往更为密切。

8. 不同户口迁移意愿农村流动人口流动距离的差异

从图 7-16 可以看出,在三个类型的农村流动人口群体当中,只有不愿意将户口迁入本地的农村流动人口群体的平均流动距离低于全体农村流动人口的平均流动距离。不愿意将户口迁入本地的农村流动人口的平均流动距离为 518 千米,比全体农村流动人口的平均流动距离低 17 千米;没想好是否将户口迁入本地的农村流动人口的平均流动距离为 546 千米,比全体农村流动人口的平均流动距离高 11 千米;愿意将户口迁入本地的农村流动人口的平均流动距离为 545 千米,比全体农村流动人口的平均流动距离高 10 千米。

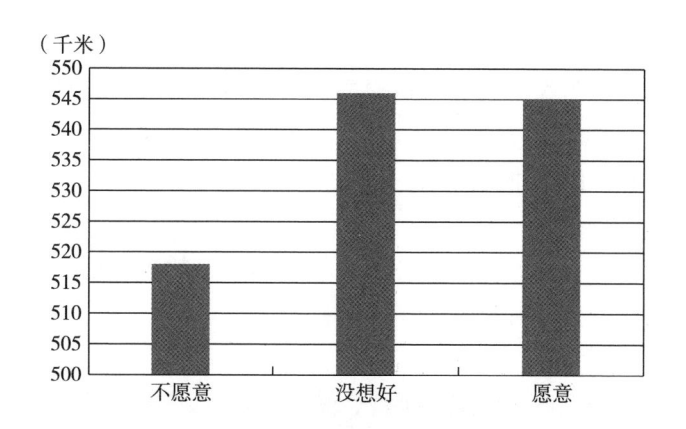

图 7-16 不同户口迁移意愿农村流动人口的流动距离

资料来源:2017 年中国流动人口动态监测调查数据。

(四) 不同流动距离农村流动人口家庭的消费支出情况

从表 7-14 可以看出，大多数农村流动人口的家庭平均每月消费支出为 3000 元。从总体来看，随着流动距离的变大，农村流动人口的家庭平均每月消费支出是变少的，但相差不大。家庭平均每月消费支出最高的是流动距离在 201—500 千米的农村流动人口，为 3669 元。具体来看，对于流动距离在 200 千米及以下和 201—500 千米的两个农村流动人口群体来说，家庭平均每月消费支出随着流动距离的扩大而增加，当流动距离超过 500 千米之后，农村流动人口家庭平均每月消费支出随着流动距离的扩大而缩小。

表 7-14　　不同流动距离农村流动人口家庭的消费支出　　单位：元

流动距离	平均家庭每月消费支出	最大值	最小值	众数
200 千米及以下	3526	40000	150	3000
201—500 千米	3669	50000	100	3000
501—1000 千米	3597	76000	160	3000
1001—2000 千米	3498	40000	100	3000
2001 千米及以上	3242	40000	100	3000

资料来源：2017 年中国流动人口动态监测调查数据。

(五) 变量说明与描述性统计

1. 被解释变量

被解释变量为农村流动人口家庭消费，用家庭平均每月总支出的对数来表示。这里的家庭平均每月总支出指所有家庭成员在现居住地与日常生活消费相关的费用支出。

2. 核心解释变量

农村流动人口的流动距离，用农村流动人口的流入地区县与户籍地区县之间的千米数取对数表示。

3. 控制变量

对农村流动人口的性别、年龄、受教育程度、婚姻状况等个人特征，家庭规模、现住房性质等家庭特征变量以及人际交往、户口迁移意愿等社会融合特征变量进行了控制，同时还对农村流动人口的流入地省份进行了控制。其中,从全样本看,性别均值为0.58,说明农村劳动力流动人口以男性为主;年龄均值为36.815,标准差为9.68,说明农村劳动力流动人口以青年群体为主,且年龄差异较大;受教育程度均值为3.134,说明农村流动人口学历比较低,初中及以下学历的农村流动人口占大多数;婚姻状况均值为0.853,说明农村流动人口以已婚人群为主;家庭规模均值为3.217,即农村流动人口的家庭以"三口之家"为主;现住房性质均值为0.104,说明在流入地购买住房的农村劳动力群体非常稀少,农村流动人口在流入地多以租房为主,较少农村流动人口实现了在流入地的住房自有;人际交往均值为0.288,说明农村流动人口与本地人联系并不非常密切;户口迁移意愿的均值为0.348,说明大部分农村流动人口即使在符合流入地落户条件的前提下,也不愿意将户口迁入流入地。具体见表7-15。

表7-15 变量说明与描述性统计

变量名	变量说明	样本值	均值	标准差	最小值	最大值
家庭消费支出	家庭平均每月消费支出(对数)	68012	8.002	0.588	4.605	11.238
家庭总收入	家庭平均每月总收入(对数)	68012	8.671	0.55	3.912	11.695
性别	女=0;男=1	68012	0.58	0.494	0	1
年龄	受访者年龄	68012	36.815	9.68	15	93
受教育程度	未上过学=1;小学=2;初中=3;高中/中专=4;大学专科/大学本科/研究生=5	68012	3.134	0.898	1	5
婚姻状况	未婚=0;已婚=1	68012	0.853	0.354	0	1
家庭规模	家庭同住人口数	68012	3.217	1.166	1	10
现住房性质	非自有=0;自有=1	68012	0.104	0.305	0	1
人际交往	与非本地人交往多=0;与本地人交往多=1	68012	0.288	0.453	0	1
户口迁移意愿	不愿意=0;愿意=1	68012	0.348	0.476	0	1

资料来源:2017年中国流动人口动态监测调查数据。

(六)内生性问题和工具变量

同分析流动范围对农村流动人口家庭消费支出的影响一样,在此处为了克服可能存在的内生性问题,我们使用受访的农村流动人口户籍地所在区县的其他农村流动人口的平均流动距离作为受访农村流动人口的工具变量，并构建如下模型：

$$AFR_i = \delta FD_i + \lambda j + \mu_i \tag{7-5}$$

$$\ln C_i = \alpha + \beta_1 AFD_i + \beta_2 \ln Y_i + \beta_3 X_i + \lambda_j + \varepsilon_i \tag{7-6}$$

式中，AFD_i 代表第 i 个受访农村流动人口户籍地所在区县的所有农村流动人口的平均流动距离。

二　流动距离对农村流动人口家庭消费支出的影响

表 7-16 的第（1）列只在模型中加入家庭总收入进行回归；第（2）列将受访农村流动人口的性别、年龄、受教育程度、婚姻状况等个人特征加入模型进行回归；第（3）列进一步加入了受访农村流动人口的家庭特征变量即家庭规模和现住房性质进行回归；第（4）列进一步加入了受访农村流动人口家庭的社会融合特征变量即人际交往和户口迁移意愿进行回归。可以看出，在四个回归结果中，流动距离对农村流动人口家庭消费支出的影响系数均在1%的水平上显著为负，在控制了农村流动人口的个人特征、家庭特征和社会特征以及地区因素之后，系数虽然有所变小，但依然显著为负。这说明随着流动距离的不断变大，农村流动人口家庭的消费支出是不断减少的，流动距离的扩大会对农村流动人口家庭的消费支出带来抑制作用。

原因可能主要包括以下几个方面：第一，通常来说，在外务工和工作的农村流动人口需要定期向老家汇款，流动距离越大即距离老家越远，同时也意味着农村劳动力家庭化流动的可能性越小，这样便造成了农村劳动力流动人口与其家庭成员两地分居的现象，使农村劳动力流动人口平时难以对其家庭成员进行一定的照顾。因此，对于老家其他家庭成员的弥补，在外务工和工作的农村流动人口只能通过向家中汇款的形式进行，这便对农村流动人口的消费造成了一定的挤出效应。第二，流动距离越远，给农村流动人口带来的交通和通信成本越高。距离越远，平时与家中其他成员的联系只能通过手机进行，带来了一定的设备以及通信费用。距离越远，也意味着农村流动人口返乡的难度和成本越高，不仅包括返乡的交通费用，还有一定的时间成本，因此农村流动人口可能会在日常中节省开支以平衡返乡带来的成本。第三，农村流动人口的流动距离越远，通常意味着其流入地和流出地之间的社会经济发展状况、风俗习惯、文化背景等方面存在一定的差异，使农村流动人口以往形成的生活习惯和消费习惯发生改变，在一定程度上可能会减少其消费支出。

考察其他控制变量与农村流动人口的家庭消费支出。在控制了农村流动人口的所有个人特征、家庭特征和社会融合特征变量以及地区因素之后，农村流动人口的家庭总收入在1%的水平上对其家庭消费支出有显著正向影响。收入影响消费，通常来说，收入水平越高，则消费支出越高。性别在1%的水平上显著负影响家庭消费支出，这是因为女性通常比男性有更强大的购物欲，同时，一般来说，在一个家庭中"财政大权"由女性掌握，且负责家庭中的日常生活开支和其他琐碎支出，因此比男性有更高的消费支出。年龄在1%的水平上显著负影响家庭消费支出，但系数很小，因为随着年龄的增长，对于现代化的消费观念的接受程度会下降，同时随着年龄增加，健康状况变差，面临的收入不确定性增加，因而会在一定程度上减少消费支出。受教育程度在1%的水平上显著正影响家庭消费支出，一般来讲，受教育程度更高的农村流动人口更易接受现代化的消费观念，同时，就业选择和机会更多，更有可能获得高收入的工作，因而消费支出更高。婚姻状况在1%的水平上显著正影响家庭消费支出，相较于未婚农村流动人口，离婚或丧偶的农村流动人口可能有孩子需要抚养或其他的社会关系需要维系，而相较于离婚或丧偶的农村流动人口，已婚农村流动人口有家庭需要维持，因此消费支出可能更高。家庭规模在1%的水平上显著正影响农村流动人口家庭消费支出，家庭成员越多，日常生活所需开支就越大，从而消费支出更高。现住房性质在1%的水平上显著正影响农村流动人口家庭的消费支出，如果农村流动人口在流入地住房自有，可能会有更强的融入感，同时在房价上涨的当下，拥有住房会增加家庭财富，从而住房自有会使家庭消费支出增加。人际交往对农村流动人口家庭的消费支出并无显著影响。户口迁移意愿在1%水平上显著正影响农村流动人口的家庭消费支出，户口迁移意愿更强，更容易融入流入地，产生身份认同感，有利于增加消费支出。

表7-16　流动距离对农村流动人口家庭消费支出的影响

	(1)	(2)	(3)	(4)
流动距离	-0.012***	-0.012***	-0.01***	-0.01***
	(0.002)	(0.002)	(0.002)	(0.002)

续表

	(1)	(2)	(3)	(4)
家庭总收入	0.71*** (0.005)	0.672*** (0.005)	0.631*** (0.005)	0.63*** (0.005)
性别		-0.011*** (0.003)	-0.013*** (0.003)	-0.013*** (0.003)
年龄		-0.001*** (0.00)	-0.001*** (0.00)	-0.001*** (0.00)
受教育程度		0.027*** (0.002)	0.029*** (0.002)	0.027*** (0.002)
婚姻状况		0.102*** (0.003)	0.047*** (0.003)	0.047*** (0.003)
家庭规模			0.058*** (0.002)	0.058*** (0.002)
现住房性质			0.234*** (0.005)	0.235*** (0.005)
人际交往				0.001 (0.004)
户口迁移意愿				0.037*** (0.004)
地区因素	控制	控制	控制	控制
常数项	2.034*** (0.046)	2.055*** (0.046)	2.317*** (0.046)	2.304*** (0.046)
样本值	68011	68011	68011	68011
R^2	0.442	0.453	0.475	0.476

我们进一步分析了流动距离对家庭住房支出的影响。从表7-17可以看出，流动距离对农村流动人口家庭住房支出在1%的水平上显著为负，在逐步控制了农村流动人口的个人特征、家庭特征、社会融合特征以及地区因素之后，系数有所变小，但依然显著为负，即随着流动距离的变远，农村流动人口家庭的住房支出是不断减少的。流动距离越远，农村流动人口融入流入地的难度更大，身份认同感更弱，而住房在某种程度上可以说是人在一个地方的港湾和归宿，再加上距离越远，寄回老家的

钱占总收入的比重可能更大，因此住房支出更少。

表 7-17 流动距离对农村流动人口家庭住房支出的影响

	（1）	（2）	（3）	（4）
流动距离	-0.027*** (0.003)	-0.026*** (0.003)	-0.015*** (0.003)	-0.013*** (0.003)
家庭总收入	0.657*** (0.007)	0.598*** (0.007)	0.523*** (0.007)	0.521*** (0.007)
性别		-0.072*** (0.006)	-0.067*** (0.006)	-0.066*** (0.006)
年龄		0.002*** (0.000)	0.001** (0.000)	0.001** (0.000)
受教育程度		0.175*** (0.004)	0.138*** (0.004)	0.132*** (0.004)
婚姻状况		0.042*** (0.005)	0.034*** (0.005)	0.035*** (0.005)
家庭规模			-0.017*** (0.003)	-0.017*** (0.003)
现住房性质			0.910*** (0.009)	0.909*** (0.009)
人际交往				0.035*** (0.006)
户口迁移意愿				0.088*** (0.006)
地区因素	控制	控制	控制	控制
常数项	0.762*** (0.068)	0.518*** (0.069)	1.244*** (0.066)	1.208*** (0.066)
样本值	68011	68011	68011	68011
R^2	0.217	0.245	0.334	0.336

三 异质性分析

（一）流动距离对不同地区农村流动人口家庭消费支出影响的异质性

将受访农村流动人口的流入地按照东部、西部进行划分，对流入不同地区的农村流动人口的家庭消费支出受流动距离的影响进行异质性分析。从表 7-18 可以看出，流动距离只对流入东部的农村流动人口家庭的消费支出在1%的水平上存在显著负影响,对流入中部和西部的农村流动人口家庭的消费支出并无影响。可能的原因是,东部经济发达,物价水平高,相应的生活成本也高,超出了农村流动人口的承受范围,从而使其消费支出不高。

表7-18　流动距离对不同地区农村流动人口家庭消费支出的影响

	(1) 东部	(2) 中部	(3) 西部
流动距离	-0.026*** (0.003)	0.000 (0.003)	0.000 (0.002)
家庭总收入	0.651*** (0.007)	0.647*** (0.010)	0.594*** (0.009)
性别	-0.014*** (0.005)	-0.007 (0.007)	-0.016*** (0.006)
年龄	-0.001*** (0.000)	-0.001*** (0.000)	-0.001 (0.000)
受教育程度	0.038*** (0.003)	0.013*** (0.005)	0.017*** (0.004)
婚姻状况	0.070*** (0.010)	0.071*** (0.014)	0.093*** (0.010)
家庭规模	0.065*** (0.003)	0.058*** (0.004)	0.055*** (0.003)
现住房性质	0.284*** (0.009)	0.216*** (0.009)	0.207*** (0.009)
人际交往	0.025*** (0.007)	-0.026*** (0.007)	-0.001 (0.006)
户口迁移意愿	0.063*** (0.005)	0.016** (0.008)	0.007 (0.006)
地区因素	控制	控制	控制
常数项	2.423*** (0.068)	2.111*** (0.095)	2.502*** (0.077)
样本值	29351	14308	24352
R^2	0.490	0.522	0.423

（二）流动距离对不同收入水平农村流动人口家庭消费支出的异质性

将所有样本按照收入进行排序，以总样本数的25%和75%为界限，将样本划分为低收入家庭、中收入家庭和高收入家庭。从表7-19可以看出，流动距离对不同收入水平的农村流动人口家庭的消费支出均在1%的水平上存在显著负影响，其中，对高收入家庭的影响最大，对中收入家庭的影响最小。原因是，低收入水平家庭相对于中高收入水平的家庭，收入低，消费也低，但同时也需要维持日常生活开支，在维持日常生活所需的同时，还需要定期向家中汇款，因此可能会对其消费支出带来一定的挤出效应。而中收入家庭相较于低收入家庭，汇款等给其带来的挤出效应小于低收入家庭，但同时受到收入水平的限制，家庭消费支出基本维持稳定，不会产生较大波动。

表 7-19 流动距离对不同收入水平农村流动人口家庭消费支出的影响

	(1) 低收入家庭	(2) 中收入家庭	(3) 高收入家庭
流动距离	-0.009*** (0.003)	-0.006*** (0.002)	-0.016*** (0.003)
家庭总收入	0.5*** (0.019)	0.654*** (0.016)	0.636*** (0.012)
性别	-0.023*** (0.007)	-0.013*** (0.005)	-0.003 (0.007)
年龄	-0.003*** (0.000)	-0.001*** (0.000)	0.001 (0.000)
受教育程度	0.027*** (0.004)	0.02*** (0.003)	0.031*** (0.004)
婚姻状况	0.059*** (0.007)	0.024*** (0.005)	0.054*** (0.007)
家庭规模	0.063*** (0.004)	0.065*** (0.003)	0.043*** (0.004)
现住房性质	0.221*** (0.016)	0.22*** (0.007)	0.247*** (0.008)
人际交往	-0.001 (0.007)	0.003 (0.005)	0.003 (0.008)

续表

	(1)	(2)	(3)
	低收入家庭	中收入家庭	高收入家庭
户口迁移意愿	0.033***	0.036***	0.039***
	(0.007)	(0.005)	(0.007)
地区因素	控制	控制	控制
常数项	3.255***	2.061***	2.211***
	(0.162)	(0.144)	(0.129)
样本值	18477	28820	20714
R^2	0.213	0.147	0.271

(三) 流动距离对不同年龄农村流动人口家庭消费支出影响的异质性

按照世界卫生组织对于年龄的划分，44岁及以下的人群被视为青年人口，45—59岁的人群被视为中年人口，60岁及以上的人群被视为老年人口。从表7-20可以看出，流动距离只对中青年农村流动人口的家庭消费支出在1%的水平上存在显著负影响，对60岁及以上的老年农村流动人口家庭的消费支出并不存在显著影响。这是因为中青年农村流动人口相较于老年人口，有更大的来自家庭生活的压力，从而可能在生活中会比较节俭。而老年人属于消费能力本身就不高的群体，同时还可能受到来自后代的物质回馈，因而流动距离对老年农村流动人口家庭消费支出不存在显著影响。

表7-20 流动距离对不同年龄农村流动人口家庭消费支出的影响

	(1)	(2)	(3)
	44岁及以下	45—59岁	60岁及以上
流动距离	-0.014***	-0.013***	0.013
	(0.001)	(0.003)	(0.014)
家庭总收入	0.629***	0.627***	0.605***
	(0.005)	(0.01)	(0.046)
性别	-0.015***	-0.015*	0.021
	(0.004)	(0.008)	(0.037)
年龄	0.003***	-0.01***	0.003
	(0.000)	(0.001)	(0.004)

续表

	（1）	（2）	（3）
	44 岁及以下	45—59 岁	60 岁及以上
受教育程度	0.033***	0.022***	0.020
	(0.002)	(0.005)	(0.018)
婚姻状况	0.039***	0.053***	0.038
	(0.004)	(0.013)	(0.039)
家庭规模	0.055***	0.058***	0.050***
	(0.002)	(0.004)	(0.015)
现住房性质	0.223***	0.257***	0.214***
	(0.006)	(0.013)	(0.058)
人际交往	0.005	-0.007	-0.019
	(0.004)	(0.009)	(0.032)
户口迁移意愿	0.034***	0.046***	0.031
	(0.004)	(0.008)	(0.033)
地区因素	控制	控制	控制
常数项	2.215***	2.725***	1.687**
	(0.047)	(0.118)	(0.669)
样本值	51807	15233	971
R^2	0.473	0.429	0.558

四 稳健性检验

与分析流动范围对农村流动人口家庭消费支出的影响时一样，我们并不能排除流动距离和农村流动人口家庭消费支出之间可能存在反向因果问题，即农村流动人口家庭的消费支出可能会影响农村流动人口的流动距离。因为，通常来讲，消费支出较低的农村家庭，其收入水平一般也处于一个非常低下的水平，在这个时候，如果选择外出务工的话，通常会选择距离更远的流动，以寻求更多的就业机会和发展空间，从而提高家庭的收入水平，增加家庭的消费支出。除此之外，还有可能存在同时影响农村流动人口的流动距离和流动人口家庭消费的遗漏变量，从而引起内生性偏差。为了克服内生性问题，本节选取了受访的农村流动人口户籍地所在区县的其他农村流动人口的平均流动距离，作为受访农村流动人口的工具变量。一个地区农村流动人口的流动距离在一定程度上可以反映出该地区的经济发展水平,通常来说,如果一个地区的农村流动人口更加倾向于选择较远距离的流动,则说明该地区经济在某种程度上欠发达,本地区的居民需要较远距离的流动才能获得满意的就业机会和薪资水平。同一个地区的农村流动人口所面临的现实环境是大体相同的,因而在对流动距离的选择上会存在交叉影响,但其他家庭对于流动距离的选择于本家庭的消费支出而言是外生的,因此选择同一个地区其他农村流动人口的平均流动距离作为受访农村流动人口流动距离的工具变量具有一定的可行性。工具变量具体回归结果见表7-21第(1)列。

在处理内生性之外,本部分还做了如下检验:表7-21第(2)列对样本数据中受农村流动人口者的个人特征变量进行替换,替换成对所有家庭成员的个人特征取平均值后再进行回归;第(3)列只保留了已婚且年龄在60岁以下的农村流动人口的样本后进行回归,因为相较于未婚的农村流动人口,已婚群体会受到来自家庭的压力,尤其对于"上有老,下有小"的农村流动人口来说,而60岁及以上的农村流动人口消费能力本就不高,因此剔除这部分样本。从表中可以看到,流动范围均在1%的水平上显著负影响农村流动人口家庭消费,结果具有稳健性。

表 7-21　　　　　　　　　　稳健性检验结果

	(1)	(2)	(3)
	2SLS	家庭成员平均	60岁以下已婚
流动距离	-0.056***	-0.009***	-0.03***
	(0.008)	(0.002)	(0.004)
家庭总收入	0.634***	0.635***	0.635***
	(0.005)	(0.005)	(0.005)
性别	-0.013***	-0.048***	-0.048***
	(0.003)	(0.008)	(0.008)
年龄	-0.001***	-0.004***	-0.004***
	(0.000)	(0.000)	(0.000)
受教育程度	0.026***	0.021***	0.021***
	(0.002)	(0.002)	(0.002)
婚姻状况	0.047***	0.016***	0.016***
	(0.003)	(0.004)	(0.004)

续表

	(1)	(2)	(3)
	2SLS	家庭成员平均	60岁以下已婚
家庭规模	0.059***	0.066***	0.066***
	(0.002)	(0.002)	(0.002)
现住房性质	0.228***	0.24***	0.24***
	(0.005)	(0.005)	(0.005)
人际交往	−0.005	0.002	0.002
	(0.004)	(0.004)	(0.004)
户口迁移意愿	0.033***	0.038***	0.038***
	(0.004)	(0.004)	(0.004)
地区因素	控制	控制	控制
常数项	2.757***	2.377***	2.64***
	(0.104)	(0.046)	(0.074)
样本值	68011	68011	68012
R^2	0.468	0.476	0.476

第三节 本章小结

我们采用 CHFS2017 数据的倾向得分匹配检验证明，农村流动人口家庭消费支出显著高于未有流动人口的家庭，这说明农村消费潜力释放的途径之一为探寻如何正确引导农村人口的流动。基于这一出发点，我们立足农村劳动力流动范围的视角，采用 2017 年全国流动人口动态监测调查数据，尝试对农村流动人口家庭消费支出展开研究。结果显示，相比较劳动力流动范围为省内的人群，跨省流动家庭消费支出反而是减少的。而进一步对省内流动人群展开研究发现，总体上省内是否跨市流动，对于家庭消费支出并无显著影响。从其他控制变量的结果来看，受教育程度对农村流动人口的消费支出具有正向影响，非自有住房的农村流动人口在流入地的住房支出会对其家庭消费支出造成挤出效应；愿意将户口迁入流入地的农村劳动力拥有相对较高的消费支出水平。进一步分析流动范围对不同类型流动人口家庭消费支出带来的影响后发现：流入东部地区、低收入水平及高收入水平和处于中年的农村流动人口家庭受流动范围的影响更大。流动范围越大,消费支出减少得越明显。计量检验也发现流动范围为省内的农村流动人口更具有身份认同感。

以流动距离为视角的研究结果显示,随着劳动力流动距离的扩大,农村流动人口家庭消费支出和住房支出是减少的。从其他控制变量的结果来看,受教育程度对农村流动人口的消费支出具有正向影响,非自有住房的农村流动人口在流入地的住房支出会对其家庭消费支出造成挤出效应。愿意将户口迁入流入地的农村劳动力拥有相对较高的消费支出水平。进一步分析流动距离对不同类型流动人口家庭消费支出带来的影响后发现:流入东部地区、高收入水平和处于青年阶段的农村流动人口家庭受流动距离的影响更大,流动距离越大,消费支出减少得越明显。

基于以上结论,除了要鼓励农村剩余劳动力省内就业,本章还提出如下建议:(1)对于农村劳动力外流严重的省份来说,应加快本地区产业发展和加大招商引资力度,以吸引外来企业来本地投资建厂,给本地劳动力提供更多的就业机会,同时,政府要加大对创业的政策扶持力度,吸引外出流动人口返乡就业与创业。(2)地方政府可以鼓励受教育程度较低的农村人口继续接受相关教育,同时,可以举行相关的培训等,包括对文化知识的传授和对劳动技能的培训。一方面可以提升农村流动人口的素质,更加容易接受包括消费观念在内的现代生活观念;另一方面可以增加农村居民在劳动力市场上的竞争力,更有机会获得就业机会,增加就业的稳定性,从而相应增加农村居民的收入,减少未来收入的不确定性,进一步增加其消费支出。(3)政府为了促进流动人口家庭的消费,可以更大限度地提供廉价公租房,给相应流动人口一定的住房补贴,放宽外来流动人口在本地购房的政策规定,在丰富流动人口家庭资产配置的同时,增加本地认同感。(4)加强对农村流动人口的保护,保障其相关的劳动权益不受侵害,如对拖欠农民工工资等行为进行严厉的惩处,减少农村流动人口未来收入的不确定性,使他们可以放心消费。(5)促进农村流动人口融入城市,流入地政府可以进一步适当放宽外来流动人口的落户政策,加快户籍制度改革,促进农村流动人口市民化。同时,也要加强基本公共服务对农村流动人口的覆盖范围,如对子女随迁的农村流动人口,要保障其子女可以享受和城市孩子同等的基础教育,享受同样的教育资源,从而增强农村流动人口在流入地城市的归属感,进而提升其消费水平。

第八章 结论及政策建议

第一节 结论

党的十九届五中全会提出,形成强大国内市场、构建新发展格局,需要坚持扩大内需这个战略基点。加快培育完整内需体系,把实施扩大内需战略同深化供给侧结构性改革有机结合起来。要畅通国内大循环,促进国内国际双循环,全面促进消费。本书基于我国居民消费率长期不高的事实,以扩大内需作为战略基点,在更符合现实情况的异质性消费者框架下,主要分析了债务家庭异质性消费行为、数字经济下的家庭异质性消费行为以及流动人口群体的消费行为特征,形成了一系列研究成果,得出了较为丰富的结论。

一 关于微观家庭异质性消费行为特征的梳理结论

我们从家庭消费的总体状况及异质性、家庭资产债务持有情况与家庭消费、数字经济下的家庭消费、流动人口的消费四个方面对微观家庭消费行为的异质性特征进行了分析。通过分析,有以下发现。

第一,我国居民消费总量以及人均居民消费支出不断增加,居民消费结构也呈升级趋势,居民消费对经济增长的驱动作用越来越强,但不同群体之间的消费存在一定的差异性。从户主个人层面来看,女性户主,青年户主,非农户口户主,已婚或同居的户主,未就业的户主以及受教育程度更高、健康状况更好的户主,家庭消费支出相对更高,总体来看,享受型消费支出占比更高,消费结构更为合理;从家庭层面分家庭规模和社会保障程度来看,家庭规模越大,消费支出越高,但享受型消费支出占比越低。家庭受社会保障的程度越高,家庭总消费支出及享受型消费支出占比越高;分地区来看,经济越发达的省份消费支出及享受型消费占比更高，因此东部地区的居民消费水平更高；从不同收入阶层的家庭来看，收入与消费支出正相关，且收入越高，消费结构越合理。

第二，从户主个人特征、家庭受保障程度、家庭所在省份及地区、家庭收入水平、是否受流动性约束等角度对家庭的资产及债务持有情况进行统计后发现，家庭总资产越高的群体，消费支出越高，而有债务的家庭，相比较而言消费支出也较多，消费结构也体现为升级。

第三，数字经济条件下，互联网家庭相比非互联网家庭，更有可能从网络中受到先进消费观念的影响，消费支出更高，消费结构更为合理；对于网络消费家庭来说，如果家庭上网人数变多，则消费支出增加，消费结构改善；网络购物作为互联网技术发展的产物，也对家庭消费产生了影响，有网购的家庭以及网络购物更为频繁的家庭，消费支出更高。

第四，以农村流动人口为主要研究对象，研究发现流入经济发展水平更高地区，家庭规模越大且举家流动、就业稳定程度越高的农村流动人口家庭消费支出越高，但发展型及享受型消费支出仍然相对较低，消费结构需要进一步改善。同时，农村流动人口与城镇居民的消费支出之间仍存在很大的差距。通过对不同群体的消费支出及结构进行分析，可以对消费不足的群体有针对性地提出更为具体的有利于促进消费的举措，释放全体居民的消费潜力。

二 债务家庭异质性消费行为研究结论

使用微观调查数据，我们分析了家庭是否负债、债务规模与消费支出总量及消费结构的相应关系，得出以下研究结论。

首先，围绕"家庭是否负债"这一特征，本书交替采用截面样本与面板样本，使用处理效应的几类计量方法进行研究，发现：（1）总体上，负债家庭的消费支出比未负债家庭高得多，消费结构也体现了升级的特征，其中，其他贷款促进消费结构升级的路径最明显。（2）分异质性家庭来看，在受流动性约束的家庭中，相比较未负债家庭，负债可以通过缓解流动性约束，改善入不敷出的状况；在不受流动性约束的家庭中，可补充家庭流动性，带来消费支出的增加。（3）在负债初期，各类别债务对消费支出的带动作用有别于总体效应，如住房借款在借入初期的效应较高；住房贷款、亲友及民间借贷在初期的效应都较小。（4）在动态视角下考察异质性群体负债初期的消费效应，发现更加缺乏耐心或受流动性约束程度更严重时，相比较未负债家庭，负债家庭的消费支出更多。

其次，围绕家庭负债的绝对量，本书使用债务家庭样本检验了家庭债务规模与消费支出的关系，发现：（1）家庭债务规模对于消费支出存在显著的正向边际效应，虽然债务可以通过缓解流动性约束促进消费，但不受流动性约束的家庭，债务的边际效应更大。本书通过更换交叉变量、去除极端值、更换控制变量三种方式证明了估计结果的稳健性。（2）合理负有多种类型的债务组合能在更大程度上刺激消费。（3）异质性分组考察后发现，当债务家庭既不受流动性约束，又缺乏耐心时，债务规模对消费支出的边际影响最大。（4）对债务类别进行分类考察后，发现银行贷款类债务对于消费支出的边际影响较大，农村家庭住房类债务缓解流动性约束的效应比城镇更明显，低收入家庭债务规模可以促进更多的边际消费支出。

最后，围绕家庭负债的相对量，本书从浅度与深度两个层面，分别使用包含每年房贷偿还额的家庭浅度债务与高流动性财富之比、家庭债务财富比指标作为门槛变量，探讨了家庭债务规模与消费支出的非线性关系。研究发现，家庭债务的浅度还债规模维持在流动性财富水平以上、债务的总体规模维持在总财富的 7%—20% 时，促进消费的效应是最明显的。

三 数字经济背景下家庭异质性消费行为研究结论

使用微观数据，我们基于网络消费的视角研究了数字经济背景下的家庭异质性消费行为，发现网络消费者一方面因较低的价格挤出了实体消费，另一方面被挖掘出潜在消费、催生出新消费，因此相比较未网络消费的家庭，其总消费支出也是增加的。同时，网络消费家庭多为年轻的、受教育程度较高的城镇家庭，受流动性约束的比例较少。

本书分别使用倾向得分匹配、处理效应模型及双重差分倾向得分匹配的方法，采用静态横截面数据及动态两期面板数据，研究网络消费与家庭总消费支出的关系，发现：（1）总体上，网络消费行为在提升消费水平、优化消费结构上具有显著的积极影响。（2）有网络消费行为的城镇家庭、老年家庭及农村低收入家庭、不受流动性约束的家庭，消费支出增加更明显。（3）转变为网络消费的家庭在初期消费支出增长稍低，说明家庭网络消费之后的消费支出增长是渐进的。同时，数字鸿沟的存在阻碍了部分人群享受数字经济带来的便利。

怎样可以增加更多的网络消费家庭？我们重点关注了普惠金融的发

展，使用代表传统金融渗透程度的家庭金融参与程度、代表数字金融发展状况的地区数字普惠金融发展指数共同作为普惠金融发展的代理变量，并使用 Probit 模型进行了检验。（1）总体分析来看，普惠金融发展显著正向地提升了家庭网络消费的概率。（2）分城乡研究发现收入和金融参与程度的增加、数字普惠金融的进步对提升城镇居民家庭网络消费的概率意义更大，而家庭平均受教育程度、参加医疗保险人数占比则对于提升农村居民家庭网络消费概率意义更大，数字普惠金融发展对农村家庭网络消费概率的影响不显著，但对农村低收入人群影响显著。（3）分四个异质性群体来看，金融参与程度与地区数字普惠金融发展指数在有耐心且不受流动性约束的家庭中影响更明显。（4）老年家庭金融参与程度的增加大幅提升了网络消费概率，但地区数字普惠金融的发展影响不明显，说明整体社会的进步难以精准解决老年人数字鸿沟的问题，而通过线下对金融服务参与的渗透，则可以较高效率地促进老年人网络消费行为的发生。

进一步，本书选择网络消费家庭样本作为研究对象，考察普惠金融发展对这些家庭网络消费支出绝对额的影响。（1）金融参与程度与数字普惠金融的发展均显著正向提升了家庭网络消费支出额，并通过了稳健性检验。（2）分组分析发现，普惠金融发展程度更深地影响了城镇家庭、频繁网络消费家庭的网络消费支出。（3）家庭金融参与程度对数字金融发达地区的家庭影响更大，而地区数字普惠金融指数对数字金融一般地区的影响更大，说明在发达地区要更侧重微观家庭金融的参与，而在一般地区要尽力追赶，大力发展数字普惠金融。（4）地区数字普惠金融的普及更多促进了传统金融参与程度较高家庭的网络消费支出。（5）对老年网络消费家庭来讲，地区普惠金融的进步可以提升其网络消费支出额。（6）家庭收入越高，金融发展对网络消费支出额的影响越大。普惠金融发展通过便利支付、缓解流动性约束、改变家庭资产结构三种机制提升了家庭网络消费支出。

四　流动人口家庭异质性消费行为研究结论

我们采用 CHFS2017 数据的倾向得分匹配检验证明农村流动人口家庭消费支出显著高于未有流动人口的家庭，则农村消费潜力释放的途径之一为探寻如何正确引导农村人口的流动。基于这一出发点，我们立足农村劳动力流动范围的视角，采用2017年全国流动人口动态监测调查数据，尝试对农村流动人口的家庭消费支出展开研究。结果显示，相比较劳动力流动范围为省内的，跨省流动家庭消费支出反而是减少的。而进一步对省内流动人群展开研究发现，总体上省内是否跨市流动，对于家庭消费支出并无显著影响。从其他控制变量的结果来看，受教育程度对农村流动人口的消费支出具有正向影响，非自有住房的农村流动人口在流入地的住房支出会对其家庭消费支出造成挤出效应。愿意将户口迁入流入地的农村劳动力拥有相对较高的消费支出水平。进一步分析流动范围对不同类型流动人口家庭消费支出带来的影响后发现：流入东部地区，低收入水平及高收入水平和处于中年的农村流动人口家庭受流动范围的影响更大。流动范围越大，消费支出减少得越明显。机制检验也发现，流动范围为省内的农村流动人口更具有身份认同感。

以流动距离为视角的研究结果显示，随着劳动力流动距离的扩大，农村流动人口家庭消费支出和住房支出是减少的。从其他控制变量的结果来看，受教育程度对农村流动人口的消费支出具有正向影响，非自有住房的农村流动人口在流入地的住房支出会对其家庭消费支出造成挤出效应。愿意将户口迁入流入地的农村劳动力拥有相对较高的消费支出水平。进一步分析流动距离对不同类型流动人口家庭消费支出带来的影响后发现：流入东部地区，高收入水平和处于青年阶段的农村流动人口家庭受流动距离的影响更大，流动距离越大，消费支出减少得越明显。

第二节 政策建议

当前我国正处于供给侧改革与需求侧管理相结合、国内国际双循环共促进的关键时期，防止内需出现非正常波动对于推动改革及国内大市场的形成尤为重要。完善促进消费的体制机制，增强消费对经济发展的基础性作用，要求对经济新常态下我国居民的消费需求有准确的把握。消费异质性广泛存在于不同阶层、不同年龄、不同收入的居民，进而抑制了消费需求的释放。政府在制定扩大内需的政策时，应充分考虑消费者的异质性特征及相应政策对不同群体的福利影响。在微观家庭层面，充分释放隐藏的消费潜力，着力扩大国内需求，发挥消费在经济发展中的基础性作用；在中观、宏观层面，能有效抵抗和降低以疫情为代表的突发公共事件对经济社会发展带来的冲击。

一　多渠道提升居民收入水平，重点关注低收入群体和流动人口群体

多措并举，保稳就业，重点提高低收入群体的收入水平和转移支付水平。在诸如2020年年初疫情等紧急情况下，应采用直接财政补贴、消费券等短期财政政策刺激手段，提振低收入、困难群体消费。从边际消费倾向的角度来看，财政补贴应定向、精准瞄向低收入群体，如以当地家户收入五等分的最低收入户为对象。通过财政补贴补充困难家庭的流动性，并以此为途径，力争实现刺激消费、提高低收入和困难群体生活水平、重塑消费信心的三重目标。同时，财政补贴与消费券应该有一定的力度，如参照当地户均月度消费支出的某个比例发放。消费券则不应对购买商品的种类、使用金额等设限，以最大可能发挥短期财政政策的强有力刺激效果，好钢用在刀刃上。

分层面稳就业，鼓励创业。一是在建筑业和制造业层面，结合并把握基础设施完善建设的契机，稳住规模以上行业企业的需求，同时对受疫情影响严重的企业施行税减、补贴等减负措施。二是在吸纳就业人数最多的服务业层面，可利用新型消费模式推动服务业的转型和升级，大力开拓健康相关的服务业就业。三是在农村人口层面，针对农民工等流动性人口，各地可广泛开展各类生活服务业专门培训，尤其是在健康服务业领域，建立非营利性质的中介平台，为精准就业搭桥。针对户籍地居住的农村居民，应加大当地助农、惠农举措，寻找优势突破口，鼓励创业。四是针对高校毕业生，通过加强精准就业指导、应届生专场招聘等方式分流新增就业人员。

对于农村劳动力外流严重的省份来说，应加快本地区产业发展，加大招商引资力度，以吸引外来企业来本地投资建厂，给本地劳动力提供更多的就业机会。同时，政府加大对创业的政策扶持力度，吸引外出流动人口返乡就业与创业。

二　继续完善社会保障等制度的建设

继续推进提升新型农村医疗保险改革的保障力度，对于激发重点群体消费来讲是有意义的。增强和完善农村地区及流动性人口的社会保障体系建设，降低支出的不确定性和预防性动机。一方面，这些居民的收入来源不固定，波动较大，消费呈现过度敏感性；另一方面，外出务工人员参保率较低，现存新农合、新农保、低保、抚恤等政策的保障程度

相比较城镇居民保障来讲要低一些，会造成农村居民因暂时性冲击致贫、返贫的预期较大。从长远来看，应着力增强农村地区的社会保障程度，并将农民工等流动性人口的社会保障制度化、灵活化。既可以选择通过户籍地入保，也可以通过识别实际居住地的方式纳入就业地社会保障系统，提高流动性人口的参保率，重点深化大病医疗保险改革，降低居民的预防性动机。

流入地政府可以进一步适当放宽外来流动人口的落户政策，促进农村流动人口融入城市，加快户籍制度改革，促进农村流动人口市民化。同时，也要加强基本公共服务对农村流动人口的覆盖范围，如对子女随迁的农村流动人口，要保障其子女可以享受和城市孩子同等的基础教育，享受同样的教育资源，从而增强农村流动人口在流入地城市的归属感，进而提升其消费水平。同时，可以更大限度地提供廉价公租房，给予相应流动人口一定的住房补贴，放宽外来流动人口在本地购房的政策规定，在丰富流动人口家庭资产配置的同时，增加本地认同感。加强对农村流动人口的保护，保障其相关的劳动权益不受侵害，如对拖欠农民工工资等行为进行严厉的惩处，从而可以减少农村流动人口未来收入的不确定性，使他们可以放心消费。

三 转变居民家庭的传统消费观念，鼓励接受再教育和培训

随着经济发展和人们收入水平的不断提高，医疗不确定性逐渐降低，不可预见的支出逐渐有了保障，因此居民家庭一方面需要释放抑制的消费潜力，适度节俭与适度享受相结合，注重生活品质的提升；另一方面需要打破"量入为出"的传统消费观念，引导消费者追求高质量的美好生活，在收入预期稳定或收入预期增长的情况下，抛除"无债一身轻"的思维惯性，敢于借债消费、贷款消费。

保障低收入家庭成员受教育的权利，避免因贫弃学情况的发生。地方政府要鼓励受教育程度较低的农村人口继续接受相关教育，同时，可以举行相关的培训等，包括对文化知识的传授和对劳动技能的培训。一方面，可以提升农村流动人口的素质，更加容易接受包括消费观念在内的现代生活观念；另一方面，可以增加农村居民在劳动力市场上的竞争力，更有机会获得就业机会，增加就业的稳定性，从而相应增加农村居民的收入，减少未来收入的不确定性，进一步增加其消费支出。

四 提高传统金融的便捷性，进一步普及数字金融，消灭数字鸿沟

CFPS2016 年、2018 年数据显示，有住房贷款的家庭金融产品持有概率要比无住房贷款家庭高两倍左右，因此，可通过资产类金融产品持有率的提高，改善居民理财意识，进而降低信贷盲度，增加信贷申请率。从信贷需求端入手，提高家庭金融的便捷性，让居民有条件接触更多金融产品，提高居民的金融参与度。从信贷供给端入手，重视社区金融机构、农村金融机构、民间金融机构的开设，同时完善手机客户端的功能和权限，适度降低信贷门槛，丰富住户部门信贷种类，开发期限、额度双灵活的消费型信用贷款，同时，使用短期与中长期相结合的评估方法，完善住户部门债务风险评估机制，进一步准确量化识别并控制债务风险。

鼓励金融机构进一步开发适合家庭的金融产品，一方面重点加强针对老年群体的线下金融产品渗透，并根据客户的资信、财务状况细分客户分类别推荐不同的金融理财产品、信贷产品等；另一方面深入推广便携式移动设备客户端或小程序，完善、细化、简化其金融功能，积极推进数字普惠金融的区域平衡发展。

引导商业银行推出专项金融创新产品，增加灵活的授信支持，同时，全面升级普惠金融线上办理流程，进一步降低弱势群体的融资成本和融资难度，缓解流动性约束。重视使用传统媒体推广互联网使用，在适当场合设立公益助老点，解答网络使用的日常问题，提高互联网普及率及使用率，使互联网融入衣、食、住、行等各个生活场景，消灭数字鸿沟，潜移默化改变居民的消费方式。

五 促进消费新兴模式的落地成长，加快消费模式的转变

疫情推动居民尤其是中老年群体消费方式出现长期变化。一方面，疫情催生了众多生活消费的新业态、新模式呈现爆发式增长，为居民消费方式的转变提供了可能性；另一方面，居家期间，居民的活动半径拘泥于社区，对于不能满足的刚性需求，会主动转至互联网。一些中老年人开始接受线上线下融合的消费模式，青年人则进一步扩大消费对象。比如，开始尝试生鲜等冷链商品，以及网络教育、网络咨询等线上服务。虽然疫情的影响是集中的、外在的，但是诸如在线医疗咨询、在线教育培训、在线直播购物等一些尝鲜行为影响并强化了人们的消费观念，拓宽了消费渠道，从而会延续成为习惯保留下来，带来消费方式的长期改变。

疫情催化了各行业领域对线上模式的深化探索，在特殊情况下迅速被消费者所接受。各行各业应趁热打铁、提质扩容，积极提升自身的健康卫生意识、食品安全意识，应势挖掘并推广更为丰富的线上线下结合的消费模式，如与健康相关的居家消毒服务、定期定点体检、健康保险、健身等线下服务模式，以及健康课程、健康咨询等线上模式。同时，抓住居民消费方式变革的机遇，在维护原有客户群体的基础上，进一步探索线上团购等社区化服务，并充分利用微信小程序等简单易识的方式，从购物、健身、饮食指导、医疗咨询、居家缴费等方面全方位线上渗透青年、中老年群体的生活。

参考文献

艾春荣、汪伟：《非农就业与持久收入假说：理论和实证》，《管理世界》2010年第1期。

艾春荣、汪伟：《习惯偏好下的中国居民消费的过度敏感性——基于1995—2005年省际动态面板数据的分析》，《数量经济技术经济研究》2008年第11期。

白重恩、李宏彬、吴斌珍：《医疗保险与消费：来自新型农村合作医疗的证据》，《经济研究》2012年第2期。

蔡伟贤、朱峰：《"新农合"对农村居民耐用品消费的影响》，《数量经济技术经济研究》2015年第5期。

柴国俊：《房屋拆迁能够提高家庭消费水平吗？——基于中国家庭金融调查数据的实证分析》，《经济评论》2014年第2期。

柴国俊、尹志超：《住房增值对异质性家庭的消费影响》，《中国经济问题》2013年第6期。

陈斌开：《供给侧结构性改革与中国居民消费》，《学术月刊》2017年第9期。

陈斌开：《收入分配与中国居民消费——理论和基于中国的实证研究》，《南开经济研究》2012年第1期。

陈斌开、曹文举：《从机会均等到结果平等：中国收入分配现状与出路》，《经济社会体制比较》2013年第6期。

陈斌开、李银银：《再分配政策对农村收入分配的影响——基于税费体制改革的经验研究》，《中国社会科学》2020年第2期。

陈斌开、林毅夫：《发展战略、城市化与中国城乡收入差距》，《中国社会科学》2013年第4期。

陈斌开、林毅夫：《金融抑制、产业结构与收入分配》，《世界经济》2012年第1期。

陈斌开、陆铭、钟宁桦：《户籍制约下的居民消费》，《经济研究》2010 年第 S1 期。

陈斌开、马宁宁、王丹利：《土地流转、农业生产率与农民收入》，《世界经济》2020 年第 10 期。

陈斌开、许伟：《所有制结构变迁与中国城镇劳动收入差距演变——基于"估计—校准"的方法》，《南方经济》2009 年第 3 期。

陈斌开、张鹏飞、杨汝岱：《政府教育投入、人力资本投资与中国城乡收入差距》，《管理世界》2010 年第 1 期。

陈东、刘金东：《农村信贷对农村居民消费的影响——基于状态空间模型和中介效应检验的长期动态分析》，《金融研究》2013 年第 6 期。

陈国进、张润泽、赵向琴：《政策不确定性、消费行为与股票资产定价》，《世界经济》2017 年第 1 期。

陈浩、臧旭恒：《习惯形成与我国城镇居民消费结构升级——基于收入阶层异质性的分析》，《湘潭大学学报》（哲学社会科学版）2019 年第 2 期。

陈彦斌：《形成双循环新发展格局关键在于提升居民消费与有效投资》，《经济评论》2020 年第 6 期。

陈彦斌、陈军：《我国总消费不足的原因探析——基于居民财产持有的视角》，《中国人民大学学报》2009 年第 6 期。

陈彦斌、邱哲圣：《高房价如何影响居民储蓄率和财产不平等》，《经济研究》2011 年第 10 期。

陈彦斌、邱哲圣、李方星：《宏观经济学新发展：Bewley 模型》，《经济研究》2010 年第 7 期。

陈彦斌、王兆瑞：《提升居民消费与推动中国经济高质量发展》，《人文杂志》2020 年第 7 期。

陈钊、万广华、陆铭：《行业间不平等：日益重要的城镇收入差距成因——基于回归方程的分解》，《中国社会科学》2010 年第 3 期。

陈宗胜、周云波：《城镇居民收入差别及制约其变动的某些因素——就天津市城镇居民家户特征的影响进行的一些讨论》，《经济学（季刊）》2002 年第 2 期。

陈宗胜、周云波：《体制改革对城镇居民收入差别的影响——天津市城镇居民收入分配差别再研究》，《中国社会科学》2001 年第 6 期。

成峰、席鹏辉：《财政民生支出对居民消费的区域效应研究——基于 CFPS 数据的实证分析》，《经济问题探索》2017 年第 7 期。

储德银、经庭如：《我国城乡居民消费影响因素的比较分析》，《中国软科学》2010 年第 4 期。

邓可斌、易行健：《预防性储蓄动机的异质性与消费倾向的变化——基于中国城镇居民的研究》，《财贸经济》2010 年第 5 期。

邓可斌、易行健：《中国居民消费决定中的财政分权因素》，《经济评论》2012 年第 1 期。

邓翔、何瑞宏：《信贷约束、房地产市场冲击与居民收入差距——基于异质性家庭 DSGE 分析框架》，《财经科学》2020 年第 3 期。

丁继红、徐永仲：《新农合对农村家庭资产配置的影响》，《农业技术经济》2018 年第 12 期。

丁颖、司言武：《教育财政支出与居民储蓄率的关系研究》，《财经论丛》2019 年第 2 期。

杜丹清：《互联网助推消费升级的动力机制研究》，《经济学家》2017 年第 3 期。

杜丹清、占智康：《新经济背景下发挥消费基础性作用研究——基于流通功能拓展与平台组织再造的视角》，《经济学家》2018 年第 2 期。

段军山、毛中根：《中国存在 B-S 难题吗？》，《财贸研究》2011 年第 4 期。

樊潇彦、袁志刚、万广华：《收入风险对居民耐用品消费的影响》，《经济研究》2007 年第 4 期。

方福前：《从消费率看中国消费潜力与实现路径》，《经济学家》2020 年第 8 期。

方福前：《中国居民消费需求不足原因研究——基于中国城乡分省数据》，《中国社会科学》2009 年第 2 期。

方福前、邢炜：《居民消费与电商市场规模的 U 型关系研究》，《财贸经济》2015 年第 11 期。

甘犁、赵乃宝、孙永智：《收入不平等、流动性约束与中国家庭储蓄率》，《经济研究》2018 年第 12 期。

龚志民、毛中根：《论我国目前农民消费偏低的原因及对策》，《消费经济》2002 年第 2 期。

巩师恩、范从来：《收入不平等、信贷供给与消费波动》，《经济研究》2012年第S1期。

桂河清、孙豪：《城乡教育差距如何影响文化消费不平衡》，《现代财经（天津财经大学学报）》2021年第5期。

郭峰、王靖一、王芳、孔涛、张勋、程志云：《测度中国数字普惠金融发展：指数编制与空间特征》，《经济学（季刊）》2020年第4期。

郭新强、汪伟、杨坤：《刚性储蓄、货币政策与中国居民消费动态》，《金融研究》2013年第2期。

韩华为、陈彬莉：《中国农村低保制度的政治社会效应——基于CFPS面板数据的实证研究》，《农业经济问题》2019年第4期。

韩立岩、杜春越：《城镇家庭消费金融效应的地区差异研究》，《经济研究》2011年第S1期。

杭斌、余峰：《潜在流动性约束与城镇家庭消费》，《统计研究》2018年第7期。

何丽芬、吴卫星、徐芊：《中国家庭负债状况、结构及其影响因素分析》，《华中师范大学学报》（人文社会科学版）2012年第1期。

何南：《基于VECM的中国家庭债务与消费波动：1997—2011年》，《经济学动态》2013年第7期。

何伟：《经济发展、劳动力市场转型与农民工分化》，《经济学动态》2021年第3期。

何兴强、杨锐锋：《房价收入比与家庭消费——基于房产财富效应的视角》，《经济研究》2019年第12期。

何昀、毕波、张喆：《我国居民消费率的重新估算》，《湖南大学学报》（社会科学版）2017年第2期。

何宗樾、张勋、万广华：《数字金融、数字鸿沟与多维贫困》，《统计研究》2020年第10期。

贺洋、臧旭恒：《家庭财富、消费异质性与消费潜力释放》，《经济学动态》2016年第3期。

洪涛、毛中根：《中国地方政府支出与居民消费关系的区域差异研究》，《经济与管理研究》2011年第10期。

黄隽、李冀恺：《中国消费升级的特征、度量与发展》，《中国流通经济》2018年第4期。

黄凯南、郝祥如：《数字金融是否促进了居民消费升级?》，《山东社会科学》2021年第1期。

黄容、毛中根：《劳动力流动对农村居民消费的影响》，《消费经济》2013年第4期。

姜正和、张典：《住房负债与中国城镇家庭异质性消费——基于住房财富效应的视角》，《消费经济》2015年第3期。

景光正、盛斌：《我国流动人口社会融合的多维度实证研究》，《城市问题》2020年第6期。

李宝库、赵博、刘莹、郭婷婷：《农村居民网络消费支付意愿调查分析》，《管理世界》2018年第6期。

李广泳、邱玉娜：《政策改革、公共开支与居民消费——基于省际面板数据的分位数回归研究》，《当代财经》2012年第11期。

李剑、臧旭恒：《住房价格波动与中国城镇居民消费行为——基于2004—2011年省际动态面板数据的分析》，《南开经济研究》2015年第1期。

李江一：《"房奴效应"导致居民消费低迷了吗?》，《经济学（季刊）》2018年第1期。

李江一、李涵：《消费信贷如何影响家庭消费?》，《经济评论》2017年第2期。

李洁、邢炜：《电商市场发展与中国城乡消费趋同性——搜寻匹配的分析视角》，《经济理论与经济管理》2020年第2期。

李亮、付婷婷：《收入、消费观念与农村迁移人口消费》，《消费经济》2016年第1期。

李霜霜：《流动性约束背景下城乡老年人口消费支出特征与影响因素分析》，《商业经济研究》2021年第10期。

李旭洋、李通屏、邵红梅、张啸：《城镇化、互联网发展对网络消费的影响——基于省级面板数据的分析》，《社会科学研究》2018年第5期。

李旭洋、李通屏、邹伟进：《互联网推动居民家庭消费升级了吗?——基于中国微观调查数据的研究》，《中国地质大学学报》（社会科学版）2019年第4期。

李燕桥、臧旭恒：《消费信贷影响我国城镇居民消费行为的作用渠道及检验——基于 2004—2009 年省际面板数据的经验分析》,《经济学动态》2013 年第 1 期。

李轶敏、易伟义、毛中根:《浅议传统文化观念与扩大农村消费》,《经济师》2002 年第 4 期。

林晨、陈小亮、陈伟泽、陈彦斌:《人工智能、经济增长与居民消费改善:资本结构优化的视角》,《中国工业经济》2020 年第 2 期。

林毅夫、陈斌开:《重工业优先发展战略与城乡消费不平等——来自中国的证据》,《浙江社会科学》2009 年第 4 期。

林毅夫、沈艳、孙昂:《中国政府消费券政策的经济效应》,《经济研究》2020 年第 7 期。

刘长庚、张磊、韩雷:《中国电商经济发展的消费效应研究》,《经济理论与经济管理》2017 年第 11 期。

刘湖、张家平:《互联网对农村居民消费结构的影响与区域差异》,《财经科学》2016 年第 4 期。

刘莉君:《城乡收入差距、农村劳动力转移就业与消费》,《湖南科技大学学报》(社会科学版)2016 年第 1 期。

刘艺、高传胜:《基本养老保险对流动人口家庭消费的影响——基于 2016 年全国流动人口动态监测数据的分析》,《福建农林大学学报》(哲学社会科学版)2019 年第 5 期。

刘玉飞、汪伟:《城市化的消费结构升级效应——基于中国省级面板数据的分析》,《城市问题》2019 年第 7 期。

刘玉飞、汪伟、常晓坤:《人情支出、同群攀比与居民家庭消费结构升级——来自 CFPS 数据的证据》,《学术研究》2020 年第 6 期。

刘志忠、吴飞:《地方政府财政支出的民生化进程与农村居民消费——基于总量和分类支出视角下的理论分析与实证检验》,《财经理论与实践》2014 年第 1 期。

刘子兰、陈梦真:《养老保险与居民消费关系研究进展》,《经济学动态》2010 年第 1 期。

刘子兰、宋泽:《中国城市居民退休消费困境研究》,《中国人口科学》2013 年第 3 期。

刘子兰、周熠:《养老社会保险制度再分配效应研究简述》,《消费经济》2010 年第 2 期。

罗楚亮：《高收入人群缺失与收入差距低估》，《经济学动态》2019年第1期。

罗楚亮、颜迪：《消费结构与城镇居民消费不平等：2002—2018年》，《消费经济》2020年第6期。

罗娟、刘子兰：《我国消费信贷安全的实证研究》，《消费经济》2015年第1期。

罗永明、陈秋红：《家庭生命周期、收入质量与农村家庭消费结构——基于子女异质视角下的家庭生命周期模型》，《中国农村经济》2020年第8期。

马本江、裴巧玲、周忠民：《城乡医保统筹对流动人口消费的影响研究——基于倾向得分匹配（PSM）的反事实估计》，2019中国保险与风险管理国际年会论文集，中国四川成都，2019年11月。

马莉莉、陈彦斌：《消费习惯与资产价格波动研究》，《中国人口·资源与环境》2010年第12期。

马香品：《数字经济时代的居民消费变革：趋势、特征、机理与模式》，《财经科学》2020年第1期。

毛中根、段军山：《汇率与居民消费关系研究述评》，《经济学动态》2011年第4期。

毛中根、洪涛：《金融发展与居民消费：基于1997—2007年中国省际面板数据的实证分析》，《消费经济》2010年第5期。

毛中根、洪涛：《中国地方政府消费支出效率及其区域差距演化》，《经济与管理研究》2013年第9期。

毛中根、洪涛：《中国服务业发展与城镇居民消费关系的实证分析》，《财贸经济》2012年第12期。

毛中根、洪涛、叶胥：《汇率波动与居民消费：基于中国、美国、日本数据的检验》，《世界经济研究》2014年第1期。

毛中根、孙豪、黄容：《中国最优居民消费率的估算及变动机制分析》，《数量经济技术经济研究》2014年第3期。

毛中根、孙武福、洪涛：《中国人口年龄结构与居民消费关系的比较分析》，《人口研究》2013年第3期。

明娟、曾湘泉：《农民工家庭与城镇住户消费行为差异分析——来自中国城乡劳动力流动调查的证据》，《中南财经政法大学学报》2014年第

4 期。

南永清、孙煜:《消费信贷影响了居民消费行为吗》,《现代经济探讨》2020 年第 7 期。

南永清、臧旭恒、蔡海亚:《社会网络影响了农村居民消费吗》,《山西财经大学学报》2019 年第 3 期。

宁光杰、李瑞:《城乡一体化进程中农民工流动范围与市民化差异》,《中国人口科学》2016 年第 4 期。

潘敏、刘知琪:《居民家庭"加杠杆"能促进消费吗?——来自中国家庭微观调查的经验证据》,《金融研究》2018 年第 4 期。

潘姝莉:《电子商务发展对我国城镇居民的消费影响》,《法制与经济》2017 年第 1 期。

彭小辉、李颖:《互联网促进了老年群体的消费吗?》,《消费经济》2020 年第 5 期。

蒲艳萍:《劳动力流动对农村居民收入的影响效应分析——基于西部 289 个自然村的调查》,《财经科学》2010 年第 12 期。

曲玥、都阳、贾朋:《城市本地家庭和农村流动家庭的消费差异及其影响因素——对中国城市劳动力市场调查数据的分析》,《中国农村经济》2019 年第 8 期。

任鑫、葛晶:《金融发展、收入结构与城镇居民消费结构》,《宏观经济研究》2019 年第 1 期。

石奇、尹敬东、吕磷:《消费升级对中国产业结构的影响》,《产业经济研究》2009 年第 6 期。

宋明月、臧旭恒:《不确定性、粘性信息的叠加效应与我国农村消费潜力释放》,《经济评论》2018 年第 3 期。

宋明月、臧旭恒:《异质性消费者、家庭债务与消费支出》,《经济学动态》2020 年第 6 期。

宋全云、肖静娜、尹志超:《金融知识视角下中国居民消费问题研究》,《经济评论》2019 年第 1 期。

宋艳姣、王丰龙:《身份认同对流动人口消费行为的影响研究——基于 2014 年全国流动人口动态监测调查数据》,《财经论丛》2020 年第 2 期。

宋玉华、叶绮娜:《美国家庭债务与消费同步运动的周期性研究》,

《国际贸易问题》2012 年第 5 期。

宋月萍、宋正亮：《医疗保险对流动人口消费的促进作用及其机制》，《人口与经济》2018 年第 3 期。

宋泽、刘子兰、邹红：《空间价格差异与消费不平等》，《经济学（季刊）》2020 年第 2 期。

宋振学、臧旭恒：《边际效用分段递增的效用函数与预防性储蓄行为》，《消费经济》2007 年第 1 期。

宋铮：《中国居民储蓄行为研究》，《金融研究》1999 年第 6 期。

孙根紧、王丹、丁志帆：《互联网使用与居民旅游消费——来自中国家庭追踪调查的经验证据》，《财经科学》2020 年第 11 期。

孙豪、毛中根、王泽昊：《消费降级：假象及其警示》，《经济与管理》2020 年第 3 期。

孙文凯、李晓迪、王乙杰：《身份认同对流动人口家庭在流入地消费的影响》，《南方经济》2019 年第 11 期。

孙早、许薛璐：《产业创新与消费升级：基于供给侧结构性改革视角的经验研究》，《中国工业经济》2018 年第 7 期。

谭江蓉、杨云彦：《人口流动、老龄化对农村居民消费的影响》，《人口学刊》2012 年第 6 期。

谭苏华、朱宇、林李月、杨中燕：《流动人口家庭的城市消费及其影响因素——基于全国流动人口动态监测调查数据》，《人口与发展》2015 年第 1 期。

唐绍祥、汪浩瀚、徐建军：《流动性约束下我国居民消费行为的二元结构与地区差异》，《数量经济技术经济研究》2010 年第 3 期。

田长海、刘锐：《消费金融促进消费升级的理论与实证分析》，《消费经济》2013 年第 6 期。

田新民、夏诗园：《中国家庭债务、消费与经济增长的实证研究》，《宏观经济研究》2016 年第 1 期。

万广华：《城镇化与不均等：分析方法和中国案例》，《经济研究》2013 年第 5 期。

万广华：《中国农村区域间居民收入差异及其变化的实证分析》，《经济研究》1998 年第 5 期。

万广华、陆铭、陈钊：《全球化与地区间收入差距：来自中国的证据》,《中国社会科学》2005 年第 3 期。

万广华、张藕香、伏润民:《1985—2002 年中国农村地区收入不平等:趋势、起因和政策含义》,《中国农村经济》2008 年第 3 期。

万广华、张茵、牛建高:《流动性约束、不确定性与中国居民消费》,《经济研究》2001 年第 11 期。

万广华、周章跃、陆迁:《中国农村收入不平等:运用农户数据的回归分解》,《中国农村经济》2005 年第 5 期。

汪晨、张彤进、万广华:《中国收入差距中的机会不均等》,《财贸经济》2020 年第 4 期。

汪红驹、张慧莲:《不确定性和流动性约束对我国居民消费行为的影响》,《经济科学》2002 年第 6 期。

汪伟:《如何构建扩大消费需求的长效机制》,《学术月刊》2017 年第 9 期。

汪伟、艾春荣、曹晖:《税费改革对农村居民消费的影响研究》,《管理世界》2013 年第 1 期。

汪伟、郭新强:《收入不平等与中国高储蓄率:基于目标性消费视角的理论与实证研究》,《管理世界》2011 年第 9 期。

汪伟、郭新强、艾春荣:《融资约束、劳动收入份额下降与中国低消费》,《经济研究》2013 年第 11 期。

汪伟、杨嘉豪、吴坤、徐乐:《二孩政策对家庭二孩生育与消费的影响研究——基于 CFPS 数据的考察》,《财经研究》2020 年第 12 期。

王欢、黄健元:《中国人口年龄结构与城乡居民消费关系的实证分析》,《人口与经济》2015 年第 2 期。

王琼琳:《子女随迁对流动人口家庭务工地消费的影响》,《劳动经济研究》2015 年第 6 期。

王茜:《"互联网+"促进我国消费升级的效应与机制》,《财经论丛》2016 年第 12 期。

王巧巧、容玲、傅联英:《信用卡支付对消费结构的影响研究:消费升级还是消费降级?》,《上海金融》2018 年第 11 期。

王秋石、王一新:《中国居民消费率真的这么低么——中国真实居民消费率研究与估算》,《经济学家》2013 年第 8 期。

王小龙、唐龙:《养老双轨制、家庭异质性与城镇居民消费不足》,

《金融研究》2013 年第 8 期。

王乙杰、孙文凯：《户口改变对流动人口家庭消费的影响——来自微观追踪数据的证据》，《劳动经济研究》2020 年第 2 期。

王正位、周从意、廖理、张伟强：《消费行为在个人信用风险识别中的信息含量研究》，《经济研究》2020 年第 1 期。

王智茂、任碧云、王鹏：《互联网信息依赖度与异质性家庭消费：金融资产配置的视角》，《管理学刊》2020 年第 2 期。

王子贤、吕庆华：《感知风险与消费者跨境网购意愿——有中介的调节模型》，《经济问题》2018 年第 12 期。

文乐、李琴、周志鹏：《商业医疗保险能提高农民工消费吗——基于流动人口动态监测数据的实证分析》，《保险研究》2019 年第 5 期。

武淑萍、于宝琴：《电子商务与快递物流协同发展路径研究》，《管理评论》2016 年第 7 期。

谢朝晖、李橙：《消费信贷对消费结构及流动性约束的影响研究》，《经济问题探索》2021 年第 5 期。

谢绵陛：《家庭债务收入比的影响因素研究——来自于微观调查数据的证据》，《中国经济问题》2018 年第 1 期。

谢绵陛、颜诤：《住房债务对住房财富效应的抑制作用》，《商业研究》2017 年第 2 期。

熊伟：《短期消费性贷款与居民消费：基于信用卡余额代偿的研究》，《经济研究》2014 年第 S1 期。

徐敏、姜勇：《中国产业结构升级能缩小城乡消费差距吗？》，《数量经济技术经济研究》2015 年第 3 期。

徐润、陈斌开：《个人所得税改革可以刺激居民消费吗？——来自 2011 年所得税改革的证据》，《金融研究》2015 年第 11 期。

徐舒：《不规则数据下居民收入冲击的分解与估计》，《管理世界》2010 年第 9 期。

徐舒：《技术进步、教育收益与收入不平等》，《经济研究》2010 年第 9 期。

徐舒、李江：《代际收入流动：异质性及对收入公平的影响》，《财政研究》2015 年第 11 期。

徐舒、赵绍阳：《养老金"双轨制"对城镇居民生命周期消费差距的影响》,《经济研究》2013 年第 1 期。

徐舒、朱南苗:《异质性要素回报、随机冲击与残差收入不平等》,《经济研究》2011 年第 8 期。

徐新扩、尹志超:《消费贷款对家庭消费的异质性影响——基于我国城市家庭消费金融调查数据的实证研究》,《西南民族大学学报》(人文社科版)2017 年第 4 期。

徐亚东、张应良、苏钟萍:《城乡收入差距、城镇化与中国居民消费》,《统计与决策》2021 年第 3 期。

徐志刚、周宁、易福金:《农村居民网络购物行为研究——对城镇化消费示范效应假说的检验》,《商业经济与管理》2017 年第 1 期。

许桂华:《家庭债务的变动与居民消费的过度敏感性：来自中国的证据》,《财贸研究》2013 年第 2 期。

颜色、朱国钟:《"房奴效应"还是"财富效应"？——房价上涨对国民消费影响的一个理论分析》,《管理世界》2013 年第 3 期。

杨碧云、张波、易行健:《住房需求对城镇居民消费倾向的影响及其区域差异研究》,《消费经济》2014 年第 1 期。

杨光、吴晓杭、吴芷翘:《互联网使用能提高家庭消费吗？——来自 CFPS 数据的证据》,《消费经济》2018 年第 1 期。

杨汝岱:《Who and Where：从个人与地区差异看收入差距》,《数据》2005 年第 7 期。

杨汝岱、陈斌开:《高等教育改革、预防性储蓄与居民消费行为》,《经济研究》2009 年第 8 期。

杨汝岱、袁碧姝:《新农保与农村居民消费》,《消费经济》2019 年第 1 期。

杨汝岱、朱诗娥:《公平与效率不可兼得吗？——基于居民边际消费倾向的研究》,《经济研究》2007 年第 12 期。

杨永贵、邓江年:《家庭化流动对农民工城市消费的影响效应研究》,《现代经济探讨》2017 年第 9 期。

叶海云:《试论流动性约束、短视行为与我国消费需求疲软的关系》,《经济研究》2000 年第 11 期。

易行健、刘胜、杨碧云:《民生性财政支出对我国居民消费率的影响——基于 1996—2009 年省际面板数据的实证检验》,《上海财经大学学报》2013年第2期。

易行健、莫宁、周聪、杨碧云:《消费信贷对居民消费影响研究:基于家庭微观数据的实证估计》,《山东大学学报》(哲学社会科学版)2017年第5期。

易行健、王静雪、陈俊、杨碧云:《金融资产对家庭消费的影响——基于资产结构视角的实证检验》,《消费经济》2020年第5期。

易行健、王俊海:《中国农村居民消费行为变异的实证检验》,《统计与决策》2007年第20期。

易行健、肖琪:《收入不平等与居民消费率的非线性关系——基于跨国面板数据的实证检验》,《湘潭大学学报》(哲学社会科学版)2019年第4期。

易行健、杨碧云:《世界各国(地区)居民消费率决定因素的经验检验》,《世界经济》2015年第1期。

易行健、张波:《中国城镇居民消费倾向波动的实证检验——基于不同收入阶层视角》,《上海财经大学学报》2011年第1期。

易行健、张波、杨碧云:《外出务工收入与农户储蓄行为:基于中国农村居民的实证检验》,《中国农村经济》2014年第6期。

易行健、张家为、张凌霜、杨碧云:《家庭收入与人口结构特征对居民互联网购买行为的影响——来自中国城镇家庭的经验证据》,《消费经济》2015年第3期。

易行健、周利:《数字普惠金融发展是否显著影响了居民消费——来自中国家庭的微观证据》,《金融研究》2018年第11期。

易行健、周利、张浩:《城镇化为何没有推动居民消费倾向的提升?——基于半城镇化率视角的解释》,《经济学动态》2020年第8期。

尹志超、李青蔚、张诚:《收入不平等对家庭杠杆率的影响》,《财贸经济》2021年第1期。

尹志超、刘泰星、张诚:《农村劳动力流动对家庭储蓄率的影响》,《中国工业经济》2020年第1期。

尹志超、张号栋:《金融可及性、互联网金融和家庭信贷约束——基于CHFS数据的实证研究》,《金融研究》2018年第11期。

俞剑、方福前:《中国城乡居民消费结构升级对经济增长的影响》,《中国人民大学学报》2015年第5期。

岳爱、杨矗、常芳、田新、史耀疆、罗仁福、易红梅:《新型农村社会养老保险对家庭日常费用支出的影响》,《管理世界》2013年第8期。

臧旭恒:《如何看待中国目前的消费形势和今后走势》,《学术月刊》2017年第9期。

臧旭恒、贺洋:《农村居民消费政策影响机制及政策效力分析》,《经济学动态》2014年第5期。

臧旭恒、李晓飞:《人口老龄化对居民消费的非线性影响——基于养老保险发展的动态面板异质性门槛效应》,《经济与管理研究》2020年第3期。

臧旭恒、李晓飞:《养老保险"多轨制"与家庭消费差距》,《现代经济探讨》2021年第3期。

臧旭恒、李燕桥:《消费信贷、流动性约束与中国城镇居民消费行为——基于2004—2009年省际面板数据的经验分析》,《经济学动态》2012年第2期。

臧旭恒、刘大可:《我国消费需求态势分析及政策选择》,《南开经济研究》1999年第1期。

臧旭恒、裴春霞:《预防性储蓄、流动性约束与中国居民消费计量分析》,《经济学动态》2004年第12期。

臧旭恒、裴春霞:《转轨时期中国城乡居民消费行为比较研究》,《数量经济技术经济研究》2007年第1期。

臧旭恒、孙文祥:《城乡居民消费结构:基于ELES模型和AIDS模型的比较分析》,《山东大学学报》(哲学社会科学版)2003年第6期。

臧旭恒、张继海:《收入分配对中国城镇居民消费需求影响的实证分析》,《经济理论与经济管理》2005年第6期。

臧旭恒、张欣:《中国家庭资产配置与异质性消费者行为分析》,《经济研究》2018年第3期。

臧旭恒、朱春燕:《城镇居民消费—储蓄决策行为分析及启动消费需求的对策选择》,《南开管理评论》1999年第4期。

臧旭恒、朱春燕:《预防性储蓄理论——储蓄(消费)函数理论的新进展》,《经济学动态》2000年第8期。

张红伟、向玉冰:《网购对居民总消费的影响研究——基于总消费水平的数据分析》,《上海经济研究》2016年第11期。

张华初、刘胜蓝：《失业风险对流动人口消费的影响》，《经济评论》2015 年第 2 期。

张慧芳、朱雅玲：《居民收入结构与消费结构关系演化的差异研究——基于 AIDS 扩展模型》，《经济理论与经济管理》2017 年第 12 期。

张继海、臧旭恒：《寿命不确定与流动性约束下的居民消费和储蓄行为研究》，《经济学动态》2008 年第 2 期。

张继海、臧旭恒：《中国城镇居民收入和消费的协整分析》，《消费经济》2005 年第 2 期。

张杰：《我国消费金融发展展望与策略选择》，《经济纵横》2015 年第 7 期。

张苏秋、顾江：《居民教育支出对文化消费溢出效应研究——基于全国面板数据的门限回归》，《上海经济研究》2015 年第 9 期。

张幸福、王晓峰：《流动人口就业身份选择决策及其对城市融入的影响——基于东北地区跨区域与区域内流动人口的比较》，《学习与探索》2019 年第 3 期。

张勋、杨桐、汪晨、万广华：《数字金融发展与居民消费增长：理论与中国实践》，《管理世界》2020 年第 11 期。

张雅淋、孙聪、姚玲珍：《越负债，越消费？——住房债务与一般债务对家庭消费的影响》，《经济管理》2019 年第 12 期。

张治觉、吴定玉：《我国政府支出对居民产生引致还是挤出效应——基于可变参数模型的分析》，《数量经济技术经济研究》2007 年第 5 期。

赵保国、盖念：《互联网消费金融对国内居民消费结构的影响——基于 VAR 模型的实证研究》，《中央财经大学学报》2020 年第 3 期。

郑莉莉、范文轩：《流动性约束、商业健康保险与家庭消费》，《保险研究》2020 年第 8 期。

钟春平、刘诚、李勇坚：《中美比较视角下我国数字经济发展的对策建议》，《经济纵横》2017 年第 4 期。

周利、冯大威、易行健：《数字普惠金融与城乡收入差距："数字红利"还是"数字鸿沟"》，《经济学家》2020 年第 5 期。

周利、王聪：《家庭债务与居民消费——来自家庭微观调查数据的证据》，《软科学》2018 年第 3 期。

周利、易行健：《房价上涨、家庭债务与城镇居民消费：贷款价值比的视角》,《中国管理科学》2020 年第 11 期。

周利、张浩、易行健:《住房价格上涨、家庭债务与城镇有房家庭消费》,《中南财经政法大学学报》2020 年第 1 期。

朱春燕、臧旭恒:《预防性储蓄理论——储蓄(消费)函数的新进展》,《经济研究》2001 年第 1 期。

朱勤、魏涛远:《中国人口老龄化与城镇化对未来居民消费的影响分析》,《人口研究》2016 年第 6 期。

朱诗娥、杨汝岱:《城乡居民消费差距与地区经济发展水平》,《经济评论》2012 年第 1 期。

朱诗娥、杨汝岱、吴比:《新型农村养老保险对居民消费的影响评估》,《学术月刊》2019 年第 11 期。

朱天、张军:《中国的消费率被低估了多少?》,《经济学报》2014 年第 2 期。

祝仲坤:《互联网技能会带来农村居民的消费升级吗?——基于 CSS2015 数据的实证分析》,《统计研究》2020 年第 9 期。

祝仲坤、冷晨昕:《互联网与农村消费——来自中国社会状况综合调查的证据》,《经济科学》2017 年第 6 期。

资树荣:《教育对文化消费的影响研究:以音乐消费为例》,《消费经济》2018 年第 6 期。

邹红、李奥蕾、喻开志:《消费不平等的度量、出生组分解和形成机制——兼与收入不平等比较》,《经济学(季刊)》2013 年第 4 期。

邹红、卢继宏、李奥蕾:《城市化水平、城乡收入差距与消费需求》,《消费经济》2012 年第 2 期。

邹红、王彦方、李俊峰:《财政分权、政府支出结构与居民消费需求》,《消费经济》2014 年第 5 期。

邹红、喻开志:《股市收益率波动与我国城镇居民消费行为分析》,《消费经济》2010 年第 2 期。

邹红、喻开志:《劳动收入份额、城乡收入差距与中国居民消费》,《经济理论与经济管理》2011 年第 3 期。

邹红、喻开志、李奥蕾:《消费不平等问题研究进展》,《经济学动态》2013 年第 11 期。

Attanasio, O., Blow, L., Hamilton, R., et al., "Consumption,

House Prices and Expectations", *Economica*, Vol. 76, No. 301, December 2008.

Attanasio, O. P. and Brugiavini, A., "Social Security and Households' Saving", *The Quarterly Journal of Economics*, Vol. 118, No. 3, March 2003.

Bahmani-Oskooee, M. and Nayeri, M. M., "Policy Uncertainty and Consumption in G7 Countries: An Asymmetry Analysis", *International Economics*, Vol. 163, October 2020.

Baldacci, E., Callegari, G., Coady, D. P., et al., "Public Expenditures on Social Programs and Household Consumption in China", IMF Working Papers, No. 10/69, March 2010.

Ballester, R., Velazco, J. and Rigall-I-Torrent, R., "Effects of the Great Recession on Immigrants' Household Consumption in Spain", *Social Indicators Research*, Vol. 123, No. 3, September 2015.

Beaton, K., "Credit Constraints and Consumer Spending", Bank of Canada, 2009.

Bewley, T., "A Difficulty with the Optimum Quantity of Money", *Econometrica: Journal of the Econometric Society*, Vol. 51, No. 5, September 1983.

Bewley, T., "The Permanent Income Hypothesis: A Theoretical Formulation", *Journal of Economic Theory*, Vol. 16, No. 2, December 1977.

Campbell, J. Y. and Cocco, J. F., "How Do House Prices Affect Consumption? Evidence from Micro Data", *Journal of Monetary Economics*, Vol. 54, No. 3, April 2007.

Campbell, J. Y. and Mankiw, N. G., "Consumption, Income, and Interest Rates: Reinterpreting the Time Series Evidence", *NBER Macroeconomics Annual*, Vol. 4, 1989.

Carroll, C., Slacalek, J., Tokuoka, K., et al., "The Distribution of Wealth and the Marginal Propensity to Consume", *Quantitative Economics*, Vol. 8, No. 3, November 2017.

Carroll, C. D., "A Theory of the Consumption Function, with and without Liquidity Constraints", *Journal of Economic Perspectives*, Vol. 15, No. 3, 2001.

Castaldo, A. and Reilly, B., "Do Migrant Remittances Affect the Consumption Patterns of Albanian Households?", *South-Eastern Europe Journal of Economics*, Vol. 5, No. 1, 2015.

Christen, M. and Morgan, R. M., "Keeping up with the Joneses: Analyzing the Effect of Income Inequality on Consumer Borrowing", *Quantitative Marketing and Economics*, Vol. 3, No. 2, June 2005.

Davis, J. and Lopez-Carr, D., "The Effects of Migrant Remittances on Population-Environment Dynamics in Migrant Origin Areas: International Migration, Fertility, and Consumption in Highland Guatemala", *Population and Environment*, Vol. 32, No. 2/3, December 2010.

De Brauw, A. and Rozelle, S., "Migration and Household Investment in Rural China", *China Economic Review*, Vol. 19, No. 2, June 2008.

Deaton, A. and Muellbauer, J., "An Almost Ideal Demand System", *The American Economic Review*, Vol. 70, No. 3, June 1980.

Dupas, P. and Robinson, J., "Why Don't the Poor Save More? Evidence from Health Savings Experiments", *American Economic Review*, Vol. 103, No. 4, June 2013.

Dustmann, C., Fasani, F. and Speciale, B., "Illegal Migration and Consumption Behavior of Immigrant Households", *Journal of the European Economic Association*, Vol. 15, No. 3, July 2017.

Eggertsson, G. B. and Krugman, P., "Debt, Deleveraging, and the Liquidity Trap: A Fisher-Minsky-Koo Approach", *The Quarterly Journal of Economics*, Vol. 127, No. 3, July 2012.

Ekici, T. and Dunn, L., "Credit Card Debt and Consumption: Evidence from Household - Level Data", *Applied Economics*, Vol. 42, No. 4, March 2010.

Engelhardt, G. V. and Kumar, A., "Pensions and Household Wealth Accumulation", *Journal of Human Resources*, Vol. 46, No. 1, Winter 2011.

Filer, L. and Fisher, J. D., "Do Liquidity Constraints Generate Excess Sensitivity in Consumption? New Evidence from a Sample of Post-Bankruptcy Households", *Journal of Macroeconomics*, Vol. 29, No. 4, December 2007.

Fiorito, R. and Kollintzas, T., "Public Goods, Merit Goods, and the Relation between Private and Government Consumption", *European Economic*

Review, Vol. 48, No. 6, December 2004.

Gale, W. G., Sabelhaus, J. and Hall, R. E., "Perspectives on the Household Saving Rate", *Brookings Papers on Economic Activity*, Vol. 1999, No. 1, 1999.

Gan, J., "Housing Wealth and Consumption Growth: Evidence from a Large Panel of Households", *The Review of Financial Studies*, Vol. 23, No. 6, February 2010.

Guerrieri, V. and Lorenzoni, G., "Credit Crises, Precautionary Savings, and the Liquidity Trap", *The Quarterly Journal of Economics*, Vol. 132, No. 3, 2017.

Habibullah, M. S., Smith, P. and Azman-Saini, W. N. W., "Testing Liquidity Constraints in 10 Asian Developing Countries: An Error-Correction Model Approach", *Applied Economics*, Vol. 38, No. 21, October 2006.

Hayashi, F., "The Effect of Liquidity Constraints on Consumption: A Cross-Sectional Analysis", *The Quarterly Journal of Economics*, Vol. 100, No. 1, February 1985.

Holm, M. B., "Consumption with Liquidity Constraints: An Analytical Characterization", *Economics Letters*, Vol. 167, June 2018.

Jackson, R. W. and Hewings, G. J. D., "Structural Change in a Regional Economy: An Entropy Decomposition Approach", in *Modeling and Simulation, Proceedings of the Annual Pittsburgh Conference*, ISA, 1984.

Jappelli, T. and Pagano, M., "Consumption and Capital Market Imperfections: An International Comparison", *The American Economic Review*, Vol. 79, No. 5, December 1989.

Johnson, K. W. and Li, G., "The Debt-Payment-to-Income Ratio as an Indicator of Borrowing Constraints: Evidence from Two Household Surveys", *Journal of Money, Credit and Banking*, Vol. 42, No. 7, October 2010.

Kaplan, G. and Violante, G. L., "A Model of the Consumption Response to Fiscal Stimulus Payments", *Econometrica*, Vol. 82, No. 4, July 2014.

Katz-Gerro, T., "Cultural Consumption and Social Stratification: Leisure Activities, Musical Tastes, and Social Location", *Sociological Perspec-*

tives, Vol. 42, No. 4, December 1999.

Kirchler, E., Hoelzl, E. and Kamleitner, B., "Spending and Credit Use in the Private Household", *The Journal of Socio-Economics*, Vol. 37, No. 2, April 2008.

Krueger, D. and Perri, F., "Does Income Inequality Lead to Consumption Inequality? Evidence and Theory", *The Review of Economic Studies*, Vol. 73, No. 1, January 2006.

Machado, A. F., Golgher, A. B., Diniz, S., et al., "Consumption of Cultural Goods and Services and Time Allocation in Brazil", *Nova Economia*, Vol. 27, No. 1, April 2017.

Mian, A., Rao, K. and Sufi, A., "Household Balance Sheets, Consumption, and the Economic Slump", *The Quarterly Journal of Economics*, Vol. 128, No. 4, November 2013.

Nam, E. Y., Lee, K. and Jeon, Y., "Macroeconomic Uncertainty Shocks and Households' Consumption Choice", *Journal of Macroeconomics*, Vol. 68, June 2021.

Nishiyama, S. I. and Kato, R., "On the Concavity of the Consumption Function with a Quadratic Utility under Liquidity Constraints", *Theoretical Economics Letters*, Vol. 2, No. 5, December 2012.

Rubaszek, M. and Serwa, D., "Determinants of Credit to Households: An Approach Using the Life-Cycle Model", *Economic Systems*, Vol. 38, No. 4, December 2014.

Seaman, B. A., "Empirical Studies of Demand for the Performing Arts", in *Handbook of the Economics of Art and Culture*, Vol. 1, Elsevier Science Ltd, 2006.

Smith, P. A. and Song, L. L., "Response of Consumption to Income, Credit and Interest Rate Changes in Australia", Melbourne Institute of Applied Economic and Social Research, January 2005.

Stiglitz, J. E. and Weiss, A., "Credit Rationing in Markets with Imperfect Information", *The American Economic Review*, Vol. 71, No. 3, 1981.

Tufan, Ekici and Lucia, Dunn, "Credit Card Debt and Consumption: Evidence from Household-Level Data", *Applied Economics*, Vol. 42,

No. 4, 2010.

Wilso, A. G., "A Family of Spatial Interaction Models, and Associated Developments", *Environment and Planning A*, Vol. 3, No. 1, March 1971.

Worthington, S., Thompson, F. M. and Stewart, D. B., "Credit Cards in a Chinese Cultural Context—The Young, Affluent Chinese as Early Adopters", *Journal of Retailing and Consumer Services*, Vol. 18, No. 6, 2011.

Zeldes, S. P., "Consumption and Liquidity Constraints: An Empirical Investigation", *Journal of Political Economy*, Vol. 97, No. 2, 1989.